俸給関係
質疑応答集

第12次全訂版

一般財団法人 公務人材開発協会
人 事 行 政 研 究 所
［編著］

学陽書房

は　し　が　き

　職員に支給される給与は，最も基本的な勤務条件であり，中でも「本給」あるいは「本俸」と称される俸給制度は，その根幹をなすものであるといえます。それだけに，俸給制度の在り方としては，俸給表間や職種間における公平性，公正性を保つなど給与秩序の維持を図っていく必要があります。

　したがって，実務上の取扱いに当たっては，関係法令等を充分に咀嚼し，細かな点に注意を払いつつ，円滑なる処理を図るよう努めなければなりません。このようなことから，かねてより給与実務に携わっている方々の要望等に応えて「質疑応答集」を編纂し，また，必要に応じてその改訂を重ねてきているところです。

　平成18年4月から実施された「給与構造改革」，平成21年4月に導入された人事評価の結果の給与への活用，平成27年4月から実施された「給与制度の総合的見直し」によって，職務・職責に応じた俸給構造への転換や勤務実績の給与への反映の推進等が一層進められ，初任給，昇格，昇給，給与の支給等の基準も抜本的に改正されたところです。

　このたび「給与制度の総合的見直し」が平成30年4月に完成したというこの時点で，これまでの改正内容を包含した新たな質疑応答集の刊行を望む声が強くなってまいりましたので，このたび第12次全訂版を刊行することといたしました。

　本書は，従来の質疑応答集と同様に，実務上提起された問題を項目別に分類し，質疑応答の形式によって分かりやすく解説しています。

　本書が従前の書と同様に多くの給与実務に携わっている方々にご活用いただければ幸いです。

　　平成30年6月

　　　　　　　　　　　　　　　　　　一般財団法人　公務人材開発協会
　　　　　　　　　　　　　　　　　　　　　　　　　人事行政研究所

目　次

はしがき ………………………………………………………………… i
凡　例 ………………………………………………………………… xxi

第1章　俸給表の適用範囲

 1 俸給表の適用範囲を定める基準 ………………………………… *2*
 2 混合官職にある職員の取扱い …………………………………… *3*
 3 技術職員と技能職員との区分 …………………………………… *3*
 4 事務補助的業務を行っている自動車運転手の取扱い ………… *4*
 5 専門行政職俸給表の適用範囲の考え方 ………………………… *4*
 6 研究補助員の職務内容 …………………………………………… *5*
 7 医師免許等取得前の者に対する俸給表の適用 ………………… *5*
 8 福祉職俸給表の適用範囲の考え方 ……………………………… *6*
 9 専門スタッフ職俸給表の適用範囲の考え方 …………………… *7*
 10 指定職俸給表の適用範囲の考え方 ……………………………… *7*
 11 任期付研究員法に基づく俸給表の適用範囲の考え方 ………… *8*
 12 任期付職員法に基づく俸給表の適用範囲の考え方 …………… *9*

第2章　標準職務及び級別定数

第1　標 準 職 務

 1 標準職務表の意味 ………………………………………………… *12*
 2 標準職務表に掲げられていない官職の格付け ………………… *12*
 3 専門官の格付け …………………………………………………… *13*
 4 「主任」と一般職員との違い …………………………………… *13*
 5 「困難」と「相当困難」等の表現 ……………………………… *14*

第2　級別定数

1. 級別定数の意味 …………………………………………………… *14*
2. 人事院と内閣総理大臣との関係 ………………………………… *15*
3. 人事院の意見の性格 ……………………………………………… *16*
4. 級別定数の改定を行う場合 ……………………………………… *16*
5. 級別定数と級別標準職務表との関係 …………………………… *16*
6. 級別定数の流用 …………………………………………………… *17*
7. 休職者等の級別定数における取扱い …………………………… *18*

第3章　学歴免許等の資格

第1　学歴免許等資格区分表

1. 学歴免許等資格区分表の分類基準 ……………………………… *20*
2. 学歴免許等の資格区分の特例 …………………………………… *20*
3. 「〇〇卒を入学資格とする」の解釈 …………………………… *21*
4. 学歴免許等資格区分表に掲げられていない学歴免許等の資格を有する者の取扱い ………………………………………………… *22*
5. 看護師学校等の卒業者の取扱い ………………………………… *22*

第2　学校教育法による学校

1. 大学院又は専門職大学院の課程の修了の解釈 ………………… *23*
2. 大学院早期修了者及び大学早期卒業者の取扱い ……………… *28*
3. 大学院へ飛び入学により入学した者が中退した場合の取扱い … *29*
4. 論文博士の学歴上の取扱い ……………………………………… *29*
5. 外国の大学院修了者の取扱い …………………………………… *30*
6. 定時制等の課程の修了者の取扱い ……………………………… *31*
7. 大学に2年以上在学して62単位以上修得した者の取扱い …… *31*
8. 大学の別科 ………………………………………………………… *32*
9. 学校教育法による資格の特例 …………………………………… *32*
10. 高等学校卒業程度認定試験規則による認定試験の合格者 …… *40*
11. 高等専門学校専攻科の卒業者で学士の学位を授与された者の取扱い ……………………………………………………………… *41*

第3 その他の学校
    1 指定教員養成機関の卒業者の取扱い ……………………………………42
    2 専修学校の卒業者の取扱い ………………………………………………42
    3 各種学校修了者の取扱い …………………………………………………43
    4 高等専門学校第3年次修了者の取扱い ………………………………43
    5 高度専門士の学歴上の取扱い …………………………………………44

第4章 経験年数

第1 経験年数一般
    1 経験年数の意義 ……………………………………………………………46
    2 経験年数の算出に必要な記録がない場合の取扱い …………………46
    3 経験年数の起算 ……………………………………………………………47
    4 下位の資格による方が有利な場合の経験年数の起算点 ……………47
    5 経験年数の起算の特例 ……………………………………………………48
    6 経験年数の計算方法 ………………………………………………………49
    7 経験年数算出の際の換算率が弾力的に規定されている理由 ………49

第2 公務員の経歴
    1 国家公務員の範囲 …………………………………………………………50
    2 職員として同種の職務に従事した期間の意義 ………………………51
    3 「類似する職務」と「同種の職務」 ……………………………………52
    4 かっこ書により「100分の100以下」とされる場合 …………………52
    5 海上保安大学校等に在籍していた期間の取扱い ……………………53

第3 民間の経歴
    1 民間の企業体等における在職期間 ………………………………………53
    2 民間経歴中，職員としての職務に直接役立つ職務の判断基準 ……54
    3 民間で病気休職等で勤務しなかった期間の取扱い …………………55

第4 学校等における在学期間
    1 「学校又は学校に準ずる教育機関」の意義 …………………………55
    2 「正規の修学年数内の期間に限る」の意義 …………………………56
    3 専攻科，別科等の在学期間 ……………………………………………57
    4 学校を中途退学した場合の経験年数の取扱い ………………………58

	5	定時制の高等学校などの取扱い …………………… 58
	6	通信教育受講者又は聴講生としての期間 ………… 59
第5		その他の期間
	1	「職員としての職務に直接役立つと認められる」期間 ……… 60
	2	「職員としての職務に役立つと認められる」期間 …………… 60
	3	無職等のいわゆる空白期間の取扱い ……………… 62
第6		修学年数による経験年数の調整
	1	免許所有職員の修学年数による経験年数の調整 ……… 62
	2	修学年数による調整の結果，負となる経験年数の取扱い ……… 63
	3	経験者採用試験による採用者の経験年数の調整 ……… 64
	4	給実甲第326号別表の乙表適用者の修学年数による調整 ……… 64
	5	大学院早期修了者及び大学早期卒業者の修学年数による経験年数の調整 ……………………………………… 65

第5章 初任給

第1		職務の級の決定
	1	採用試験の結果に基づいて採用され経験年数を有する者の職務の級の決定 …………………………… 68
	2	経験者採用試験による採用者の職務の級の決定 ……… 68
	3	人事交流の意義 …………………………………… 69
	4	人事交流等により採用された者の職務の級の決定の特例 ……… 69
第2		号俸の決定
	1	初任給基準表に定める号俸 ………………………… 70
	2	初任給基準表の試験欄に対応する学歴免許等欄が空白である趣旨 ……………………………………… 71
	3	経験者採用試験による採用者の号俸決定に当たっての経験年数の取扱い ………………………… 71
	4	経験者採用試験による採用者の号俸の決定 ……… 72
	5	選考採用者の初任給の号俸の一般的な決定方法 ……… 73
	6	試験採用者と選考採用者との初任給が異なる理由 ……… 74
	7	試験合格者が試験対象外官職に採用された場合の初任給 ……… 75

	8	学位を有しない大学院中退者の初任給の決定 ……………………… 75
第3		学歴免許等の資格による初任給の調整
	1	検定試験合格者等についての学歴調整 ………………………… 76
	2	免許所有職員の学歴調整 ………………………………………… 77
	3	中途退学者の学歴調整 …………………………………………… 77
	4	修学年数に1年未満の端数がある場合の取扱い ……………… 78
第4		経験年数による号俸の調整
	1	経験年数を有する者の号俸の調整基準を改正した理由 ……… 78
	2	経験年数を有する者の号俸の調整を12月又は18月につき4号俸としている趣旨 ………………………………………… 79
	3	経験年数の積上げ方法 …………………………………………… 80
	4	職員の職務にその経験が直接役立つと認められる職務の取扱い ……… 81
	5	経験年数の端数の取扱い ………………………………………… 82
	6	試験合格者で基準学歴に達しない者の経験年数調整 ………… 83
	7	減ずる修学年数を有する者の経験年数調整 …………………… 84
	8	高等学校卒業後相当の経験年数を有する者を一般職(大卒)試験の結果に基づき採用した場合の初任給 ………………… 85
	9	基準学歴に達しない学歴の者の経験年数調整 ………………… 86
	10	選考採用者の経験年数調整 ……………………………………… 86
	11	初任給基準表に「その他」の区分のない俸給表に選考採用する場合の経験年数調整 ……………………………………… 87
	12	55歳を超える者の取扱い ………………………………………… 88
第5		号俸決定の特例
	1	人事交流等により異動した場合の号俸の決定の特例の趣旨 ……… 88
	2	地方公務員,行政執行法人等の職員として在職していた期間中に行われた昇給の取扱い ………………………………… 89
	3	以前にも人事交流により異動したことのある職員の取扱い ……… 91
	4	非常勤職員からの採用の際の号俸の決定 ……………………… 92
	5	行政執行法人職員から転任した場合の初任給 ………………… 92
	6	特殊な官職に採用する場合の号俸の調整の趣旨 ……………… 93
	7	再任用職員の俸給月額の決定方法 ……………………………… 93
	8	任期付研究員の俸給月額の決定 ………………………………… 94
	9	官民人事交流法に基づく交流採用職員の給与の特例 ………… 94

      10　規則1―24（公務の活性化のために民間の人材を採用する場合の特例）による給与の特例について ……………………………… 95
      11　任期付職員の俸給月額の決定方法 ……………………………… 95
      12　任期満了となった任期付職員を引き続き他の府省で採用する場合の初任給 ……………………………………………………… 96
  第6　初任給に関する経過措置
      1　初任給に関する経過措置の趣旨 ………………………………… 96

第6章　昇　　　格

  第1　昇　格　一　般
      1　昇格要件の見直し ……………………………………………… 100
      2　規則9―8第20条第7項を適用する場合の臨時的任用期間の取扱い ……………………………………………………………… 101
      3　休職中の職員等の昇格の是非 ………………………………… 101
      4　高齢層職員の昇格 ……………………………………………… 102
      5　昇格の実施時期 ………………………………………………… 103
  第2　勤務成績の判定
      1　「評価期間の全期間において職務に従事しているもの」の意味 ……… 103
      2　4月1日，10月1日の昇格に活用する直近の能力評価及び業績評価の全体評語 ………………………………………………… 103
      3　昇格要件を満たす具体的な全体評価の組合せ ……………… 104
      4　行政職㈠3級又は2級への昇格要件 ………………………… 105
      5　規則9―8第20条第3項の規定により昇格させる職員 …… 106
      6　昇格させようとする日前2年間において能力評価又は業績評価の全体評語に下位の段階がある職員等の昇格の是非 ………… 106
  第3　在　級　期　間
      1　在級期間表の意味 ……………………………………………… 107
      2　「別に定める」級への昇格 …………………………………… 108
      3　休職等の期間と在級期間の関係 ……………………………… 108
      4　在級期間の月計算 ……………………………………………… 109

5 下位の区分を適用して初任給を決定した場合の在級期間表の適
       用 ··· 109
     6 直近の能力評価の全体評語が最上位の段階又は直近の業績評価
       の全体評語が上位の段階でない場合の在級期間の短縮の可否 ·········· 110
     7 規則9－8第20条第6項の「部内の他の職員との均衡を失する
       と認められる職員」の解釈 ··· 111
     8 いわゆる在級期間の短縮昇格の際の在級期間の計算 ·················· 112
     9 在級期間表に定める在級期間といわゆる在級1年の制限との関
       係 ··· 112
     10 初任給基準又は俸給表の適用を異にする異動をした後の在級
       期間の取扱い ·· 113
  第4 昇格の特例
     1 上位資格の取得等による昇格の特例 ···································· 114
     2 派遣職員の職務復帰後の昇格 ·· 114
     3 殉職等の際の昇格の特例 ·· 115
  第5 昇格後の号俸
     1 昇給日における昇格 ··· 116
     2 昇格時の号俸対応表 ··· 116
     3 上位資格の取得等による昇格の場合の号俸の決定 ·················· 117
     4 一般の昇格で昇格後の号俸より初任給の号俸の方が有利な場合
       の取扱い ·· 118
     5 降格後，再び昇格する際の号俸の決定 ································ 119

第7章　異　　　動

  第1 異動一般及び職務の級の決定
     1 初任給基準の異動に該当する場合としない場合 ······················· 122
     2 初任給基準表の備考に異なる初任給の定めがある職務へ異動し
       た場合の取扱い ·· 122
     3 俸給表の適用を異にして異動した場合の初任給基準表及び在級
       期間表の適用 ·· 123
     4 異動の際のいわゆる在級期間の短縮昇格の適用 ······················· 123

第2　号俸の決定

1　異動の際の再計算の準拠規定 …………………………………… 124
2　再計算過程における初任給の決定方法 ………………………… 125
3　再計算過程における昇格，昇給等の時期 ……………………… 125
4　再計算過程における昇給区分 …………………………………… 126
5　「異動後の職務と同種の職務」に在職していたものとみなし得る限度 …………………………………………………………… 126
6　「免許等を必要とする職務」の意味 …………………………… 127
7　免許所有職員の再計算の起算点 ………………………………… 128
8　行政職㈡技能職員が行政職㈠一般職員に異動した場合の取扱い ……………………………………………………………… 128
9　行政職㈡一般技能職員が技能免許所有職員に異動した場合の取扱い ………………………………………………………… 129
10　「人事院の定める異動」をした場合の号俸の決定方法 ……… 129
11　専門行政職俸給表又は福祉職俸給表への異動 ………………… 130
12　専門スタッフ職俸給表への異動 ………………………………… 131

第8章　昇　　　給

第1　昇給一般

1　人事評価結果の昇給への活用 …………………………………… 134
2　昇給日に退職又は死亡した職員の昇給の取扱い ……………… 136
3　昇給日が週休日等である場合の昇給の発令 …………………… 136
4　最高号俸を受ける職員への昇給しない旨の通知 ……………… 137

第2　勤務成績の判定

1　休職，派遣，育児休業中の職員の昇給の取扱い ……………… 138
2　評価終了日以前1年間において全く職務に従事しなかった場合等の昇給の取扱い ………………………………………… 138
3　臨時的任用職員や任期付職員の昇給の取扱い ………………… 139

第3　昇給区分及び昇給の号俸数

1　上位の昇給区分の決定方法 ……………………………………… 139
2　評価終了日後に出向した職員の順位グループの調整者 ……… 140
3　公務に対する貢献が顕著である職員 …………………………… 141

4	懲戒処分と昇給区分の決定	142
5	昇給日前までに懲戒処分の内容が決定されない場合の昇給区分の決定	143
6	特定期間に懲戒処分を受けた者の昇給区分の決定	144
7	矯正措置の対象となる事実があった職員の取扱い	144
8	「6分の1」計算の方法	144
9	平成29年1月1日をまたぐ育児休業・介護休暇の期間に係る「6分の1」計算の取扱い	147
10	「6分の1」計算における要勤務日数の取扱い(1)	148
11	「6分の1」計算における要勤務日数の取扱い(2)	148
12	上位資格取得等の場合の号俸の決定	149
13	中途採用者の最初の昇給日における昇給区分の決定と昇給号俸数(1)	150
14	中途採用者の最初の昇給日における昇給区分の決定と昇給号俸数(2)	150
15	中途採用者で懲戒処分を受けた者の昇給区分の決定	152
16	前年の昇給日後に昇格した職員の昇給号俸数をCの昇給区分の号俸数以下とする理由	153
17	昇給日に昇格した職員の昇給号俸数	153
18	人員分布率の運用	154
19	上位の昇給区分に決定できる者が人員分布率に満たない場合	154
20	下位の昇給区分に決定する者に人員分布率を設けていない理由	155
21	昇給区分の決定と給与決定審査の申立ての関係	155

第4 55歳昇給抑制

1	昇給日に55歳の誕生日を迎える職員の取扱い	156
2	行政職㈡及び医療職㈠の職員の取扱い	156

第5 経過的な昇給抑制

1	昇給号俸数の経過的な抑制	156

第6 研修、表彰等による昇給

1	研修による昇給の号俸数	157
2	「職員が生命をとして職務を遂行し」とは具体的にどのような意味か	158

目次 xi

第9章 降給

第1 降給
1 降給制度の導入 …………………………………………………………160
2 降給決定に至る過程 ……………………………………………………160

第2 降格
1 職員から同意を得た降格 ………………………………………………161
2 「その他勤務の状況を示す事実に基づき勤務実績がよくないと認められる場合」の意味 …………………………………………………162
3 降格後の級及び号俸の決定 ……………………………………………162
4 降格の場合の号俸の決定の特例 ………………………………………163

第3 降号
1 降号する号俸数の決定 …………………………………………………164
2 降号の決定と昇給区分の下位判定の関係 ……………………………164

第10章 平成26年改正法附則第7条の規定による俸給

1 経過措置額の支給の対象 ………………………………………………168
2 経過措置額を支給されなくなった者が，再度支給要件を満たすこととなった場合の取扱い ……………………………………………168

第11章 特別の場合における号俸の決定

第1 上位資格の取得等による調整
1 在職中に採用試験に合格した職員の取扱い …………………………172
2 上位資格の取得による号俸の調整の時期 ……………………………172
3 上位資格の取得に伴う号俸調整に際しての在職期間の取扱い ……173
4 上位資格の取得と初任給に関する経過措置 …………………………173

第2 復職時等における号俸の調整

1 復職時調整を行う時期 …………………………………………………… *174*
2 二以上の異なる事由による休職等の期間がある場合等の調整期間の算出方法 ………………………………………………………… *175*
3 昇給日における復職時調整 …………………………………………… *175*
4 昇給における勤務成績「良好」未満と復職時調整 ……………… *176*
5 休職等の期間以外の勤務しなかった日数が合算期間の6分の1に相当する期間の日数以上となる算定期間の復職時調整 ……… *176*
6 休職等の期間中又は復職等の日から復職等の日後の最初の昇給日までの期間中に昇格をした場合 …………………………………… *178*
7 人事異動通知書の記載方法 …………………………………………… *179*
8 休職等の期間中に55歳に達した職員の復職時調整 ……………… *180*
9 復職時調整における休職等の期間の算出方法 …………………… *181*
10 合算期間等の日単位の部分の取扱い ………………………………… *182*
11 端数処理 ………………………………………………………………… *182*
12 復職時調整の対象となる「引き続き」勤務しなかった期間(1) …… *182*
13 復職時調整の対象となる「引き続き」勤務しなかった期間(2) …… *183*
14 復職時調整の延期(1) ………………………………………………… *184*
15 復職時調整の延期(2) ………………………………………………… *185*
16 派遣法の派遣職員等が職務に復帰した場合の復職時調整の特例 …… *185*
17 派遣法の派遣職員が派遣期間中に退職した場合の調整 ………… *186*
18 給実甲第192号第1の第2項第3号に規定する規則9―8第37条第1項第3号に掲げる職員に該当する場合の取扱い ……………… *187*
19 復帰後，再び勤務することなく退職する場合の復帰日における復職時調整の実施の可否 ……………………………………………… *188*
20 休職等の期間以外の勤務しなかった日数の解釈 ………………… *188*
21 復職時調整における介護休暇の期間に係る換算率の変更 …… *189*
22 平成30年4月1日に号俸調整された職員がその翌日から復職等の日後の最初の昇給日までの間に昇格した場合の復職時調整 …… *189*
23 平成30年4月1日前に復職等した職員が平成30年4月1日に昇格し，平成29年改正法附則による号俸調整を受けた場合の復職時調整 …… *192*

第3 俸給の訂正

1. 俸給の訂正の趣旨 …………………………………………………… 195
2. 規則9−8第45条にいう「誤り」の意味 …………………………… 196
3. 自主的に俸給の訂正を行うことの可否 ……………………………… 196
4. 履歴の補正がされた場合の俸給の訂正 ……………………………… 197
5. 差額の精算ができない場合の俸給の訂正 …………………………… 197

第12章　初任給基準表及び在級期間表

第1 行政職(一)関係

1. 無線従事者が在職中に上級の免許を取得した場合の経験年数の取扱い ……………………………………………………………… 200
2. 無線従事者の資格取得前の経歴の取扱い …………………………… 200
3. 一般職（高卒）試験合格者を無線従事者として採用した場合の初任給基準表の適用方法 ……………………………………………… 201
4. 無線通信士の資格と学歴との関係 …………………………………… 201
5. 無線従事者の初任給の取扱い ………………………………………… 202

第2 行政職(二)関係

1. 自動車運転免許を有する者の取扱い ………………………………… 202
2. 自動車運転手の免許と学歴との関係 ………………………………… 203
3. 自動車運転手に採用する場合における農業に従事した期間の取扱い ……………………………………………………………………… 203
4. 電話交換手に対する規則9−8第16条の規定の適用 ……………… 204
5. 技能職員と労務職員（乙）との区分 ………………………………… 204
6. 労務職員の初任給に幅を設けている理由 …………………………… 205
7. 採用困難な労務職員の範囲 …………………………………………… 206
8. 労務職員（甲）の2級への採用 ……………………………………… 206
9. 在級期間が定められていない職務の級 ……………………………… 207

第3 専門行政職関係

1. 初任給基準表に「一般職（高卒）」及び「専門職（高卒）」の区分がない理由 …………………………………………………………… 207
2. 初任給基準表に「その他」の区分がない理由 ……………………… 208

　　　　3　在級期間表の備考に一般職（高卒）又は専門職（高卒）試験合
　　　　　格者等の在級期間の読み替え規定を設けている趣旨 ································ 208
第4　税務職関係
　　　　1　初任給基準表に「その他」の区分がない理由 ···································· 209
第5　海事職㈠㈡関係
　　　　1　海技免許と免許所有職員との関係 ·· 209
　　　　2　海員学校高等科卒の大型船舶の船員の初任給の取扱い ························ 210
第6　教育職㈠㈡関係
　　　　1　助教から准教授に昇任した場合の号俸の決定方法 ···························· 211
　　　　2　教育職㈠の教授の2級昇格に係る在級期間が0年と定められて
　　　　　いる趣旨 ·· 211
　　　　3　大学6卒の者を教育職㈡の教員として採用する場合の初任給 ············· 212
第7　研究職関係
　　　　1　大学院修了者を選考採用する場合の初任給 ····································· 213
　　　　2　研究補助員の2級昇格 ·· 213
第8　医療職㈠㈡㈢関係
　　　　1　役付でない医師の医療職㈠の2級格付け ··· 214
　　　　2　6年制薬学部を卒業した薬剤師の初任給 ··· 214
　　　　3　4年制薬学部を卒業した薬剤師の初任給に係る経過措置 ··················· 215
　　　　4　臨床検査技師の経験年数の起算点 ·· 217
　　　　5　診療放射線技師等の初任給 ·· 218
　　　　6　高校卒の学歴免許等の資格を有する准看護師の初任給 ····················· 218
　　　　7　進学コース看護師養成所在学期間の取扱い ····································· 218
　　　　8　看護師の免許取得前の関連経歴の取扱い ··· 219
　　　　9　看護師を中途採用する場合の初任給の決定 ····································· 220
　　　10　准看護師が看護師免許を取得した場合の号俸の決定 ························ 221
　　　11　高校卒で進学コースを経て看護師となった者の初任給 ····················· 221
　　　12　助産師養成所を卒業し看護師となった者の修学年数の取扱い ············ 223
　　　13　看護師免許取得後に，保健師助産師の免許を取得した者の初任
　　　　　給 ·· 223
第9　福祉職関係
　　　　1　児童自立支援事業，児童福祉事業等に従事した者の初任給 ············· 224

第10 専門スタッフ職関係
  1 専門スタッフ職の初任給基準 …………………………………………… 226

第13章　給与の支給

第1 給与の支払原則
1 給与からの差引きを認められているもの ……………………………… 228
2 共済組合被扶養者の診療費の控除 ……………………………………… 229
3 給与の過誤払いの精算と差引禁止の規定との関係 …………………… 229
4 給与の直接払いの特例が認められる場合（現金払いの場合） ……… 230
5 本人以外の者に対する給与の支払い（現金払いの場合） …………… 231
6 意識不明の職員に対する給与の支払い（現金払いの場合） ………… 231
7 行方不明の職員に対する口座振込みによる給与の支払い …………… 232
8 行方不明休職者の給与の家族への支払い（現金払いの場合） ……… 232
9 職員が死亡した場合の未支給の給与 …………………………………… 233
10 給与法第3条第1項の現金払い ………………………………………… 233

第2 支給定日
1 支給定日以外の日の給与の支給 ………………………………………… 234
2 差額を追給する日 ………………………………………………………… 235
3 離島等に勤務する職員に対する給与の支給（現金払いの場合） …… 235
4 支給定日前の送金 ………………………………………………………… 236
5 非常時払い ………………………………………………………………… 237

第3 支給一般
1 現金払いによる給与の受領を拒否した場合の取扱い ………………… 237
2 給与の口座振込み制について …………………………………………… 238
3 給与を振り込むことができる口座の種類 ……………………………… 238
4 給与を振り込むことができる口座の数 ………………………………… 239
5 口座振込みができなくなった場合の取扱い …………………………… 239
6 口座振込みのできる金融機関の範囲 …………………………………… 240
7 住居の移転等に伴う振込先金融機関の変更 …………………………… 240
8 月の中途において俸給表異動をした場合の日割計算 ………………… 241
9 あらかじめ離職の日が明らかな場合の俸給の日割計算 ……………… 242

- 10 月の中途において育児休業を取得する場合の日割計算 …………242
- 11 給与法第9条の2の「俸給額に異動を生じた者」 …………………243
- 12 支給義務者を異にする移動の際の予算上の部局の意味 ……………243
- 13 支給義務者を異にしない移動の場合の日割計算 ……………………244
- 14 休職者が復職した場合の俸給の支給 …………………………………244
- 15 離職の日の俸給の支給額 ………………………………………………245
- 16 任期が定められている職員の給与法上の「離職の日」 ……………245
- 17 刑事休職中の職員が刑の確定により失職した場合の給与の支給 …246
- 18 職員が月の中途で死亡した場合の俸給等の支給 ……………………246
- 19 昇格の発令遅延の場合の給与の支給 …………………………………248
- 20 勤務日が異なる場合の日割計算 ………………………………………249
- 21 月の中途において交替制勤務職員に採用された場合の日割計算 …250
- 22 特別職を離職し，同日付で一般職に採用された場合の給与の日割計算 …………………………………………………………………250

第4 減　額
- 1 給与の減額時期 …………………………………………………………252
- 2 休日に勤務しなかった場合は減額されるか ……………………………252
- 3 給与の減額の対象とならない時間 ……………………………………253
- 4 出張中の職員に対する給与の減額 ……………………………………253
- 5 免職処分が取り消された場合の給与と給与法第15条との関係 ……254
- 6 休職期間が満了した後に勤務しなかった場合の取扱い ……………255
- 7 休日のある月を全部欠勤した場合の減額の方法(1) …………………255
- 8 休日のある月を全部欠勤した場合の減額の方法(2) …………………256
- 9 欠勤に引き続き休職がある場合の減額の取扱い ……………………257
- 10 地域手当がマイナスとなる場合の減額の取扱い ……………………259
- 11 給与期間の全日数を欠勤した場合等における減額の取扱い ………260
- 12 一つの月に給与の減額となる事由が複数ある場合について ………261

第5 俸給半減
- 1 他の疾病により引き続き勤務できない場合の俸給半減の始期計算の起算日等 …………………………………………………………263
- 2 半日勤務に引き続き入院した場合の俸給半減の始期計算の起算日 …………………………………………………………………263
- 3 欠勤に引き続く病気休暇の場合の俸給半減の始期計算の起算日 …264

4　俸給半減の始期の計算の際の休日等の取扱い 264
　　5　医師の証明等がなく出勤した場合の俸給半減の始期の計算 264
　　6　病気休暇に継続して年次休暇を承認された場合の俸給半減の始
　　　　期の計算 265
　　7　病気休暇中に特別休暇に該当する事由が生じた場合の俸給半減
　　　　の取扱い 265
　　8　俸給半減期間中に特別休暇が与えられた場合の取扱い 266
　　9　俸給半減期間中に休日がある場合の取扱い 266
　　10　俸給半減期間の終期 266
　　11　月の途中で俸給半減後，休職になった場合の給与の支給 267

第6　減　　給
　　1　減給の場合の給与の支給方法 268
　　2　休職等の期間中に減給処分が行われた場合又は減給期間中に俸
　　　　給が変更された場合の取扱い 269
　　3　減給処分と手当等の関係について 269
　　4　減給期間中に離職した場合の取扱いについて 269
　　5　支給される給与が減給額に満たない場合の取扱い 270
　　6　減給期間中に支給義務者を異にする移動をした場合の取扱い 270

第14章　給　与　簿

　　1　赴任期間の取扱い 272
　　2　赴任延期の場合の出勤簿等の取扱い 272
　　3　勤務時間報告書の作成単位及び勤務時間管理員の指名単位 273
　　4　給与事務担当者の意味 273
　　5　給実甲第576号第4の第2項に定める通知 274
　　6　勤務時間報告書に代わる文書による給与の支給 274
　　7　免職処分が取り消された場合の給与簿の取扱い 275
　　8　所得税を還付する場合の給与簿の取扱い 276
　　9　差押えを受けた場合の給与簿の取扱い 276
　　10　免職等の辞令が遅れた場合の給与簿の取扱い 276
　　11　端数処理における確定金額 277

    12 俸給の支給義務者を異にして移動し，かつ，支給額に異動を生
       じた場合の端数処理 …………………………………………………………278
    13 給与の過誤払いの精算 …………………………………………………………278
    14 納入告知書等による返納を行う場合の給与簿の処理 ………………………279
    15 休職者等の基準給与簿上の取扱い ……………………………………………279
    16 勤務時間報告書の証明 …………………………………………………………280
    17 基準給与簿の証明 ………………………………………………………………280
    18 基準給与簿の証明者 ……………………………………………………………281
    19 口座振込みの場合の押印 ………………………………………………………282
    20 会計年度を異にする場合の給与簿の取扱い …………………………………282
    21 隔地送金の場合の受領証 ………………………………………………………282
    22 短期間の停職の場合の給与簿の取扱い ………………………………………283
    23 非常勤職員の給与簿 ……………………………………………………………284
    24 給与簿様式の特例の承認 ………………………………………………………284
    25 給与簿上の旧姓使用 ……………………………………………………………285

第15章　休職者等の給与

第1　休職者の給与
    1 休職給制度の意義 ………………………………………………………………288
    2 休職給制度の概要 ………………………………………………………………288
    3 休職者の給与の性格 ……………………………………………………………289
    4 休職者の給与の支給方法 ………………………………………………………290
    5 休職者の給与の支給割合 ………………………………………………………290
    6 病気休職中に異なる疾患を発症した場合の休職給 …………………………291
    7 公務傷病による休職中私傷病を発症した場合の休職給 ……………………292
    8 病気休職の終了後，異なる疾病のため病気休職になった場合の
       休職給 ……………………………………………………………………………293
    9 休職者の給与の支給の始期 ……………………………………………………293
    10 勤務時間の中途で休職の辞令を受け取った場合の休職給の支給 …………294
    11 研究休職の場合の休職給 ………………………………………………………294
    12 行方不明者が既に死亡していた場合の休職給の取扱い ……………………295

13　遡及して公務上の災害が認定された場合の給与 ……………………… 296
第2　育児休業等の期間中の給与
　　1　平成19年8月1日をまたぐ育児休業期間の換算率の取扱い …………… 296
　　2　平成29年1月1日をまたぐ育児休業期間の昇給における「6分の1」計算の取扱い ……………………………………………… 297
　　3　育児短時間勤務職員の俸給月額の考え方 ……………………………… 297
　　4　育児短時間勤務職員における平成26年改正法附則第7条の規定による俸給 ……………………………………………………… 298
　　5　育児短時間勤務職員の昇格・昇給 ……………………………………… 298
　　6　育児短時間勤務職員の昇格における在級期間の取扱い ……………… 299
　　7　育児短時間勤務職員の6分の1計算の取扱い ………………………… 299
　　8　育児短時間勤務職員が病気休暇を取得した場合の6分の1計算 …… 299
　　9　月の中途で育児短時間勤務をすることとなった職員の日割計算 …… 302
　　10　任期付短時間勤務職員の俸給月額の考え方 …………………………… 303
　　11　任期付短時間勤務職員の昇給 …………………………………………… 303
第3　自己啓発等休業期間の給与
　　1　自己啓発等休業をした職員が復帰した場合の復職時調整の換算率 … 304
　　2　修学の場合における公務への有用性 …………………………………… 304
第4　派遣法の派遣職員の給与
　　1　派遣法の派遣職員に給与を支給する理由 ……………………………… 305
　　2　支給される給与の種目 …………………………………………………… 305
　　3　派遣法の派遣期間中の昇格，昇給等の取扱い ………………………… 306
　　4　国際機関等に派遣される職員に支給される給与の支給割合の基準 ……………………………………………………………………… 307
　　5　行政職(一)の適用を受ける派遣法の派遣職員の給与の支給割合 …… 308
　　6　家賃相当額の解釈 ………………………………………………………… 309
　　7　派遣職員の給与の支給割合の再決定 …………………………………… 310
　　8　派遣期間の更新時の留意点 ……………………………………………… 310
　　9　いわゆる子女教育手当の取扱い ………………………………………… 310

≪凡　例≫

本書においては法令名等を次のように表記している。
＜法律＞
国公法	国家公務員法（昭和22年法律第120号）	
給与法	一般の職員の給与に関する法律（昭和25年法律第95号）	
派遣法	国際機関等に派遣される一般職の国家公務員の処遇等に関する法律（昭和45年法律第117号）	
育児休業法	国家公務員の育児休業等に関する法律（平成3年法律第109号）	
勤務時間法	一般の職員の勤務時間，休暇等に関する法律（平成6年法律第33号）	
任期付研究員法	一般職の任期付研究員の採用，給与及び勤務時間の特例に関する法律（平成9年法律第65号）	
官民人事交流法	国と民間企業との間の人事交流に関する法律（平成11年法律第224号）	
任期付職員法	一般職の任期付職員の採用及び給与の特例に関する法律（平成12年法律第125号）	
法科大学院派遣法	法科大学院への裁判官及び検察官その他の一般職の国家公務員の派遣に関する法律（平成15年法律第40号）	
平成17年改正法	一般職の職員の給与に関する法律等の一部を改正する法律（平成17年法律第113号）	
自己啓発等休業法	国家公務員の自己啓発等休業に関する法律（平成19年法律第45号）	
福島復興再生特措法	福島復興再生特別措置法（平成24年法律第25号）	
配偶者同行休業法	国家公務員の配偶者同行休業に関する法律（平成25年法律第78号）	
平成26年改正法	一般職の職員の給与に関する法律等の一部を改正する法律（平成26年法律第105号）	

平成32年オリンピック・パラリンピック特措法	平成32年東京オリンピック競技大会・東京パラリンピック競技大会特別措置法（平成27年法律第33号）
平成31年ラグビーワールドカップ特措法	平成31年ラグビーワールドカップ大会特別措置法（平成27年法律第34号）
平成29年改正法	一般職の職員の給与に関する法律等の一部を改正する法律（平成29年法律第77号）

＜政令＞

人事評価政令	人事評価の基準，方法等に関する政令（平成21年政令第31号）

＜規則＞

規則1－24	人事院規則1－24（公務の活性化のために民間の人材を採用する場合の特例）
規則1－64	人事院規則1－64（職員の公益財団法人東京オリンピック・パラリンピック競技大会組織委員会への派遣）
規則1－65	人事院規則1－65（職員の公益財団法人ラグビーワールドカップ2019組織委員会への派遣）
規則1－69	人事院規則1－69（職員の公益社団法人福島相双復興推進機構への派遣）
規則8－12	人事院規則8－12（職員の任免）
規則9－2	人事院規則9－2（俸給表の適用範囲）
規則9－5	人事院規則9－5（給与簿）
規則9－7	人事院規則9－7（俸給等の支給）
規則9－8	人事院規則9－8（初任給，昇格，昇給等の基準）
規則9－13	人事院規則9－13（休職者の給与）
規則9－24	人事院規則9－24（通勤手当）
規則9－82	人事院規則9－82（俸給の半減）
規則9－107	人事院規則9－107（再任用短時間勤務職員の俸給月額等の端数計算）

規則9—137	人事院規則9—137（平成27年1月1日における昇給に関する人事院規則9—8（初任給，昇格，昇給等の基準）の特例
規則9—139	人事院規則9—139（平成26年改正法附則第7条の規定による俸給）
規則10—4	人事院規則10—4（職員の保健及び安全保持）
規則10—7	人事院規則10—7（女子職員及び年少職員の健康，安全及び福祉）
規則11—4	人事院規則11—4（職員の身分保障）
規則11—10	人事院規則11—10（職員の降給）
規則12—0	人事院規則12—0（職員の懲戒）
規則14—8	人事院規則14—8（営利企業の役員等との兼業）
規則17—2	人事院規則17—2（職員団体のための職員の行為）
規則18—0	人事院規則18—0（職員の国際機関等への派遣）
規則19—0	人事院規則19—0（職員の育児休業等）
規則20—0	人事院規則20—0（任期付研究員の採用，給与及び勤務時間の特例）
規則21—0	人事院規則21—0（国と民間企業との間の人事交流）
規則23—0	人事院規則23—0（任期付職員の採用及び給与の特例）
規則24—0	人事院規則24—0（検察官その他の職員の法科大学院への派遣）
規則25—0	人事院規則25—0（職員の自己啓発等休業）
規則26—0	人事院規則26—0（職員の配偶者同行休業）

＜通達＞

給実甲第28号	給実甲第28号（一般職の職員の給与に関する法律の運用方針）
給実甲第65号	給実甲第65号（人事院規則9—7（俸給等の支給）の運用について）
給実甲第192号	給実甲第192号（復職時等における号俸の調整の運用について）

給実甲第254号	給実甲第254号（初任給基準又は俸給表の適用を異にして異動した場合の職務の級及び号俸の決定等について）
給実甲第326号	給実甲第326号（人事院規則9－8（初任給，昇格，昇給等の基準）の運用について）
給実甲第327号	給実甲第327号（免許所有者の経験年数の取扱いについて）
給実甲第342号	給実甲第342号（行政職俸給表㈡の適用を受ける技能職員の号俸の決定について）
給実甲第442号	給実甲第442号（人事交流による採用者等の職務の級及び号俸の決定について）
給実甲第444号	給実甲第444号（派遣職員の給与の支給割合の決定等について）
給実甲第470号	給実甲第470号（行政職俸給表㈡在級期間表において別に定めることとされている要件による職務の級の決定について）
給実甲第576号	給実甲第576号（給与簿等の取扱いについて）
給実甲第1080号	給実甲第1080号（指定職俸給表を適用する職員について）
給実甲第1126号	給実甲第1126号（人事院規則9－82（俸給の半減）の運用について）

＜通知＞

昭和34年給2－512	昭和34年給2－512（退職の日の給与の取扱等について）
平成19年給2－31	平成19年給2－31（給実甲第326号第15条関係第7項第1号の取扱いについて）
平成21年給2－35	平成21年給2－35（昇格及び昇給への人事評価の結果の活用に関する留意事項等について）
平成21年給2－103	平成21年給2－103（人事院規則9－7第1条の3及び給実甲第65号第1条の3関係の取扱いについて）
平成29年給2－29・給3－30	平成29年給2－29・給3－30（職員別給与簿，諸手当の認定簿等の取扱いについて）

（注）　使用法令等の内容は平成30年5月1日現在のものである。

第1章

俸給表の適用範囲

［参照法令］

● 規則9—2

1　俸給表の適用範囲を定める基準

> **問**　俸給表の適用範囲はどのような基準により定められているか。

答　俸給はもともと給与法上，職務の複雑，困難及び責任の度に基づき，かつ，勤労の強度，勤務時間，勤労環境その他の勤務条件を考慮して定められることとされており，各俸給表の適用範囲は，給与法に定める俸給表の備考において原則的適用範囲を規定するとともに，細部については人事院規則で定めることとされている。これら給与法及び人事院規則でその適用範囲を定める場合の基準は，一般的には上述した俸給を定める場合に考慮すべき要素の共通性又は類似性に基づいて行うこととなるが，具体的には次に掲げるようなことが考慮されているものといえる。

(1)　各俸給表は，職務の種類に応じて別建てとなっているので，職務の種類を同じくするものであるか否か。

(2)　各俸給表は職務の複雑，困難及び責任の度に基づき職務の級に区分されるが，職務の級の区分の仕方を同じくするものであるか否か。

(3)　同一の職務の級における職務の複雑・困難の程度及び職務の内容と昇給額との関係等を考慮して号俸の幅を同じ程度とすべきものか否か。

(4)　勤労の強度，勤務時間等から，他の職務との間に俸給の水準の差を設けるべきものであるか否か。

(5)　海上勤務等，勤務環境が特殊なものであるか否か。

なお，現在，給与法で定める俸給表は，11種類17表あるが，各俸給表の備考及び俸給表の適用範囲について定める規則9－2は，行政職俸給表㈠以外の俸給表について，それぞれの俸給表を適用する職員を定め，それ以外の職員については，すべて行政職俸給表㈠を適用することとしている。

（注）　昭和60年6月30日までは，8種類16表の俸給表にまとめられていたが，同年7月1日に従来行政職俸給表㈠が適用されていた植物防疫官，家畜防疫官，特許庁の審査官及び審判官，船舶検査官並びに航空交通管制の業務等の特定の行政分野における専門的な知識，技術等を必要とする業務に従事する職員を対象とした専門行政職俸給表が，また，平成12年1月1日に従来行政職俸給表㈠又は行政職俸給表㈡が適用されていた障害者支援施設，児童福祉施設等に勤務

して入所者の指導，保育，介護等の業務に従事する児童指導員，生活支援員，児童自立支援専門員，保育士及び介護員等を対象とした福祉職俸給表が新設され，平成16年10月28日に国立大学の法人化等に伴い，教育職俸給表が4表から2表となり，さらに，平成20年4月1日に行政の特定の分野における高度の専門的な知識経験に基づく調査，研究，情報の分析等を行うことにより，政策の企画及び立案等を支援する業務に従事する職員を対象とした専門スタッフ職俸給表が新設されたことから，現在では11種類17表の俸給表となっている。

なお，給与法に基づく俸給表の他に，平成9年に任期付研究員法に基づく俸給表（2表），平成12年に任期付職員法に基づく俸給表（1表）が新設されている。

2　混合官職にある職員の取扱い

問　文書の収受，資料の整理，電話の交換等の業務を併せ行う職員については，行政職俸給表㈠と行政職俸給表㈡のどちらの俸給表を適用するのが正しいか。

答　俸給表の適用関係は，その職員の本来の職務に従って決定されるが，設問のようないわゆる混合官職的職務に従事する職員の場合については，原則としてその職員の主として行う職務により適用俸給表が決定されることになっている。

したがって，設問の場合，その職員の主たる職務が文書の収受，資料の整理等の一般事務であるときには行政職俸給表㈠が，また，それが電話の交換業務であるときには行政職俸給表㈡が適用されることとなる。

3　技術職員と技能職員との区分

問　技術職員は行政職俸給表㈠が適用され，技能職員については行政職俸給表㈡が適用されることとなるが，規則9－2第2条（行政職俸給表㈡の適用範囲）第8号に掲げる技能職員は技術職員とどのように違うのか。

答　職員にどの俸給表を適用するかについては，規則9－2第2条から第

15条までの規定に行政職俸給表㈠以外の俸給表の具体的な適用範囲が定められているので，それらに該当する職員については当該俸給表を適用し，いずれにも該当しない場合は行政職俸給表㈠を適用することになる。

ところで，行政職俸給表㈡を適用する職員として同規則第2条第8号に「前各号に準ずる技能的業務に従事する者」と規定されているが，これらの職員は主に経験や習熟により遂行できるような技能的業務に従事する職員である。

一方，技術職員は高度の専門的かつ学術的な知識を必要とする職務を遂行する職員である。

4　事務補助的業務を行っている自動車運転手の取扱い

問　自動車運転手として採用され，行政職俸給表㈡が適用されている職員が，運転業務の合間に一般事務の補助又は応援等の業務を行っている場合には，行政職俸給表㈠に適用変更させることができるか。

答　俸給表の適用関係は，その職員の本来の職務により決定されることになるので，その職員が自動車運転業務を本務とする限り，これを行政職俸給表㈠に適用変更することは認められないと考える。

5　専門行政職俸給表の適用範囲の考え方

問　専門行政職俸給表の適用はどのような考え方や基準によって行っているのか。

答　専門行政職俸給表は特定の専門的行政分野に携わる職員を対象としており，具体的には①任用の前提条件として，大学卒業程度以上の専門的知識又は能力・資格等を必要とする職務であって職務遂行に当たって常に当該専門的知識が不可欠な専門行政分野の業務を行う職種であり，②明定された職務分担に基づき相当程度独立して業務を行い，又は権限を行使する業務を行う職種で，比較的簡素な職制形態で業務を遂行しているものであって，さらに，③職

務の専門性から原則として他職種との人事交流がなく，その職種としての範囲が恒常的かつ明確に特定できる職種について適用している。例えば特許庁の審査官・審判官，国土交通省の航空管制官等の職種が該当する。

6 研究補助員の職務内容

問 研究職俸給表の適用を受ける研究補助員とは，具体的にどのような業務に従事しているものをいうのか。

答 研究員の指揮監督の下に補助的研究を行う研究補助員については，研究職俸給表が適用されることとなっているが，ここでいう研究補助員とは，ある程度の専門的知識を有し，直接研究業務の一部を分担している者をいう。したがって，研究に附随する業務としての実験の手伝い，報告書の浄書，文献の整理収集等の補助的業務に専ら従事する職員等は，ここにいう研究補助員には含まれず，例えば文献の整理収集等の補助的業務に専ら従事する職員は行政職俸給表㈠が適用されることとなる。

7 医師免許等取得前の者に対する俸給表の適用

問 医師又は看護師の国家試験に合格したが，まだ免許を取得していない者に対して，医療職俸給表㈠又は医療職俸給表㈢を適用することができるか。

答 国家試験に合格しても免許を取得しなければ，医師，看護師等としての業務を行うことはできないので，これらの者に対して医療職俸給表㈠又は医療職俸給表㈢を適用することはできない。ただし，昭和30年5月12日医発第155号による医籍，看護婦籍等登録済証明書の発行を受けた者については，免許取得前であっても医師免許証，看護婦免許証等の交付を受けた者と同様に取り扱われることとなっている（注）ので，これら登録済証明書の発行を受けた者に対して医療職俸給表㈠又は医療職俸給表㈢を適用することができる。

(注)

> 給2-522
> 　　昭和34年10月24日
>
> 　　　　　　　　　　　　　　　　　　　　人事院事務総局
> 　　　　　　　　　　　　　　　　　　　　　給与局給与第二課長
>
> 厚生省医務局医事課長　殿
> 　昭和30年5月12日医発第155号による登録済証明書の発行を受けた者の取扱いについて（照会）
> 　標記について下記のように疑義がありますのでお尋ねします。
> 　　　　　　　　　　　　　記
> 　昭和30年5月12日医発第155号による医籍，看護婦籍等登録済証明書の発行を受けた者は，医師免許証，看護婦免許証等の交付を受けた者と同様に取扱い，医師または看護婦等の業務を行なうことができると解してさしつかえないか。
> 　　　　　　　　　　　　　　　　　　　　　　　　　　　以　　上

> 医事第257号
> 　　昭和34年10月30日
>
> 　　　　　　　　　　　　　　　　　　　　　厚生省医務局医事課長
>
> 人事院事務総局
> 　給与局給与第二課長　殿
> 　　　　　　　　　　　（回　答）
> 　10月24日給2-522をもつて照会のあつた標記の件については，貴見のとおりである。

8　福祉職俸給表の適用範囲の考え方

> **問**　福祉職俸給表の適用はどのような考え方や基準によって行っているのか。

> **答**　福祉職俸給表は障害者支援施設，児童福祉施設等に勤務する福祉関係

職員を対象としており，①社会福祉に関する専門的知識，技術をもって，②自己の判断に基づき独立して，③老人，児童，心身の障害のある者等に対し必要な援護，育成，更生のための指導，保育，介護等の対人サービスを行う職種について適用している。

　例えば，生活支援員，職業指導員，就労支援員，心理判定員，精神保健福祉士，医療社会事業専門員，児童指導員，保育士や民間福祉施設等の寮母に相当する介護員等の職種のほか，主として対人サービス業務を行う施設の課長が該当する。施設の長などの管理職のうち，管理運営的業務，対外的業務，総合調整的業務などを主として行う者については，福祉職俸給表の適用はないが，部分的には管理運営的業務を行うものの，主として対人サービス業務を行っている者については，福祉職俸給表の適用が考えられる。

9　専門スタッフ職俸給表の適用範囲の考え方

> **問**　専門スタッフ職俸給表の適用はどのような考え方や基準によって行われているのか。

答　専門スタッフ職俸給表は，行政における特定の分野についての高度の専門的な知識経験が必要とされる調査，研究，情報の分析等を行うことにより，政策の企画及び立案，他国又は国際機関との交渉等を支援する業務に従事する職員について適用することとしている。なお，専門スタッフ職俸給表4級は，従来の専門スタッフ職よりも上位の職制上の段階に相当する新たな専門スタッフ職として，平成29年4月に新設された。

10　指定職俸給表の適用範囲の考え方

> **問**　指定職俸給表の適用はどのような考え方や基準によって行っているのか。

答　指定職俸給表は，その官職の職務と責任の度が特に高度であり，かつ，

一般の職員に適用される扶養手当，住居手当等の手当制度を適用することが適当でない官職，いいかえれば，民間の役員に相当するような官職に適用することとしているものである。したがって，指定職俸給表の適用に当たっては，その職責等からこのような制度になじむ官職にある職員であるかどうかが慎重に検討されて，その決定がなされている。具体的には，規則9－2第15条（指定職俸給表の適用範囲）の規定により，事務次官，外局の長官，官房長及び局長等のほか，規模の大きい研究所及び病院等の長並びにこれらに準ずるもので指令で指定するものに適用している。これらに準ずるものは，職務と責任の度が行政職俸給表(一)10級等又は指定職俸給表に位置付けられる官職であり，当該官職を占めることにより，当然に指定職俸給表の適用を受ける職員となるものではなく，これらに準ずるものとして指令で指定することにより指定職俸給表の適用を受けるものである。また，昭和39年に指定職俸給表を新設した趣旨は，当該俸給表の適用を受ける官職が，当該俸給表新設前には行政職俸給表（一）等の1等級に格付けられていたが，その職責の特殊性から別建ての俸給表とされたものであり，指定職俸給表の適用を受ける職員の職務は，その複雑，困難及び責任の度において他の俸給表の上位に位置付けられることから，新たに当該俸給表の適用を受ける場合には，人事評価結果を活用することとされている（給実甲第1080号参照）。

11　任期付研究員法に基づく俸給表の適用範囲の考え方

> **問**　任期付研究員法の規定によれば，任期を定めた研究員については，任期付研究員法第3条（任期を定めた採用）第1項第1号のいわゆる「招へい型任期制」と第2号のいわゆる「若手育成型任期制」の2つの場合において採用が可能となっているが，これらの者に適用される俸給表についての考え方はどのようなものか。

答　「招へい型任期制」は，高度の専門的な知識経験を必要とする研究業務の能率的推進を図るため，その研究分野において研究業績等により特に優れた研究者と評価されている者を招へいして任期（原則5年以内，最長10年以内）

を定めて採用できる制度であり，任期付研究員法第6条（給与に関する特例）第1項に定める俸給表が適用される。この俸給表は，比較的若手（30歳台前半）の研究員から国内研究員のトップクラスまでの給与に対応した水準としており，6号俸の簡素な号俸構成となっている。

「若手育成型任期制」は，独立して研究する能力があり，研究者として高い資質を有する者を，その研究分野において先導的役割を担う有為な研究者となるために任期（原則3年以内，最長5年以内）を定めて採用できる制度であり，同条第2項に定める俸給表が適用される。この俸給表は，民間の初任クラスから若手クラスまでの特に優秀な研究員の給与に対応した水準としており，3号俸の簡素な号俸構成となっている。

12　任期付職員法に基づく俸給表の適用範囲の考え方

問　任期付職員法の規定によれば，高度の専門的な知識経験又は優れた識見を有する者を採用することが可能となっているが，適用される俸給表についての考え方はどのようなものか。

答　任期を定めて採用された職員のうち，任期付職員法第3条（任期を定めた採用）第1項の規定により採用された「特定任期付職員」は，一定の任期（5年以内）において，その者が採用時において有する高度の専門的な知識経験等を活かした高い業績が期待されることから，長期継続雇用を前提として，新規学卒者を採用し，その後の能力の伸長や経験の蓄積に従って昇格，昇給を行うという現行の俸給表の枠組みによらず，任期中においてその者の行うこととなる業務にふさわしい給与を確保するため，同法第7条（給与に関する特例）第1項に定める7号俸の簡素な号俸構成からなる俸給表が適用される。

第2章

標準職務及び級別定数

［参照法令］

● 規則9－8（第3条，別表第1）

第1　標準職務

1　標準職務表の意味

> **問**　標準職務表では各職務の級の標準的な職務内容を定めているが，一方において職員の職務の級の決定については級別定数の範囲内で行うこととと定められており，実際にはこの級別定数により規制されることとなる。このような関係において標準職務表は，具体的にはどのような意味を持っているのか。

答　標準職務表は，現行の給与制度が職務給を原則としていることと関連し，各職員の職務を俸給表に定める職務の級に分類する場合の基準となるべき標準的な職務の内容を定めているものであり，ここに掲げられている職務はもとより，その他のすべての職員の職務についてはこの標準職務に照らしてその職務の評価がなされ，それぞれの職務の級への分類がなされることとなっている。

一方，級別定数は，給与法第8条第1項及び第2項に規定されているように，この標準職務に適合するように，その設定又は改定がなされることとされており，いわば標準職務を個々の官職につき具体化したものが級別定数といえる。

なお，行政職俸給表㈠など指定職俸給表以外の俸給表については級別に，指定職俸給表については号俸別に標準職務表が定められている。

2　標準職務表に掲げられていない官職の格付け

> **問**　行政職㈠の級別標準職務表には施設等機関や特別の機関の長，課長及び係長等について何ら定められていないが，この点はどのように理解すればよいのか。

答 級別標準職務表は，各職務の級についてのすべての職務を定めているものではなく，その名称の示すとおりいわば当該職務の級の標準的な尺度としての職務を定めているもので，別のいい方をすれば，一種の代表官職例を示しているものである。したがって，設問のような級別標準職務表に掲げられていない職務（官職）については，この表に示されている標準職務に照らしてその職務の複雑，困難及び責任の度が評価され，所要の職務の級に分類されることとなる。

3　専門官の格付け

問　行政職㈠の級別標準職務表には，専門官が3級のみにしか規定されていないが，なぜか。

答　行政職㈠適用官職には多数の専門官職が存在しているが，これら専門官職の職務内容は非常に多種多様であり，すべてを統一的，横断的に規定することは無理がある。また，仮に何らかの規定を置いても相当程度抽象的な表現になることは避けられず，格付けの基準として実質的に機能することは期待できないことから3級に限って規定することとし，これ以外の職務の級への分類は他の職名や職務に照らして行うこととなっている。

4　「主任」と一般職員との違い

問　「主任」と一般職員との相違は何か。

答　行政職㈠の級別標準職務表に定める「主任」は，高度の知識若しくは経験を必要とする業務又は高度の専門的業務の一部を分担し処理する職員であり，必ずしも部下を有するものではないが，その職務の評価として係長に準ずる職務を行う職員のことである。
　一方，一般職員はその業務に必要とされる知識又は経験に基づいて，一定の範囲の業務を分担処理している点においては主任と同様であるが，上司の指

導・監督が主任の場合は概括的であるのに対し，一般職員の場合は具体的であり，したがって，業務の遂行方法等も異なるという点において両者は異なっているといえる。

5 「困難」と「相当困難」等の表現

> **問** 級別標準職務表において職員の職務の困難さを示す表現として「極めて困難」「特に困難」「困難」「相当困難」という表現がとられているが，その困難度からするとどのような順序になるか。

答 「極めて困難」「特に困難」「相当困難」等とは，困難度における相対的な関係を表わしたものであり，困難度について，その大きいものからいうと，「極めて困難」「特に困難」「困難」「相当困難」の順になっている。なお，ここでいう「相当困難」という表現は，相当程度（ある程度）に困難という意味で用いられているものである。

第2 級別定数

1 級別定数の意味

> **問** 級別定数とは何か。

答 給与法第4条の規定により，職員の俸給は，その職務の複雑，困難及び責任の度に基づき，かつ，勤労の強度等その他の勤務条件を考慮したものでなければならないとされている。

級別定数は，府省ごとに，職員の職務をその複雑，困難及び責任の度等に応じて各俸給表の職務の級別に分類し，その職務の級ごとの適用職員数（枠）を，会計別，組織別，項別及び職名別に定めたものであり，各府省において適正・妥当な職務の級の決定が行われるよう，給与格付の統一性，公正性を確保する

役割を担っている。

具体的には、給与法第6条第3項の規定に基づいて各俸給表の職務の級ごとに定められた標準的な職務を基準とし、職員の担当する職務の困難度や責任の程度等を踏まえ、当該職務の遂行に必要な資格、能力や経験等の内容も考慮して級別定数が設定される。

2 人事院と内閣総理大臣との関係

問 級別定数の設定・改定における人事院と内閣総理大臣の関係はどのようになっているのか。

答 「国家公務員法等の一部を改正する法律」（平成26年法律第22号）（以下「改正国公法」という。）による改正前は、級別定数が職員の給与決定の土台となる勤務条件であることから、その設定・改定は労働基本権制約の代償機能を担う人事院が所掌してきた。

改正国公法では、級別定数の設定・改定が組織管理の側面を持つことから内閣総理大臣の所掌に属するものとされたが、同時に、勤務条件の側面を持つものであり、その設定・改定に当たって、代償機能が十分に確保される必要があることから、内閣総理大臣は、人事院の意見を聴取し、これを十分に尊重するものとすることが定められた。

具体的な級別定数の設定・改定作業の流れについては、級別定数の設定・改定が人件費予算の増減に影響することから、予算編成と同時期に各府省から級別定数の設定・改定の要求を受けて、人事院が労使双方の意見も聴取して作成した設定・改定案を意見として内閣総理大臣に提出し、内閣総理大臣はそれに基づいて級別定数の設定・改定を行うこととなる。

なお、級別定数の運用を定める内閣総理大臣の決定についても、人事院の意見を聴取して、その制定、改廃が行われることになる。

3 人事院の意見の性格

問 級別定数の設定・改定に関する人事院の意見はどのような性格を持つものなのか。

答 級別定数の設定・改定は勤務条件の側面を持つものであることから、級別定数の設定・改定に関する人事院の意見は、憲法上保障された労働基本権の制約の代償機能として、職員の適正な勤務条件を確保する観点から内閣総理大臣に提出するものであり、国会及び内閣に対し、その完全実施を要請している人事院勧告と同様の性格のものである。

4 級別定数の改定を行う場合

問 級別定数の改定はどういう場合に行われるのか。例えば、当該府省の職員構成の関係等から在級期間が一定期間経過するなど上位の級への昇格要件を満たす者が増加した場合には改定されるのか。

答 級別定数は、府省ごとに、職員の職務をその複雑、困難及び責任の度等に応じて各俸給表の職務の級別に分類し、その職務の級ごとの適用職員数（枠）を、会計別、組織別、項別及び職名別に定めたものであり、行政需要の増大や行政の複雑・多様化等に伴う職務内容の変化、組織の改廃、定員の増減等があった場合には、職員の適正な勤務条件を確保する観点から人事院は意見の申出を行い、内閣総理大臣はそれに基づいて級別定数の改定を行う必要があるが、少なくとも設問のように単に在級期間による昇格要件を満たす職員が増加したということのみを理由として改定するようなことは、ありえないものと考える。

5 級別定数と級別標準職務表との関係

問 職員の職務の級の分類の基準としては、級別標準職務表が定めら

れているので，これに基づいて各給与決定権者が具体的に職務の級を決定すればよいのではないか。

答　級別標準職務表は，職務の級の標準的な職務を定めているものであり，すべての職務を定めているものではない。そのため，級別標準職務表に掲げられていない職務は，同表に示されている職務に照らして評価し，俸給表上のそれぞれの職務の級に分類することになる。

しかしながら，級別標準職務表の解釈なり個々の官職の職務の評価を給与決定権者の判断にすべて委ねることになると，その運用に幅が生じ，府省間に不均衡が生ずるおそれがある。

そこで，このような問題を生じさせないように，各府省において，適正・妥当な職務の級の決定が行われ，給与格付の統一性，公正性を確保するために，級別標準職務を尺度として，府省ごとに，職員の職務をその複雑，困難及び責任の度等に応じて客観的に分類し，その職務の級ごとの適用職員数（枠）を，会計別，組織別，項別及び職名別に定めているものが級別定数であり，職務の級の決定における基準のひとつである。

6　級別定数の流用

問　級別定数は，会計別，組織別，項別及び職名別に定められているが，それらの間での流用は認められないのか。

答　級別定数の運用は，会計別，組織別，項別及び職名別に定められた級別定数の範囲内で行われるのが原則ではあるが，級別定数の運用に弾力性がまったくないとすれば，人事が硬直化して円滑な人事計画の実施に齟齬をきたすおそれがある。このため，人事管理上やむを得ないと認められる場合，会計間，職名間など一定の範囲内において一時的に流用することが認められている。

7　休職者等の級別定数における取扱い

問　級別定数は，休職中の職員等についても定められているか。

答　休職にされ，国際機関等に派遣され，育児休業をし，交流派遣をされ，法科大学院において専ら教授等の業務を行うために派遣され，福島相双復興推進機構に派遣され，自己啓発等休業若しくは配偶者同行休業をし，又は東京オリンピック・パラリンピック競技大会組織委員会若しくはラグビーワールドカップ2019組織委員会に派遣されている職員は身分を保有するが職務に従事しないこととの関係で定員上は定員外とされていることから，級別定数上においても級別定数の外に置かれている。

第3章

学歴免許等の資格

［参照法令］

● 規則9－8（別表第3）
● 給実甲第326号

第1　学歴免許等資格区分表

1　学歴免許等資格区分表の分類基準

問　学歴免許等資格区分表が設けられている趣旨及びその分類基準について説明されたい。

答　学歴免許等資格区分表は、初任給基準表の学歴免許等欄に基準的な学歴区分を掲げているため、当該学歴区分にいかなる学歴免許等の資格が該当するかを分類した表である。いいかえれば職員の有する各種の学歴免許等の資格が初任給基準表の学歴免許等欄のいずれの学歴区分に該当するかを明らかにしたものである。

なお、学歴免許等資格区分表の学歴区分の分類に当たっては、学校教育法（昭和22年法律第26号）の6，3，3，4の学制を骨子とし、その他の学歴等については、入学資格、教科内容、修業年限等に重点を置きながら、職員の給与上の均衡が確保されるよう分類したものである。

2　学歴免許等の資格区分の特例

問　学歴免許等の資格について、給実甲第326号別表の乙表にその特例措置が規定されているが、同表に定めるような特例措置を必要とする理由は何か。

答　給実甲第326号別表の乙表において、公安職㈡又は海事職㈠の初任給基準表を適用する場合の特定の学歴免許等の資格についての特例を定めているのは、その学歴免許等の資格の特殊性に適応できるよう一般的基準とは異なった取扱いをすることが、一般的基準を適用する職員と特例措置を適用する職員間の均衡という意味で特に必要とされるからである。旧海技大学校本科の卒業の

学歴免許等の資格は，甲表では「短大3卒」の学歴区分に属することとなっているが，船員等にとっては最高の学歴であり，また，その修学年数も大学に準ずるものであったことから，「大学卒」の区分を適用することとしている。

　なお，この乙表は，特定の初任給基準表を適用する場合に限っての学歴免許等の資格区分の特例を定めたものであって，職員の学歴免許等の資格についての特例を定めているものではない（給実甲第326号学歴免許等資格区分表関係第6項参照）。

3　「○○卒を入学資格とする」の解釈

> **問**　学歴免許等資格区分表中，学歴免許等の資格によっては「○○卒を入学資格とする」という制限が設けられているが，実際には○○卒ではなく，○○卒と同等の学力を有する者として入学が認められ卒業した者も，これに含まれると解してよいか。

答　貴見のとおりと解する。
　すなわち，学歴免許等資格区分表に掲げる学歴免許等の資格において「○○卒を入学資格とする」と規定しているのは，個々人の資格についていっているものではなく，学校等の学制ないし課程の程度を指しているものであって，○○卒と同程度の学力を有するものを入学資格として認めていることを排除しようとする趣旨ではない。例えば，給実甲第326号別表の甲表の「短大2卒」の区分に掲げられている保育士を養成する学校等の卒業は「高校3卒」を入学資格とする修業年限2年以上のものに限るとされているが，高校を卒業しないで高等学校卒業程度認定試験規則による認定試験を合格したことにより保育士を養成する学校等に入学し，所定の課程を履習し卒業した者の学歴免許等の資格は「短大2卒」となる。

4 学歴免許等資格区分表に掲げられていない学歴免許等の資格を有する者の取扱い

> **問** 学歴免許等資格区分表に掲げられていない学歴免許等の資格を有する者についてはどのように取り扱ったらよいか。

答 現在，学歴免許等資格区分表及び給実甲第326号別表の甲表は，給与上の学歴免許等の資格として取り扱うべきほとんどすべての学歴免許等の資格を掲げており，これらの表に掲げられていない学歴免許等の資格は原則として給与上の学歴免許等の資格として取り扱うことができないので，その場合は当該資格取得前の学歴免許等の資格によることとなる。

ただし，他の学歴免許等の資格を有する者との均衡上特に必要があると認められるときは，あらかじめ事務総長の承認を得て当該資格を学歴免許等資格区分表に定める学歴免許等の資格として取り扱うことができることとされている（給実甲第326号学歴免許等資格区分表関係第5項参照）。

なお，専修学校，各種学校の卒業者等については一定の条件の下に一定の学歴免許等の資格を有する者に準じて取り扱うことができることとされている（給実甲第326号学歴免許等資格区分表関係第4項参照）。

5 看護師学校等の卒業者の取扱い

> **問** 普通高校卒業後に3年制の看護師学校を卒業したが看護師免許を取得していない者であっても，学歴免許等の資格は「短大3卒」となるのか。

答 給実甲第326号別表の甲表により「保健師助産師看護師法による看護師学校又は看護師養成所（いずれも「高校3卒」を入学資格とする修業年限3年以上のものに限る。）の卒業」の学歴区分は「短大3卒」とされている。これは看護師免許を取得しているか否かとは関係なく，給与上の学歴免許等の資格としてみているものである。この取扱いは医師免許を取得していない大学の医学

部医学科の卒業者（大学6卒），臨床検査技師の免許を取得していない臨床検査技師学校の卒業者（短大3卒）等についても同様である。

第2　学校教育法による学校

1　大学院又は専門職大学院の課程の修了の解釈

> **問**　大学院の「修士課程修了」又は「博士課程修了」とは，大学院設置基準（昭和49年文部省令第28号）第16条又は第17条に規定する修士又は博士課程の修了要件を，専門職大学院の「専門職学位課程修了」とは，専門職大学院設置基準（平成15年文部科学省令第16号）第15条，第23条又は第29条に規定する専門職学位課程又は法科大学院若しくは教職大学院の課程の修了要件を，それぞれ満たすことをもって足りると解してよいか。

答　学歴免許等資格区分表に定める「修士課程修了」又は「博士課程修了」とは，大学院設置基準第16条又は第17条の規定に該当し，修士又は博士の学位を有するものをいう。

　また，学歴免許等資格区分表に定める「専門職学位課程修了」とは，専門職大学院設置基準第15条，第23条又は第29条の規定に該当し，専門職学位（修士（専門職），法務博士（専門職）又は教職修士（専門職）の学位）を有するもののうち，標準修業年限（当該標準修業年限が専門職大学院設置基準第3条第1項の規定により変更されたものである場合にあっては，当該変更がないものとした場合における標準修業年限）が2年以上の課程を修了したものをいう（給実甲第326号第14条関係第3項及び学歴免許等資格区分表関係第2項参照）。なお，法科大学院では，法律の既習を前提としない場合には標準修業年限が3年となっているが，既に大学学部レベルの法学を履修している者が最低限在学する期間は2年とすることができるため，給与上の学歴免許等の資格は「専門職学位課程修了」として，2年分のみを評価することとしている。

[参考]
○学校教育法（昭和22年法律第26号）（抄）
第104条　大学（第108条第2項の大学（以下この条において「短期大学」という。）を除く。以下この条において同じ。）は，文部科学大臣の定めるところにより，大学を卒業した者に対し学士の学位を，大学院（専門職大学院を除く。）の課程を修了した者に対し修士又は博士の学位を，専門職大学院の課程を修了した者に対し文部科学大臣の定める学位を授与するものとする。
2～5　（略）

○大学院設置基準（昭和49年文部省令第28号）（抄）
（修士課程）
第3条　（略）
2　修士課程の標準修業年限は，2年とする。ただし，教育研究上の必要があると認められる場合には，研究科，専攻又は学生の履修上の区分に応じ，その標準修業年限は，2年を超えるものとすることができる。
3　前項の規定にかかわらず，修士課程においては，主として実務の経験を有する者に対して教育を行う場合であつて，教育研究上の必要があり，かつ，昼間と併せて夜間その他特定の時間又は時期において授業又は研究指導を行う等の適切な方法により教育上支障を生じないときは，研究科，専攻又は学生の履修上の区分に応じ，標準修業年限を1年以上2年未満の期間とすることができる。

（博士課程）
第4条　（略）
2　博士課程の標準修業年限は，5年とする。ただし，教育研究上の必要があると認められる場合には，研究科，専攻又は学生の履修上の区分に応じ，その標準修業年限は，5年を超えるものとすることができる。
3　博士課程は，これを前期2年及び後期3年の課程に区分し，又はこの区分を設けないものとする。ただし，博士課程を前期及び後期の課程に区分する場合において，教育研究上の必要があると認められるときは，研究科，専攻又は学生の履修上の区分に応じ，前期の課程については2年を，後期の課程については3年を超えるものとすることができる。
4・5　（略）

（修士課程の修了要件）
第16条　修士課程の修了の要件は，大学院に2年（2年以外の標準修業年限を定める研究科，専攻又は学生の履修上の区分にあつては，当該標準修業年限）以上在学し，30単位以上を修得し，かつ，必要な研究指導を受けた上，当該

修士課程の目的に応じ，当該大学院の行う修士論文又は特定の課題についての研究の成果の審査及び試験に合格することとする。ただし，在学期間に関しては，優れた業績を上げた者については，大学院に1年以上在学すれば足りるものとする。
（博士課程の修了要件）
第17条　博士課程の修了の要件は，大学院に5年（5年を超える標準修業年限を定める研究科，専攻又は学生の履修上の区分にあつては，当該標準修業年限とし，修士課程（第3条第3項の規定により標準修業年限を1年以上2年未満とした修士課程を除く。以下この項において同じ。）に2年（2年を超える標準修業年限を定める研究科，専攻又は学生の履修上の区分にあつては，当該標準修業年限。以下この条本文において同じ。）以上在学し，当該課程を修了した者にあつては，当該課程における2年の在学期間を含む。）以上在学し，30単位以上を修得し，かつ，必要な研究指導を受けた上，当該大学院の行う博士論文の審査及び試験に合格することとする。ただし，在学期間に関しては，優れた研究業績を上げた者については，大学院に3年（修士課程に2年以上在学し，当該課程を修了した者にあつては，当該課程における2年の在学期間を含む。）以上在学すれば足りるものとする。
2　第3条第3項の規定により標準修業年限を1年以上2年未満とした修士課程を修了した者及び第16条ただし書の規定による在学期間をもつて修士課程を修了した者の博士課程の修了の要件については，前項中「5年（5年を超える標準修業年限を定める研究科，専攻又は学生の履修上の区分にあつては，当該標準修業年限とし，修士課程（第3条第3項の規定により標準修業年限を1年以上2年未満とした修士課程を除く。以下この項において同じ。）に2年（2年を超える標準修業年限を定める研究科，専攻又は学生の履修上の区分にあつては，当該標準修業年限。以下この条本文において同じ。）以上在学し，当該課程を修了した者にあつては，当該課程における2年の在学期間を含む。）」とあるのは「修士課程における在学期間に3年（第4条第3項ただし書の規定により博士課程の後期の課程について3年を超える標準修業年限を定める研究科，専攻又は学生の履修上の区分にあつては，当該標準修業年限）を加えた期間」と，「3年（修士課程に2年以上在学し，当該課程を修了した者にあつては，当該課程における2年の在学期間を含む。）」とあるのは「3年（第3条第3項の規定により標準修業年限を1年以上2年未満とした修士課程を修了した者にあつては，当該1年以上2年未満の期間を，第16条ただし書の規定による在学期間をもつて修士課程を修了した者にあつては，当該課程における在学期間（2年を限度とする。）を含む。）」と読

み替えて，同項の規定を適用する。
3 第1項及び前項の規定にかかわらず，修士の学位若しくは専門職学位（学位規則（昭和28年文部省令第9号）第5条の2に規定する専門職学位をいう。以下この項において同じ。）を有する者又は学校教育法施行規則（昭和22年文部省令第11号）第156条の規定により大学院への入学資格に関し修士の学位若しくは専門職学位を有する者と同等以上の学力があると認められた者が，博士課程の後期の課程に入学した場合の博士課程の修了の要件は，大学院（専門職大学院を除く。以下この項において同じ。）に3年（第4条第3項ただし書の規定により博士課程の後期の課程について3年を超える標準修業年限を定める研究科，専攻又は学生の履修上の区分にあつては，当該標準修業年限とし，専門職大学院設置基準（平成15年文部科学省令第16号）第18条第1項の法科大学院の課程を修了した者にあつては，2年（第4条第3項ただし書の規定により博士課程の後期の課程について3年を超える標準修業年限を定める研究科，専攻又は学生の履修上の区分にあつては，当該標準修業年限から1年の期間を減じた期間）とする。）以上在学し，必要な研究指導を受けた上，当該大学院の行う博士論文の審査及び試験に合格することとする。ただし，在学期間に関しては，優れた研究業績を上げた者については，大学院に1年（第3条第3項の規定により標準修業年限を1年以上2年未満とした修士課程を修了した者及び専門職大学院設置基準第2条第2項の規定により標準修業年限を1年以上2年未満とした専門職学位課程を修了した者にあつては，3年から当該1年以上2年未満の期間を減じた期間とし，第16条ただし書の規定による在学期間をもつて修士課程を修了した者にあつては，3年から当該課程における在学期間（2年を限度とする。）を減じた期間とする。）以上在学すれば足りるものとする。

○専門職大学院設置基準（平成15年文部科学省令第16号）（抄）
（専門職学位課程）
第2条 （略）
2 専門職学位課程の標準修業年限は，2年又は1年以上2年未満の期間（1年以上2年未満の期間は，専攻分野の特性により特に必要があると認められる場合に限る。）とする。
（標準修業年限の特例）
第3条 前条の規定にかかわらず，専門職学位課程の標準修業年限は，教育上の必要があると認められるときは，研究科，専攻又は学生の履修上の区分に応じ，その標準修業年限が2年の課程にあつては1年以上2年未満の期間又は2年を超える期間とし，その標準修業年限が1年以上2年未満の期間の課

程にあっては当該期間を超える期間とすることができる。
2　（略）
（専門職学位課程の修了要件）
第15条　専門職学位課程の修了の要件は，専門職大学院に2年（2年以外の標準修業年限を定める研究科，専攻又は学生の履修上の区分にあっては，当該標準修業年限）以上在学し，当該専門職大学院が定める30単位以上の修得その他の教育課程の履修により課程を修了することとする。
（法科大学院の課程）
第18条　（略）
2　法科大学院の課程の標準修業年限は，第2条第2項の規定にかかわらず，3年とする。
3　（略）
（法科大学院の課程の修了要件）
第23条　法科大学院の課程の修了の要件は，第15条の規定にかかわらず，法科大学院に3年（3年を超える標準修業年限を定める研究科，専攻又は学生の履修上の区分にあっては，当該標準修業年限）以上在学し，93単位以上を修得することとする。
（教職大学院の課程）
第26条　（略）
2　教職大学院の課程の標準修業年限は，第2条第2項の規定にかかわらず，2年とする。
3・4　（略）
（教職大学院の課程の修了要件）
第29条　教職大学院の課程の修了の要件は，第15条の規定にかかわらず，教職大学院に2年（2年以外の標準修業年限を定める研究科，専攻又は学生の履修上の区分にあっては，当該標準修業年限）以上在学し，45単位以上（高度の専門的な能力及び優れた資質を有する教員に係る実践的な能力を培うことを目的として小学校等その他の関係機関で行う実習に係る10単位以上を含む。）を修得することとする。
2　教職大学院は，教育上有益と認めるときは，当該教職大学院に入学する前の小学校等の教員としての実務の経験を有する者について，10単位を超えない範囲で，前項に規定する実習により修得する単位の全部又は一部を免除することができる。

2 大学院早期修了者及び大学早期卒業者の取扱い

> **問** 大学院の修士又は博士課程の修了要件として，優れた研究業績を上げた者については，標準修業年限未満で修了することができることとされているが，これらの大学院早期修了者については，給与上どのように取り扱われるのか。また，大学早期卒業者については，給与上どのように取り扱われるのか。

答 従前は博士課程の修業年限は最低5年と定められていたが，昭和49年6月に大学院設置基準が改正され，優れた研究業績を上げた者については，博士課程修了要件のうち在学期間の特例を認めることとし，3年以上の在学期間があれば足りることとされた。これら博士課程早期修了者の初任給決定については，早期修了が博士課程について特例であること及び対象となる者が極めて少数であったことなどから，昭和53年4月に学歴免許等資格区分表に「大学院に5年以上在学した場合に限る。」と規定し，早期修了者については標準年限で修了するとみなされる時に標準者の初任給と一致するよう個別承認により号俸を決定してきた。その後，平成元年9月に資質の優れた者に早期に大学院教育を施し早く社会に輩出することを目的とした大学院設置基準等の改正がなされ，「修士課程修了」の要件についても優れた研究業績を上げた者については，標準修業年限の2年未満である在学1年以上で足りることとされ，平成3年3月以降，修士課程早期修了者が社会に出ることとなった。

このように修士課程についても早期修了制度が導入されるとともに，博士課程については相当数の早期修了者が出てきていることから，給与制度上においても，この早期修了制度の目的に合致した対応が必要と考えられるところとなった。

そこで，平成3年4月1日からは，課程修了者については，早期・標準という在学期間の長短にかかわらず当該課程の学問的レベルに達していることにおいては同じである点に着目し，標準修業年限未満で「修士課程修了」又は「博士課程修了」となった者についても，給与上，標準修業年限で修了した者と同等に取り扱うこととしている。

また，大学については卒業要件として，当該大学の定める単位を優秀な成績

で修得した者について，標準修業年限未満で卒業することができることとされていることから，同様に，平成15年4月1日からは，標準修業年限で修了した者と同等に取り扱うこととしている。

3　大学院へ飛び入学により入学した者が中退した場合の取扱い

問　大学に3年間在学した後，大学院へ飛び入学により入学した者又は研究所等で2年以上の研究歴を有し博士課程（後期）に進学した者が当該大学院を中途で退学した場合，それぞれその者の学歴を「大学4卒」，「修士課程修了」の区分に該当するものとして取り扱って差し支えないか。

答　これまでの大学院設置基準（昭和49年文部省令第28号）及び学校教育法施行規則（昭和22年文部省令第11号）の改正により，大学院入学資格が弾力化されてきているが，この措置は，当該大学院の入学について特例措置を講じたものにすぎない。すなわち，大学に3年間在学した後，大学院へ飛び入学により入学した者は実際には大学を卒業したものではなく，また研究所等で2年以上の研究歴を有し博士課程（後期）に進学した者は実際に修士の学位を授与されるものではない。したがって，それらの者の学歴をそれぞれ「大学4卒」，「修士課程修了」の区分に該当するものとして取り扱うことはできない。なお，大学を早期卒業して，大学院へ入学し中退した者については，「大学4卒」の区分に該当するものとして取り扱うことができる。

4　論文博士の学歴上の取扱い

問　学位規則（昭和28年文部省令第9号）第4条第2項に該当して博士の学位を授与された者（いわゆる論文博士）は，大学院の課程は修了していないが，特例としてこれを大学院博士課程修了者として取り扱うことはできないか。大学院に5年以上在学し所定の単位を取得して退学した後に同項に該当して博士の学位を授与された者についてはどうか。

(答) 学歴免許等の資格の上で博士課程修了として評価しているのは，いわゆる課程博士についてだけであって（問1参照），いわゆる論文博士は，学歴免許等の資格としては認めておらず，この場合その者の学歴免許等の資格は，原則として最終学歴によることになる。この取扱いは大学院に5年以上在学し所定の単位を取得し，退学した後に学位規則第4条第2項に該当して論文博士となった者についても同様である。

［参考］
　〇学位規則（昭和28年文部省令第9号）（抄）
　　（博士の学位授与の要件）
　第4条　法第104条第1項の規定による博士の学位の授与は，大学院を置く大学が，当該大学院の博士課程を修了した者に対し行うものとする。
　2　法第104条第2項の規定による博士の学位の授与は，前項の大学が，当該大学の定めるところにより，大学院の行う博士論文の審査に合格し，かつ，大学院の博士課程を修了した者と同等以上の学力を有することを確認された者に対し行うことができる。

5　外国の大学院修了者の取扱い

(問) 日本の大学を卒業した後に外国の大学院に留学し，所定の課程を修了した者については，その課程に応じて「博士課程修了」又は「修士課程修了」として取り扱ってよいか。

(答) 外国における大学院等の修了の資格については，外国における大学院の制度等が区々であるため，その取扱いについての統一的な定めはなされていないが，一定の条件を満たす場合には，日本の大学院を修了したものと同様に取り扱うこととされている。例えば，外国における大学院博士課程等を修了した者の場合，大学院における修業年限が3年以上であり，その国における大学院博士課程までの通算修学年数が19年以上で，かつ，博士の学位を取得したときには，「博士課程修了」として取り扱うこととされている（給実甲第326号別表の甲表の「博士課程修了」参照）。また，外国における大学院修士課程等を修了し

た者の場合においても，同様に取り扱うこととされている（給実甲第326号別表の甲表の「修士課程修了」参照）。なお，給実甲第326号の別表の甲表において，「外国における…の修了（通算修学年数が○年以上…）」となっているのは，その外国の正規の学校教育における通算修学年数が○年以上の課程の修了ということである。

6 定時制等の課程の修了者の取扱い

> **問** 高等学校に置かれる定時制の課程，大学に置かれる夜間の学部又は各種の通信教育による課程を修了した場合には，その課程につき実際に定められている修学年数によってその学歴区分を定めてよいか。

答 これらについては，その定められている実際の修学年数にかかわらず，これらと同一種類の学校の通常の課程を卒業し，又は修了したものとして取り扱うことになっている（給実甲第326号学歴免許等資格区分表関係第3項参照）。したがって，例えば定時制の高等学校の卒業（修業年限4年）は「高校3卒」として，3年間在学する短期大学の夜間の学部の卒業は「短大2卒」として，また，大学の通信教育の課程による大学卒は「大学4卒」として取り扱うこととなる。

7 大学に2年以上在学して62単位以上修得した者の取扱い

> **問** 大学に2年以上在学して62単位以上修得した者については，「短大2卒」の者に準じて取り扱うことができることとなっている（給実甲第326号学歴免許等資格区分表関係第4項第1号参照）が，大学を中途退学した場合にそのように取り扱うことができる時点は大学に2年以上在学して62単位以上修得した時からか，それとも大学を退学した時からか。また通信教育により62単位以上を修得した者についてはどのように取り扱ったらよいのか。

(答) 給実甲第326号学歴免許等資格区分表関係第4項第1号の規定の適用に当たっては，大学に2年以上在学して62単位以上修得した時からと解している。

また，大学の通信教育は，学校教育法（昭和22年法律第26号）による正規の大学の課程として行われるものであるから，給実甲第326号学歴免許等資格区分表関係第4項第1号の規定は大学の通信教育の課程の修了者にも適用されるものと解している。ただし，通信教育の実態等を考慮し，修得した単位が大学の前期2年分としてふさわしいものであるか否かの認定については，慎重に取り扱う必要があるものと考える。

8　大学の別科

問　学校教育法（昭和22年法律第26号）第91条第3項に規定する大学の別科（高等学校若しくは通常の課程による12年の学校教育を修了した者（通常の課程以外の課程によりこれに相当する学校教育を修了した者を含む。）又は文部科学大臣の定めるところにより，これと同等以上の学力があると認められた者を入学資格とする修業年限1年以上のもの）を卒業した者の学歴免許等の資格を「短大1卒」として取り扱うことはできないか。

(答)　大学の別科は，簡易な程度において，特別の技能教育を施すことを目的とするものであり，給与上の学歴免許等の資格として取り扱うことはできないものと解する。なお，学校教育法第58条第3項に規定する高等学校の別科についても同様である。

9　学校教育法による資格の特例

問　給実甲第326号学歴免許等資格区分表関係第4項第2号(1)によれば学校教育法（昭和22年法律第26号）第57条，第90条第1項（平成13年法律第105号による改正前の学校教育法第56条を含む。）又は第91条第2項の規定により，中学校，義務教育学校，高等学校，中等教育学校又は大学の卒

業者又は修了者と同等の資格を有すると認められている者については、当該学歴を有する者に準じて取り扱うことができるとされているが、これに該当するものとして具体的にはどのようなものがあるか。

(答) 具体的には、学校教育法施行規則（昭和22年文部省令第11号）第95条、第150条及び第155条に規定されており、さらにこれらに基づく文部科学大臣の指定として、昭和23年文部省告示第47号、昭和28年文部省告示第5号及び昭和30年文部省告示第39号の各号に列記されている。

なお、給実甲第326号学歴免許等資格区分表関係第4項第2号に定める取扱いは、あくまでその学歴免許等の資格が学歴免許等資格区分表に掲げられていない場合だけに限られるものである。

[参考]
〇学校教育法施行規則（昭和22年文部省令第11号）（抄）
第95条 学校教育法第57条の規定により、高等学校入学に関し、中学校を卒業した者と同等以上の学力があると認められる者は、次の各号のいずれかに該当する者とする。
　一 外国において、学校教育における9年の課程を修了した者
　二 文部科学大臣が中学校の課程と同等の課程を有するものとして認定した在外教育施設の当該課程を修了した者
　三 文部科学大臣の指定した者
　四 就学義務猶予免除者等の中学校卒業程度認定規則（昭和41年文部省令第36号）により、中学校を卒業した者と同等以上の学力があると認定された者
　五 その他高等学校において、中学校を卒業した者と同等以上の学力があると認めた者
第150条 学校教育法第90条第1項の規定により、大学入学に関し、高等学校を卒業した者と同等以上の学力があると認められる者は、次の各号のいずれかに該当する者とする。
　一 外国において学校教育における12年の課程を修了した者又はこれに準ずる者で文部科学大臣の指定したもの
　二 文部科学大臣が高等学校の課程と同等の課程を有するものとして認定した在外教育施設の当該課程を修了した者

三　専修学校の高等課程（修業年限が３年以上であることその他の文部科学大臣が定める基準を満たすものに限る。）で文部科学大臣が別に指定するものを文部科学大臣が定める日以後に修了した者

四　文部科学大臣の指定した者

五　高等学校卒業程度認定試験規則による高等学校卒業程度認定試験に合格した者（旧規程による大学入学資格検定（以下「旧検定」という。）に合格した者を含む。）

六　学校教育法第90条第２項の規定により大学に入学した者であつて、当該者をその後に入学させる大学において、大学における教育を受けるにふさわしい学力があると認めたもの

七　大学において、個別の入学資格審査により、高等学校を卒業した者と同等以上の学力があると認めた者で、18歳に達したもの

第155条　学校教育法第91条第２項又は第102条第１項本文の規定により、大学（短期大学を除く。以下この項において同じ。）の専攻科又は大学院への入学に関し大学を卒業した者と同等以上の学力があると認められる者は、次の各号のいずれかに該当する者とする。ただし、第７号及び第８号については、大学院への入学に係るものに限る。

一　学校教育法第104条第４項の規定により学士の学位を授与された者

二　外国において、学校教育における16年（医学を履修する博士課程、歯学を履修する博士課程、薬学を履修する博士課程（当該課程に係る研究科の基礎となる学部の修業年限が６年であるものに限る。以下同じ。）又は獣医学を履修する博士課程への入学については、18年）の課程を修了した者

三　外国の学校が行う通信教育における授業科目を我が国において履修することにより当該外国の学校教育における16年（医学を履修する博士課程、歯学を履修する博士課程、薬学を履修する博士課程又は獣医学を履修する博士課程への入学については、18年）の課程を修了した者

四　我が国において、外国の大学の課程（その修了者が当該外国の学校教育における16年（医学を履修する博士課程、歯学を履修する博士課程、薬学を履修する博士課程又は獣医学を履修する博士課程への入学については、18年）の課程を修了したとされるものに限る。）を有するものとして当該外国の学校教育制度において位置付けられた教育施設であつて、文部科学大臣が別に指定するものの当該課程を修了した者

四の二　外国の大学その他の外国の学校（その教育研究活動等の総合的な状況について、当該外国の政府又は関係機関の認証を受けた者による評価を受けたもの又はこれに準ずるものとして文部科学大臣が別に指定するも

のに限る。）において，修業年限が3年（医学を履修する博士課程，歯学を履修する博士課程，薬学を履修する博士課程又は獣医学を履修する博士課程への入学については，5年）以上である課程を修了すること（当該外国の学校が行う通信教育における授業科目を我が国において履修することにより当該課程を修了すること及び当該外国の学校教育制度において位置付けられた教育施設であつて前号の指定を受けたものにおいて課程を修了することを含む。）により，学士の学位に相当する学位を授与された者

五　専修学校の専門課程（修業年限が4年以上であることその他の文部科学大臣が定める基準を満たすものに限る。）で文部科学大臣が別に指定するものを文部科学大臣が定める日以後に修了した者

六　文部科学大臣の指定した者

七　学校教育法第102条第2項の規定により大学院に入学した者であつて，当該者をその後に入学させる大学院において，大学院における教育を受けるにふさわしい学力があると認めたもの

八　大学院において，個別の入学資格審査により，大学を卒業した者と同等以上の学力があると認めた者で，22歳（医学を履修する博士課程，歯学を履修する博士課程，薬学を履修する博士課程又は獣医学を履修する博士課程への入学については，24歳）に達したもの

2　（略）

〇昭和23年文部省告示第47号（学校教育法施行規則第150条第4号に規定する大学入学に関し高等学校を卒業した者と同等以上の学力があると認められる者）

学校教育法施行規則第150条第4号の規定により，大学入学に関し，高等学校を卒業した者と同等以上の学力があると認められる者を，次のように指定する。

一　従前の規定による高等学校高等科又は大学予科の第1学年を修了した者

二　専門学校本科又は中等学校卒業程度を入学資格とする専門学校予科の第1学年を修了した者

三　高等師範学校，女子高等師範学校，実業教員養成所又は臨時教員養成所の第1学年を修了した者

四　師範学校本科（昭和18年勅令第109号施行以前のものを除く。）又は青年師範学校の第1学年を修了した者及び師範学校予科において4年の課程を修了した者

五　昭和18年勅令第109号施行以前の師範学校の本科第1部第4学年又は本科

第2部第1学年を修了した者並びに青年学校教員養成所の第1学年を修了した者
六　修業年限5年の高等女学校卒業程度を入学資格とする高等女学校の専攻科又は高等科の第1学年を修了した者又は修業年限4年の高等女学校卒業程度を入学資格とする高等女学校の専攻科又は高等科の第2学年を修了した者
七　国民学校初等科修了程度を入学資格とする修業年限5年の実業学校卒業程度を入学資格とする実業学校専攻科の第1学年を修了した者又は国民学校初等科修了程度を入学資格とする修業年限4年の実業学校卒業程度を入学資格とする実業学校専攻科の第2学年を修了した者
八　大正7年文部省令第3号第2条第2号により指定した学校の第1学年を修了した者（昭和30年3月31日までに修了した者に限る。）
九　従前の規定による大学において高等学校高等科又は専門学校本科と同等以上の学校として入学資格を認められた学校の第1学年を修了した者
十　朝鮮教育令，台湾教育令，在関東州及満洲国帝国臣民教育令又は在外指定学校規則による学校において前各号の一に該当する者
十一　高等学校高等科学力検定試験又は専門学校卒業程度検定試験に合格した者
十二　教育職員免許法（昭和24年法律第147号）による小学校，中学校若しくは高等学校の教諭の普通免許状を有する者又は教育職員免許法施行法（昭和24年法律第148号）によりこれらの免許状を有するものとみなされた者（旧教員免許令（明治33年勅令第134号）に基く旧実業学校教員検定に関する規程（大正11年文部省令第4号）による実習科目に関する限りの実業学校教員免許状を有する者を除く。）
十三　専門学校の別科第1学年を修了した者，但し，中等学校（旧中等学校令第19条の規定によるものを除く。）卒業程度を入学資格とする者に限る。
十四　東京盲学校師範部甲種音楽科第1部第1学年，同鍼按科第1学年を修了した者及び同校師範部普通科乙種を卒業した者，又は東京聾啞学校師範部技芸科第1部第1学年を修了した者及び同師範部普通科乙種を卒業した者
十五　各都道府県において行う新制大学の入学資格を認定する試験に合格した者（昭和26年3月31日までの試験に合格した者に限る。）
十六　旧運輸省設置法（昭和24年法律第157号）による商船学校の席上課程3年修了者
十七　旧海軍工廠，旧海軍航空廠，旧海軍技術廠，旧海軍火薬廠，旧海軍施設部，旧海軍燃料廠及旧海軍工作部（旧海軍工廠等という。以下同じ。）に設

置した工員養成所において修業年限2年の補修科を修了した者，旧海軍工廠等に設置した工員教習所において修業年限1年の補修科を修了した者又は旧海軍工廠等に設置した職工教習所において修業年限2年の高等科，修業年限1年の専修科若しくは補修科を修了した者

十八　旧運輸省設置法及び旧運輸省組織令（昭和59年政令第175号）による海員学校の高等科を卒業し，独立行政法人海技教育機構法（平成11年法律第214号）による独立行政法人海技教育機構（旧運輸省設置法，旧運輸省組織令及び独立行政法人国立公文書館等の設立に伴う関係政令の整備等に関する政令（平成12年政令第333号）による改正前の国土交通省組織令（平成12年政令第255号）による海技大学校並びに独立行政法人に係る改革を推進するための国土交通省関係法律の整備に関する法律（平成18年法律第28号）による廃止前の独立行政法人海技大学校法（平成11年法律第212号）による独立行政法人海技大学校を含む。）の普通科A課程を卒業した者（昭和50年4月1日以降に当該課程に入学した者に限る。）

十九　独立行政法人海技教育機構法による独立行政法人海技教育機構（旧運輸省組織令及び独立行政法人国立公文書館等の設立に伴う関係政令の整備等に関する政令による改正前の国土交通省組織令による海員学校並びに独立行政法人に係る改革を推進するための国土交通省関係法律の整備に関する法律による改正前の独立行政法人海員学校法による独立行政法人海員学校を含む。）の本科を卒業した者

二十　スイス民法典に基づく財団法人である国際バカロレア事務局が授与する国際バカロレア資格を有する者で18歳に達したもの

二十一　ドイツ連邦共和国の各州において大学入学資格として認められているアビトゥア資格を有する者で18歳に達したもの

二十二　フランス共和国において大学入学資格として認められているバカロレア資格を有する者で18歳に達したもの

二十三　グレート・ブリテン及び北部アイルランド連合王国において大学入学資格として認められているジェネラル・サーティフィケート・オブ・エデュケーション・アドバンスト・レベル資格を有する者で，18歳に達したもの

二十四　アメリカ合衆国カリフォルニア州に主たる事務所が所在する団体であるウェスタン・アソシエーション・オブ・スクールズ・アンド・カレッジズ，同国コロラド州に主たる事務所が所在する団体であるアソシエーション・オブ・クリスチャン・スクールズ・インターナショナル又はグレート・ブリテン及び北部アイルランド連合王国ハンプシャー市に主たる事務所が所在する団体であるカウンセル・オブ・インターナショナル・スクールズか

ら教育活動等に係る認定を受けた教育施設に置かれる12年の課程を修了した者で，18歳に達したもの

○昭和28年文部省告示第5号（学校教育法施行規則第155条第1項第6号の規定による大学院及び大学の専攻科の入学に関し大学を卒業した者と同等以上の学力があると認められる者）

　学校教育法施行規則（昭和22年文部省令第11号）第155条第1項第6号の規定により，大学院及び大学の専攻科（医学を履修する博士課程及び専攻科，歯学を履修する博士課程及び専攻科，薬学を履修する博士課程及び専攻科（当該課程に係る研究科及び当該専攻科の基礎となる学部の修業年限が6年であるものに限る。）並びに獣医学を履修する博士課程及び専攻科を除く。）の入学に関し，大学を卒業した者と同等以上の学力があると認められる者を，次のように指定する。

一　旧大学令（大正7年勅令第388号）による大学を卒業した者
二　旧高等師範学校規程（明治27年文部省令第11号）による高等師範学校専攻科を卒業した者
三　旧師範教育令（昭和18年勅令第109号）による高等師範学校又は女子高等師範学校の修業年限1年以上の研究科を修了した者
四　旧中等学校令（昭和18年勅令第36号）による中学校若しくは高等女学校を卒業した者又は旧専門学校入学者検定規程（大正13年文部省令第22号）により，これと同等以上の学力を有するものと検定された者を入学資格とする旧専門学校令（明治36年勅令第61号）による専門学校（以下「専門学校」という。）で修業年限（予科の修業年限を含む。以下同じ。）5年以上の専門学校を卒業した者又は修業年限4年以上の専門学校を卒業し修業年限4年以上の専門学校に置かれる修業年限1年以上の研究科を修了した者
五　防衛省設置法（昭和29年法律第164号）による防衛大学校又は防衛医科大学校を卒業した者
六　独立行政法人水産大学校法（平成11年法律第191号）による水産大学校（旧農林水産省設置法（昭和24年法律第153号），旧農林水産省組織令（昭和27年政令第389号）及び独立行政法人国立公文書館等の設立に伴う関係政令の整備等に関する政令（平成12年政令第333号）による改正前の農林水産省組織令（平成12年政令第253号）による水産大学校を含む。）を卒業した者（旧水産庁設置法（昭和23年法律第78号）による水産講習所を卒業した者を含む。）
七　国土交通省組織令（平成12年政令第255号）による海上保安大学校（国家行政組織法の一部を改正する法律の施行に伴う関係法律の整理等に関する法

律（昭和58年法律第78号）による改正前の海上保安庁法（昭和23年法律第28号）及び旧運輸省組織令（昭和59年政令第175号）による海上保安大学校を含む。）を卒業した者
八 職業能力開発促進法（昭和44年法律第64号）による職業能力開発総合大学校の長期課程を修了した者（旧職業訓練法（昭和33年法律第133号）による中央職業訓練所又は職業訓練大学校の長期指導員訓練課程を修了した者，職業訓練法の一部を改正する法律（昭和60年法律第56号）による改正前の職業訓練法（昭和44年法律第64号）による職業訓練大学校の長期指導員訓練課程を修了した者，職業能力開発促進法の一部を改正する法律（平成4年法律第67号）による改正前の職業能力開発促進法による職業訓練大学校の長期課程を修了した者及び職業能力開発促進法及び雇用促進事業団法の一部を改正する法律（平成9年法律第45号）による改正前の職業能力開発促進法による職業能力開発大学校の長期課程を修了した者を含む。）
九 国土交通省組織令による気象大学校（旧運輸省設置法（昭和24年法律第157号）及び旧運輸省組織令による気象大学校を含む。）の大学部を卒業した者
十 教育職員免許法（昭和24年法律第147号）による小学校，中学校，高等学校若しくは幼稚園の教諭若しくは養護教諭の専修免許状又は1種免許状を有する者で22歳に達したもの
十一 旧国立養護教諭養成所設置法（昭和40年法律第16号）による国立養護教諭養成所を卒業した者で，教育職員免許法による中学校教諭若しくは養護教諭の専修免許状又は1種免許状を有するもの
十二 旧国立工業教員養成所の設置等に関する臨時措置法（昭和36年法律第87号）による国立工業教員養成所を卒業した者で，教育職員免許法による高等学校教諭免許状及び3年以上教員として良好な成績で勤務した旨の実務証明責任者の証明を有するもの

○昭和30年文部省告示第39号（学校教育法施行規則第155条第1項第6号の規定による医学を履修する博士課程若しくは専攻科等の入学に関し大学を卒業した者と同等以上の学力があると認められる者）

学校教育法施行規則（昭和22年文部省令第11号）第155条第1項第6号の規定により，医学を履修する博士課程若しくは専攻科，歯学を履修する博士課程若しくは専攻科，薬学を履修する博士課程若しくは専攻科（当該課程に係る研究科又は当該専攻科の基礎となる学部の修業年限が6年であるものに限る。）又は獣医学を履修する博士課程若しくは専攻科の入学に関し，大学を卒業した者と同等以上の学力があると認められる者を次のように指定する。

一　旧大学令（大正7年勅令第388号）による大学の医学又は歯学の学部において医学又は歯学を履修し，これらの学部を卒業した者
二　防衛省設置法（昭和29年法律第164号）による防衛医科大学校を卒業した者
三　修士課程又は学校教育法（昭和22年法律第26号）第99条第2項の専門職大学院の課程を修了した者及び修士の学位の授与を受けることのできる者並びに前期及び後期の課程の区分を設けない博士課程に2年以上在学し，30単位以上を修得し，かつ，必要な研究指導を受けた者（学位規則の一部を改正する省令（昭和49年文部省令第29号）による改正前の学位規則（昭和28年文部省令第9号）第6条第1号に該当する者を含む。）で大学院又は専攻科において，大学の医学を履修する課程，歯学を履修する課程，薬学を履修する課程のうち臨床に係る実践的な能力を培うことを主たる目的とするもの又は獣医学を履修する課程を卒業した者と同等以上の学力があると認めた者
四　大学（医学を履修する課程，歯学を履修する課程，薬学を履修する課程のうち臨床に係る実践的な能力を培うことを主たる目的とするもの及び獣医学を履修する課程を除く。）を卒業し，又は外国において学校教育における16年の課程を修了した後，大学，研究所等において2年以上研究に従事した者で，大学院又は専攻科において，当該研究の成果等により，大学の医学を履修する課程，歯学を履修する課程，薬学を履修する課程のうち臨床に係る実践的な能力を培うことを主たる目的とするもの又は獣医学を履修する課程を卒業した者と同等以上の学力があると認めた者

10　高等学校卒業程度認定試験規則による認定試験の合格者

問　高等学校卒業程度認定試験規則（平成17年文部科学省令第1号）による認定試験を受けることのできる者は受験年度の終わりまでに満16歳以上になる者となっている。仮に，満16歳以上になった時点でこの認定試験に合格した者について，「高校3卒」に相当する学歴免許等の資格を取得したものとして取り扱うことができるか。

答　設問のとおり，高等学校卒業程度認定試験を受けることのできる者は，受験年度の終わりまでに満16歳以上になる者となっているので，満16歳になった時点で受験科目のすべてについて合格点を得る者がないとはいえない。しかし，このような者についても18歳に達していないときは，18歳に達した日の翌

日から認定試験の合格者になることになっているので，その時点で「高校3卒」に相当する学歴免許等の資格を取得したものとして取り扱うこととなる。

11 高等専門学校専攻科の卒業者で学士の学位を授与された者の取扱い

> **問** 高等専門学校の2年制の専攻科の卒業者で独立行政法人大学改革支援・学位授与機構から学士の学位を授与された者の学歴免許等の資格は，どのようになるのか。

答 高等専門学校の2年制の専攻科の卒業者で独立行政法人大学改革支援・学位授与機構から学士の学位を授与された者の学歴免許等の資格については，給実甲第326号別表の甲表の「大学4卒」の区分の「独立行政法人大学改革支援・学位授与機構からの学士の学位の取得」に該当することから，「大学4卒」に相当する学歴免許等の資格として取り扱うこととなる。

ただし，高等専門学校の2年制の専攻科の卒業者で学士の学位を有しないものについては，学歴免許等資格区分表の「短大3卒」の区分を適用することとなるが，規則9－8第14条（学歴免許等の資格による号俸の調整）第1項の適用については，給実甲第326号第14条関係第4項第4号の規定により，同条の表の「短大3卒」に対応する下欄の数に1を加えた数をもって当該下欄の数とすることができることとされており，経験年数調整表の適用については，給実甲第326号経験年数調整表関係第2項第4号の規定により，同表の学歴区分（甲）欄の「短大3卒」の区分に対応する調整年数に1年を加えた年数をもって同表の調整年数とすることができることとされている。

なお，大学の2年制の専攻科，3年制の短期大学の専攻科，2年制の短期大学の2年制の専攻科の卒業者についても同様の規定が設けられている。

第3 その他の学校

1 指定教員養成機関の卒業者の取扱い

問 学校教育法（昭和22年法律第26号）による大学の2年制の課程を修了した者,又は大学に2年以上在学して62単位以上修得した者については,「短大2卒」の区分に属する学歴免許等の資格を有する者に準じて取り扱うことができる（給実甲第326号学歴免許等資格区分表関係第4項第1号参照）が,これには教育職員免許法（昭和24年法律第147号）別表第1の備考第2の3号の規定に基づき文部科学大臣が指定した教員養成機関に2年以上在学し,62単位以上を修得した者を含むと解して差し支えないか。

答 貴見のとおりである。

2 専修学校の卒業者の取扱い

問 学校教育法（昭和22年法律第26号）第124条に規定されている専修学校の卒業者であっても,当該専修学校の年間授業時数が,給実甲第326号学歴免許等資格区分表関係第4項第3号に定める年間授業時数に満たないものは,それぞれの課程に応じた学歴免許等の資格を有する者に準じた取扱いを行うことはできないと解してよいか。例えば,夜間学科のために前記の年間授業時数に満たない場合も学歴免許等の資格を有する者に準じて取り扱うことはできないと解してよいか。

答 貴見のとおりである。
なお,その期間は経験年数として取り扱うことができ,その場合には経験年数換算表の「学校又は学校に準ずる教育機関における在学期間」として換算することができる。

3　各種学校修了者の取扱い

> **問**　高校3卒を入学資格とする各種学校の本科1年の課程を修了し，さらに研究科1年（本科1年修了を入学資格とする）の課程を修了した者の学歴区分については，通常この本科・研究科が実質的に継続した教育課程とみられる場合には，給実甲第326号学歴免許等資格区分表関係第4項第4号(1)に該当するものとして，「短大2卒」に相当する学歴免許等の資格として取り扱うことができるか。

答　設問のような場合，一般的には学校教育法（昭和22年法律第26号）による2年制の短期大学の卒業者と同程度と評価されれば「短大2卒」に相当する学歴免許等の資格として取り扱って差し支えないものと考えられる。

同程度か否かを具体的に評価するに当たっては，設問のように当該本科・研究科が実質的に継続した教育課程とみられることの他に，本科から研究科に進学することが学則上明記されていること，研究科が本科修了を入学資格としていること（原則として他科からの転・編入がないこと），研究科の教育内容が本科の教育内容を基礎とした，より高度で専門的な科目の履修を義務付けられていること等が要件となる。ただし，それらの要件を満たす場合にも，その取扱いについて給実甲第326号学歴免許等資格区分表関係第4項第4号では「準じて取り扱うことができる」と規定していることから，その適用に当たっては他の職員との均衡，採用しようとする職務と課程の教科内容との関連性等を十分考慮する必要がある。

4　高等専門学校第3年次修了者の取扱い

> **問**　高等専門学校第3年次修了者については学歴免許等資格区分表に掲げられていないので，給与上の学歴免許等の資格として取り扱うことができないのか。

答　高等専門学校第3年次修了者は学校教育法（昭和22年法律第26号）第90

条第1項に規定する「通常の課程による12年の学校教育を修了した者」に該当し，同規定により高等学校の卒業者と同等の資格を有すると認められているので，給与上の取扱いとしても高等学校の卒業者に準じて取り扱うことができる（給実甲第326号学歴免許等資格区分表関係第4項第2号(1)参照）。

5　高度専門士の学歴上の取扱い

問　4年制の専修学校を卒業し，高度専門士の資格を有する者の学歴区分については，「大学卒」として取り扱ってよいのか。

答　4年制の専修学校を卒業し，高度専門士の資格を有する者は，大学の専攻科への入学に関し大学を卒業した者と同等以上の学力があると認められる者に該当（学校教育法（昭和22年法律第26号）第91条第2項，同法施行規則第155条第1項第5号）することから，給与上においても大学の卒業者に準じて取り扱うことができる（給実甲第326号学歴免許等資格区分表関係第4項第2号(1)参照）。

第4章

経験年数

[参照法令]

- 規則9—8（第15条の2，別表第4・第5）
- 給実甲第326号，第327号

第1　経験年数一般

1　経験年数の意義

> **問**　経験年数は，規則9—8第15条の2（経験年数）第1項において，新たに職員となった者の有する最も新しい学歴免許等の資格を取得した時以後の年数を経験年数換算表に定めるところにより換算して得られる年数とされているが，その意味するところは何か。

答　経験年数は原則として初任給の決定に当たって用いるものであることから，規則9—8第15条の2第1項において「新たに職員となつた者の有する……」とされている。そのため，初任給決定の際には，その者の採用前の地方公務員等としての在職期間，民間の企業体等における在職期間，学校等における在学期間などについて，経歴の内容と採用後の職務との関連における類似性，有用性等に応じて，経験年数換算表に定める換算率を乗ずることにより，経験年数に換算することとなる。

2　経験年数の算出に必要な記録がない場合の取扱い

> **問**　経験年数の算出に際し，通常は在職していた民間企業の在職証明書等を提出させ，その雇用形態や従事していた職務の内容を判断するが，職員が在職していた民間企業が廃業等をしていて，在職証明書等が得られない場合はどうすればよいか。

答　経歴の証明について明確な規定は存在しないため，厚生年金保険の納入記録，給与明細（通帳の振り込み記録等），源泉徴収票等により確認することが考えられる。

3 経験年数の起算

> **問** 経験年数の計算に際し，例えば，平成30年3月9日に高等学校を卒業した場合は，同月を「高校卒」の資格を取得した時以後の経験年数として取り扱うことができるか。

答 経験年数の計算は，月を単位として行うものとされており（給実甲第326号第15条の2関係第2項参照），学歴免許等の資格を取得した月であっても，設問のように経験年数として取り扱い得る期間がある場合については，その月を経験年数として取り扱うこととなる。なお，卒業日が3月31日であっても，経験年数は，学歴免許等の資格を取得した時「以後」（規則9―8第15条の2第1項参照）のものであるので，その月を経験年数として取り扱うこととなる。

4 下位の資格による方が有利な場合の経験年数の起算点

> **問** 経験年数の起算点については，規則9―8第15条の2（経験年数）第1項の規定において，最も新しい学歴免許等の資格以外の資格によることが有利である場合には，その資格を取得した時以後の年数を換算することとなっているが，この規定の趣旨はどのような場合か。具体例を掲げて説明されたい。

答 規則9―8第15条の2の規定は，平成21年7月の級別資格基準表の廃止に伴い設けられた経験年数の取扱いについて定めた一般的な規定である。

この経験年数の取扱いについては，初任給の号俸の調整の場合と，昇格及び初任給基準表に定めのない職務の級への格付け等の際の最短昇格期間を満たすか否かを判断する場合に用いられ，この経験年数の起算点については，その者の有する最も新しい学歴免許等の資格の取得時を原則としつつも，その資格以外の学歴免許等の資格によりそれ以後の経験年数によった方が有利となる場合は，それによることができる旨を定めているものである。すなわち，以下の具体例によってこれを説明すれば，高等学校卒業後に直ちに大学に入学せず，民

間企業での勤務を経た後に大学に入学し，卒業した場合には，「高校3卒」以後の年数を換算してもよいということである。ただしこの場合，経験年数調整表に一般職（大卒）の基準学歴である「大学卒」に対する「高校3卒」の調整年数として「－4年」が定められていることから，同条第2項の規定により，「高校3卒」以後の経験年数から4年を減じた年数をもって，その者の経験年数となる。

ただし，同規則第15条（経験年数を有する者の号俸）第1項第1号，同項第3号又は同条第2項等の規定に該当する者の経験年数による初任給の号俸の調整に当たっては，同条の該当する各規定に定められている起算点以後の経験年数により調整することとなる。したがって，具体例の初任給の号俸の決定に当たっては，同規則第16条（下位の区分を適用する方が有利な場合の号俸）により一般職（大卒）試験合格者として取り扱うより一般職（高卒）試験合格者として取り扱った方が有利と考えられる。

　　［例］
　　平成22年3月　　高等学校卒業
　　　　　　4月　　民間企業就職（換算率100分の100）
　　平成26年3月　　民間企業退職
　　　　　　4月　　大学入学
　　平成30年3月　　大学卒業
　　　　　　4月　　一般職（大卒）試験の結果に基づき行政職㈠1級に採用

5　経験年数の起算の特例

> **問**　初任給基準表の備考に別段の定めがある場合における経験年数の取扱いについては，規則9－8第15条の2（経験年数）第1項及び第2項の規定にかかわらず，その定めるところによる（同条第3項）こととしているが，このように取り扱うこととしている理由は何か。

答　経験年数の起算点については，一般的には，規則9－8第15条の2第1項に規定されているように，その者の有する最も新しい学歴免許等の資格を

取得した時（当該資格以外の資格によることが，その者に有利である場合にあっては，その資格を取得した時）となっている。

しかしながら，免許を必要とする職務に従事する者（無線従事者，自動車運転手，看護師等）にあっては，当該免許取得を前提として初任給等が定められている関係から，通常の学歴免許等の資格を取得した時以後の期間をすべて経験年数に反映させることは適当でないので，その起算点を当該免許を取得した時としているものである（給実甲第326号第15条の2関係第7項参照）。

なお，これらの初任給基準表の備考においては，「経験年数は，それぞれの免許等の資格を取得した時以後のものとする」としながら「人事院が別段の定めをした場合は，その定めるところによる」としているが，この「別段の定め」として，給実甲第327号が定められており，免許取得前の経歴であっても，免許を必要とする業務に関係のある業務に従事した期間については，免許取得後の経験年数として取り扱うことができるようになっている。

6　経験年数の計算方法

> **問**　一の月に換算率の異なる2以上の期間がある場合及び経験年数の計算に当たって各期間ごとに1月未満の端数があった場合には，どのように取り扱うのか。

答　設問のような場合については，給実甲第326号第15条の2関係第2項及び第3項の規定により，それぞれ次のように取り扱うこととされている。
(1)　一の月に換算率の異なる2以上の期間があるときは，最も有利な換算率によるものとする。
(2)　換算した年数に1月未満の端数が生じたときは，その端数を合算するものとし，なお1月未満の端数が生じたときは，これを1月に切り上げる。

7　経験年数算出の際の換算率が弾力的に規定されている理由

> **問**　経験年数換算表における換算率は，「100分の〇〇以下」と規定さ

れていて，具体的に特定されてはいないが，これはどのような理由によるものか。

(答) 設問のとおり，経験年数換算表に定める換算率は「100分の〇〇以下」といった弾力的なものとなっているが，これは同表の経歴欄の区分が多分に概括的であることに対応するものである。

職員の採用前の経歴というものは，当然のことながら，極めて多様であるため，一律に取り扱うことはもとより妥当でない。一方，経験年数換算表を規定するに当たって，これらをいちいち網羅的に取り上げて換算率を定めることは，技術的に困難である。

むしろ，換算率はある程度弾力的に規定しておいて，現実に同表を適用する際に，任命権者が当該経歴の実態を職員の職務との関連度に応じて評価し，その都度，同表に規定する換算率の範囲内で最も適当と考える率で換算するという柔軟な運用を期待する方が妥当であると考えられる。

なお，経験年数換算表に定める換算率が弾力的に規定されているのは前述したような理由によるものであることから，経験年数の算出に当たっては，その趣旨を理解して適正な運用を図る必要がある。

第2 公務員の経歴

1 国家公務員の範囲

問 経験年数換算表中に，「国家公務員，地方公務員又は旧公共企業体，政府関係機関若しくは外国政府の職員」とあるが，それらはどのような職員をいうのか。

(答) 経験年数換算表中における設問の職員は，具体的には次の職員である。

国家公務員――特別職，一般職の別なくすべての国家公務員をいう。

地方公務員——地方公共団体のすべての公務員をいう。
旧公共企業体の職員——旧日本国有鉄道，旧日本専売公社，旧日本電信電話公社の職員をいう。
政府関係機関の職員——法律により，政府の業務の一部が委譲されている政府関係機関の職員をいう。
外国政府の職員——日本国以外の国の政府職員をいう。

なお，これらの職員としての期間には，現在では存在しない機関等に勤務していた期間も当然に含まれる。

また，いわゆる非常勤職員であった期間については，業務の実態に応じて取り扱うことが必要であり，ことに他の業務と兼業していたような期間については，注意する必要がある。

2 職員として同種の職務に従事した期間の意義

問 経験年数換算表中に，国家公務員等としての在職期間のうち「職員として同種の職務に従事した期間」とあるが，どのような期間をいうのか。

答 「職員として」とは，給与法第6条第1項，任期付研究員法第6条第1項及び第2項並びに任期付職員法第7条第1項の俸給表のうちいずれかの俸給表の適用を受ける者としての意味であり，非常勤職員としての期間はこれに含まれない。

「同種の職務」とは，職員の職務と従前従事していた職務が同種という意味である。同種であるか否かは，事務系統の職務，技術系統の職務といった，いわゆる職群として把握した場合に同一の職群に属するか否かによって判断することとしている。

なお，「在職期間」とは，職務に従事した期間ということではなく，職員として在籍していた期間全体をいい，病気休暇，休職，停職等の期間もすべて含まれることとなる。ただし，これらの病気休暇等の期間を職務に従事した期間と同様に取り扱うことについては，部内均衡を図る観点からも問題があることか

ら，経験年数換算表の「国家公務員（中略）としての在職期間」の区分中「その他の期間」の区分を適用し，実態に応じてある程度割り引いた換算率によりその換算を行うのが適当と考える。

3 「類似する職務」と「同種の職務」

> **問** 経験年数換算表中に，国家公務員等としての在職期間のうち「職員の職務とその種類が類似する職務に従事した期間」とあるが，これは「職員として同種の職務に従事した期間」とどのように異なるのか。

> **答** 「職員の職務とその種類が類似する職務」とは，「同種の職務」よりも若干広く解している。すなわち，例えば，技術系統の職員が研究系統の職員になった場合において，その異動前の職務と異動後の職務とは，「同種の職務」の概念には含まれないが，その前後の職務の間には一般的に密接な関連があり，職務上の親近性が比較的に明確であるといい得るので，このような場合には，原則として経験年数換算表にいう「類似する職務」として取り扱うことができると解される。

4 かっこ書により「100分の100以下」とされる場合

> **問** 国家公務員等としての在職期間のうち，「その他の期間」については，換算率が一般的には100分の80以下とされながら，かっこ書により「部内の他の職員との均衡を著しく失する場合は，100分の100以下」とされている。このかっこ書による特例的換算率を適用するについて，職務の範囲等に関し特別の制限はないのか。

> **答** 国家公務員等としての在職期間のうち，職員として同種の職務に従事した期間及び職員の職務とその種類が類似する職務に従事した期間以外の「その他の期間」の換算率について，かっこ書で「部内の他の職員との均衡を著しく失する場合は，100分の100以下」としているのは，職務が同種であるか又は

類似であるか否かの判断が容易でないような場合に，ある程度の調整を図り得るようにする趣旨である。したがって，その適用については職員間の均衡上の必要性が要件とされており，職員が従事した職務の範囲等からする制限は，特に設けられてはいない。

5 海上保安大学校等に在籍していた期間の取扱い

問 国家公務員として海上保安大学校等の各省庁所管の教育機関に在籍していた期間の経験年数の換算率は，「国家公務員，地方公務員又は旧公共企業体，政府関係機関若しくは外国政府の職員としての在職期間」と「学校又は学校に準ずる教育機関における在学期間」のどちらで換算すればよいか。

答 「学校又は学校に準ずる教育機関」は，学校教育法（昭和22年法律第26号）第1条にいう学校又は専修学校や各種学校を指しており，国家公務員として海上保安大学校や防衛大学校等の各省庁所管の教育機関に在籍していた期間は，当該機関で職員としての研修・訓練が行われていることから，「国家公務員，地方公務員又は旧公共企業体，政府関係機関若しくは外国政府の職員としての在職期間」を適用することとなる。なお，海上保安大学校や防衛大学校等は大学に相当する教育を行っていることから，これらの卒業は，学歴免許等資格区分表に定められており，学歴免許等の資格による号俸の調整対象となる。

第3 民間の経歴

1 民間の企業体等における在職期間

問 株式会社に勤務していた期間は，すべて経験年数換算表中の「民間における企業体，団体等の職員としての在職期間」に該当するものと解

してよいか。

答 経験年数換算表中にいう「民間における企業体，団体等の職員としての在職期間」とは，官庁と類似した組織形態を有する会社，財団，社団等の法人又はこれらに準ずる形態を有する各種団体に在職した期間を指している。したがって，単に株式会社等の名称を有しているからといって，その会社の規模が極めて小さいような場合等までをすべて「民間における（中略）在職期間」として取り扱う趣旨ではない。

具体的には，その会社等の規模，組織形態等により判断することになる。

2 民間経歴中，職員としての職務に直接役立つ職務の判断基準

問 経験年数換算表において，民間経歴について「職員としての職務にその経験が直接役立つと認められる職務」に従事した期間は100分の100以下の割合で換算できる旨定めているが，これは「同種の職務」や「類似の職務」の概念とはどのように違うのか。

例えば，民間企業（従業員50人余）のカウンセラーの経験を有する者（大学院で心理学を専攻）を，少年鑑別所の法務技官として採用する場合，当該経験を職員としての職務に直接役立つものと認め，100分の100以下の割合で換算しても差し支えないか。

答 民間企業等における在職期間については，その事業内容が公的機関のそれと同等とはいいがたいことから，国家公務員等としての在職期間の場合のように，職務の「種類」の類似性といういわば形式的な基準で評価することは妥当でない。むしろ，在職期間の実態に即して，民間企業における職務とその者の職務との具体的な関連性ないし有用性を個別具体的に評価して，それに基づいて換算率を決定するのが適当と考えられる。そこで，経験年数換算表においては，「職員としての職務にその経験が直接役立つと認められる」か否かが，換算率決定の第一義的な基準とされているのである。

設問についていえば，当該カウンセラーとしての経験が当該法務技官として

の職務に直接役立つと認められる場合には，100分の100以下で換算して差し支えない。

3　民間で病気休職等で勤務しなかった期間の取扱い

(問)　民間経歴のうち，病気休職等で勤務しなかった期間は，経験年数への換算においてどのように取り扱うのが適当か。

(答)　民間における企業体等の在職期間の経験年数への換算率については，「直接役立つと認められる職務」の場合は「100分の100以下」，「その他の期間」の場合は「100分の80以下」と定められており，すべて「100分の100」又は「100分の80」というように，一律に換算を行うことにはなっていない。一方，仮に国家公務員として在職していたとしても，病気休職又は病気休暇等で長期にわたり勤務しなかった場合には，当然昇給において下位の昇給区分に決定される等の措置を受けることとなる。したがって，民間経歴のうち，病気休職等で勤務しなかった期間があるような場合には，これらの取扱いとの均衡を十分考慮の上，実態に応じてある程度割り引いた換算率によりその換算を行うのが適当と考える。

なお，この際，規則9―8第44条（復職時等における号俸の調整）に定める調整についての換算率（休職期間等換算表）なども，一つの参考になるものと思われる。

第4　学校等における在学期間

1　「学校又は学校に準ずる教育機関」の意義

(問)　経験年数換算表にいう「学校又は学校に準ずる教育機関における在学期間」として取り扱えるのは，どのような範囲の教育機関における在

学期間か。

答 経験年数換算表における「学校」とは、幼稚園、小学校、中学校、義務教育学校、高等学校、中等教育学校、特別支援学校、大学及び高等専門学校をいう（学校教育法（昭和22年法律第26号）第１条参照）。国立、公立、私立の別を問わず、これらの教育機関は同表の適用に際しては、学校として取り扱われる。

「学校に準ずる教育機関」としては、例えば専修学校や各種学校がある。専修学校は、上に掲げた「学校」には属さないが、学校教育法第124条に「職業若しくは実際生活に必要な能力を育成し、又は教養の向上を図ることを目的として」組織的な教育を行う教育施設として規定されており、修業年限・授業時数等について一定の要件が定められていることから、「学校に準ずる教育機関」として取り扱ってよいと考えられる。また、同法第134条に学校以外の教育施設で「学校教育に類する教育を行うもの」として規定されている各種学校も、必要な事項について文部科学大臣の定めに従うものとされている（同条第３項）ことから、やはり、原則として、「学校に準ずる教育機関」として取り扱って差し支えないものと考える。ただし、専修学校とのバランスからみて、修業年限１年未満のものまで同じく取り扱うことには問題がある。

これに対して、予備校や職業訓練校は、ここにいう「学校に準ずる教育機関」として取り扱うことはできないものと考える（なお、職業訓練校における在校期間の経験年数換算表の適用については、給実甲第326号経験年数換算表関係第１項参照）。また、高等学校及び大学については、通信制の課程が認められている（同法第54条及び第86条）が、通信教育というものの特殊性からして、これらの課程も「学校に準ずる教育機関」として取り扱うには問題があるので、経験年数換算表の適用に当たっては「学校又は学校に準ずる教育機関における在学期間」以外の区分のうち、その者の経歴の実態に応じた区分によるものとされている（給実甲第326号経験年数換算表関係第４項後段及び問６参照）。

2　「正規の修学年数内の期間に限る」の意義

問　経験年数換算表において、「学校又は学校に準ずる教育機関にお

ける在学期間（正規の修学年数内の期間に限る。）」については100分の100以下で換算することができることとされているが、ここにいう正規の修学年数内の期間とは、どのような期間を指すのか。

例えば、在学期間中に休学した期間があるような場合、卒業延期、留年をした場合については、どのように取り扱うのが妥当か。

答 正規の修学年数内の期間とは、例えば、3年制と定められている全日制の高等学校に4年間在学した場合に、そのうちの3年間をいい、この場合、当該高等学校の卒業をもって給与決定上の学歴とするときは、卒業後の経歴が経験年数の対象となるので、経験年数換算の問題は生じない。他方、当該卒業前の学歴を給与決定上の学歴とする場合には、当該在学期間中3年間については100分の100以下に換算することができるが、正規の修学年数（3年）を超えて在学した期間（1年）については「その他の期間」として取り扱うことになる。

このように正規の修学年数を超えて在学する原因としては、休学、卒業延期、留年等があるが、その場合の取扱いは、これらの期間を含めて正規の修学年数内の期間は「学校（中略）における在学期間」として、それを超える期間については「その他の期間」として取り扱うこととなる。

なお、正規の修学年数で卒業した者との均衡上、その者の実際に在学した年数にかかわらず、卒業した時点において正規の修学年数を経過して卒業したものとみなして換算する（上記の例の場合には、100分の75で換算する）ことは当然許されるし、むしろそのように取り扱うことのほうが職員間の均衡という観点からは、より適当である場合が少なくないと思われる。

3 専攻科、別科等の在学期間

問 専攻科、補習科、別科、選科、特設科等に在学した期間は、「学校又は学校に準ずる教育機関における在学期間」として取り扱うことができると解してよいか。

答　貴見のとおりである。ただし，その在学期間は正規の修学年数の範囲内であることはいうまでもない。

なお，学校教育法（昭和22年法律第26号）による大学，高等学校等の専攻科の卒業者については，学歴免許等資格区分表において学歴免許等の資格として取り扱われているので規則9－8第15条の2（経験年数）第2項の規定による経験年数の調整を行うことも考えられる。

4　学校を中途退学した場合の経験年数の取扱い

問　「学校又は学校に準ずる教育機関における在学期間」には，定められた修学年限の途中において退学した場合の在学期間も含まれるものと解してよいか。

答　貴見のとおりである。

なお，大学に2年以上在学して62単位以上修得した者については，「短大2卒」の区分に属する学歴免許等の資格を有する者に準じて取り扱うことができる（給実甲第326号学歴免許等資格区分表関係第4項第1号参照）ので，規則9－8第15条の2（経験年数）第2項の規定により経験年数を調整する余地がある。

5　定時制の高等学校などの取扱い

問　高等学校の4年制の定時制課程や，大学の5年制の夜間部に通学して，当該教育機関の正規の修学年数で卒業した者の当該在学期間は，どのように経験年数に換算するのが適当か。

答　高等学校の定時制の課程ないし大学の夜間部は，それぞれ，通常の高等学校ないし大学の課程と同一の教育内容を，1日の授業時数が限られている関係から，通常よりも長い年数をかけて修得させるものである。したがって，当該機関における正規の修学年数で修了した場合でも，その在学期間を経験年数に換算するときには，全体として通常の高等学校ないし大学における正規の

修学年数と同じとなるように換算率を決定することが必要であろう（給実甲第326号経験年数換算表関係第4項前段参照）。

これを具体的に説明すると，例えば，高等学校の4年制の定時制課程を4年で卒業した場合の当該在学期間は，全体として，通常の高等学校における3年に相当するので，経験年数に換算する場合の換算率は100分の75以下とするのが妥当性のある取扱いであると考えている。

6　通信教育受講者又は聴講生としての期間

> **問**　大学の通信による教育（学校教育法（昭和22年法律第26号）第86条）を受けていた期間や，個別講座のみの聴講生であった期間を経験年数に換算する場合，経験年数換算表のどの欄を適用するのが適当か。

答　通信教育の受講期間については，「「学校又は学校に準ずる教育機関における在学期間」以外の区分のうち，その者の経歴の実態に応じた区分によるもの」とされている（給実甲第326号経験年数換算表関係第4項後段参照）。この取扱いは，通信教育というものの特殊性によるものである。したがって，例えば，受講期間中に民間会社に勤めていた場合であれば「民間における企業体，団体等の職員としての在職期間」の欄を適用し，家事等に従事していた場合であれば「その他の期間」の欄を適用するのが適当である。

大学の聴講生や科目等履修生としての期間については規則等に明文の定めはないが，当該期間を一般学生の在学期間と同等に取り扱うことには問題があると考えられることから，前記通達の規定の趣旨にかんがみれば，通信教育の受講期間と同様に取り扱うのが相当と解している。

第5 その他の期間

1 「職員としての職務に直接役立つと認められる」期間

問 経験年数換算表にいう「教育，医療に関する職務等特殊の知識，技術又は経験を必要とする職務に従事した期間で，その職務についての経験が職員としての職務に直接役立つと認められるもの」とは，どのようなものを指しているのか。

答 この規定に該当する期間の例としては，例えば，次のようなものが考えられる。

ア 教員，研究員等に採用される場合で，個人的にある特定の人に師事して研究を行っていた期間又は著作，翻訳等を行っていた期間で，その経験が採用後の職務に直接役立つと認められる期間
イ 開業していた医師を採用する場合の当該医師としての期間
ウ 青年海外協力隊員として派遣されていた期間で，その経験が採用後の職務に直接役立つと認められる期間

なお，公務員，民間企業，学校等における期間以外の期間について本欄を適用しようとする場合には，当該期間の実態を十分精査した上で評価する等，慎重を期する必要がある。

2 「職員としての職務に役立つと認められる」期間

問 経験年数換算表の「その他の期間」欄において，「技能，労務等の職務に従事した期間で，その職務についての経験が職員としての職務に役立つと認められるもの」については，「100分の50以下（部内の他の職員との均衡を著しく失する場合は，100分の80以下）」で換算することができることとされており，さらに，同表の備考第1項において，同区分の適用を

受ける期間のうち，技能，労務等の職務についての経験が職員としての職務に直接役立つと認められる期間に対するこの表の適用については，同区分に対応する換算率欄の率を100分の80以下（部内の他の職員との均衡を著しく失する場合は，100分の100以下）とする，とされているが，その具体的な適用方法として次の点について説明されたい。
- (1) 「技能，労務等の職務」とは，行政職㈡の初任給基準表の備考第1項に掲げる技能職員，労務職員（甲），労務職員（乙）の職務の範囲と同様と考えてよいか。
- (2) この規定は，技能，労務等の職種に職員を採用する場合において採用前の経歴のうち技能，労務等の職務と関係のある業務に従事した期間を100分の50以下で換算できる旨を規定していると考えてよいか。また，換算率の適用についてはどのように考えればよいか。

答 (1) 行政職㈡の初任給基準表の備考第1項に掲げる具体的職務以外にも技能，労務等の職務はあり得るので，必ずしもそれに限定されるものではないが，基本的な範囲はほぼ共通であると考える。

(2) この規定は技能，労務等の業務に従事した期間のうち，採用後の職務と関係のあるもの，例えば，土木作業員を行政職㈡の造園手として採用する場合における土木作業員としての経歴等，その経験が採用後の職務に役立つと認められる職務に従事した期間を100分の50以下（部内の他の職員との均衡を著しく失する場合は，100分の80以下）で換算することができることとしているものである。

なお，この区分に属する期間の換算率は，「部内の他の職員との均衡を著しく失する場合」は100分の80まで認められているが，これは，一般技能ないし労務という職務の特殊性等を勘案したものである。したがって，このかっこ書によることができるのは，その就業期間が明らかであり，100分の50以下としか評価できないものとすれば部内の他の職員との均衡を著しく失すると認められる場合に限られる。実際の運用に当たっては，この点に十分注意することが必要である。

さらに，経験年数換算表の備考第1項の規定は，平成8年4月の改正の際に，

民間における企業体以外で、例えば、個人で採用後の職務に直接役立つと認められる技能、労務等の職務に従事したというような期間についても、民間における企業体においてそのような職務に従事した場合と同様の換算が可能となるよう規定されたものである。

例えば、個人営業のタクシー運転手をしていた者を自動車運転手として採用する場合や個人営業の食堂の調理人であった者を調理師として採用する場合の、当該タクシー運転手や調理人としての期間については、その経歴の実態からみて職員としての職務に直接役立つと認められるので100分の80以下で換算し、さらに100分の80以下としか評価できないものとすれば部内の他の職員との均衡を著しく失すると認められる場合には、100分の100以下の割合で換算することも可能である。

同様に、行政職(二)の適用職種以外でも、自家用の船に乗り組んでその運航をしていた者を海事職の適用を受ける船員に採用する場合の、その船の運航に従事していた期間についても、このような取扱いが可能である。

3 無職等のいわゆる空白期間の取扱い

> **問** 履歴上の無職等のいわゆる空白期間は、「その他の期間」欄の「その他の期間」に当たると解してよいか。

答 貴見のとおりである。

第6 修学年数による経験年数の調整

1 免許所有職員の修学年数による経験年数の調整

> **問** 経験年数の取扱いが免許取得後とされている職員の場合、規則9−8第15条の2（経験年数）第2項に規定する経験年数調整表による経験年数の調整はどのように行うのか。

例えば，短大在学中に自動車運転免許を取得し，短大卒業後に自動車運転手として採用された場合は，どのように取り扱えばよいか。

答 初任給基準表の備考において，経験年数を免許を取得した時以後とする旨が定められている者に対しても，無線従事者及び行政職㈡の自動車運転手等でその者の有する学歴免許等の資格が「高校卒」に達しないものを除いて，規則9－8第15条の2第2項の規定による経験年数の調整は適用されることになっている（給実甲第326号第15条の2関係第4項参照）。したがって，設問の場合の経験年数は，短大卒業後の経験年数（免許取得後の経験年数ではない）に，「短大2卒」と「高校卒」との調整年数である2年を加えたものとなる。なお，設問の場合において，仮に短大卒業後において免許を取得しているものであるときは，免許を取得した時以後の年数に調整年数である2年を加えたものが，その者の経験年数となる。

2　修学年数による調整の結果，負となる経験年数の取扱い

問 規則9－8第15条の2（経験年数）第2項の経験年数調整表による調整を行った結果，経験年数が負となった場合には，どのように取り扱われるか。

答 規則9－8第15条の2第2項の規定による調整の結果，経験年数が負となるような例は，一般的には発生しないものと考えられる（注）が，そのような事情が発生した場合には，給実甲第326号第11条関係第4項の規定により，当該職務の級に決定することはできないこととなる。

　（注）　採用試験の結果に基づいて職員となった者等のうち，規則9－8第15条の2第2項の規定を適用したものとした場合にその者の経験年数が負となる者については，経験年数調整の特例が定められている（給実甲第326号経験年数調整表関係第3項参照）。

3　経験者採用試験による採用者の経験年数の調整

> **問**　規則9—8第13条（初任給基準表の適用方法）第1項の規定により，経験者採用試験による採用者には初任給基準表は適用しないこととなっているが，同規則第15条の2（経験年数）第2項の規定による経験年数の調整（経験年数調整表の適用）はどのように取り扱われるか。

答　経験者採用試験による採用者には，規則9—8第13条第1項の規定により，初任給基準表は適用しないこととされているため，同規則第15条の2第2項の規定は適用されない。そのため，当該採用者の経験年数は，同条第1項の規定により，最も新しい学歴免許等の資格を取得した時（当該資格以外の資格によることが，その者に有利である場合にあっては，その資格を取得した時）以後の年数を経験年数換算表に定めるところにより換算して得られる年数となる。

なお，経験者採用試験による採用者の経験年数は，同規則第12条（新たに職員となつた者の号俸）第1項第2号の規定を適用する際にのみ用いられることとなるが，同号の規定により号俸を決定するに当たっては，経験年数調整表に定める調整年数を考慮することができることとされている（給実甲第326号第12条関係第3項及び第5章の第2の問3参照）。

4　給実甲第326号別表の乙表適用者の修学年数による調整

> **問**　給実甲第326号別表の乙表によって学歴区分の特例が定められている旧海技大学校本科の卒業者の場合，同表により特別に「大学卒」の区分を適用するとしても，修学年数による経験年数の調整については，一般の職員の場合と同様に取り扱われると解してよいか。

答　貴見のとおりである。

すなわち，給実甲第326号別表の乙表は，その者の学歴免許等の資格についての特例を定めているものではなく，その者に適用される初任給基準表の学歴免

許等欄の区分の特例を定めているにすぎない。したがって，乙表の適用を受けた職員も，規則9－8第15条の2（経験年数）第2項の規定の適用については他の一般の職員の場合と同様に取り扱われることとなる。旧海技大学校本科（学歴区分としては短大3卒）の卒業者の場合，乙表により初任給基準表の「大学卒」の区分を適用するとともに，「大学卒」とその者の本来の学歴である「短大3卒」との調整年数「－1年」について，その者の経験年数を調整することとなる。

5　大学院早期修了者及び大学早期卒業者の修学年数による経験年数の調整

問　大学院修士課程及び博士課程の標準修業年限は2年及び5年であるが，優れた研究業績を上げた者については，修士課程にあっては1年以上，博士課程にあっては3年以上の在学期間により，それぞれの課程修了の要件を満たすこととされているが，規則9－8第15条の2（経験年数）第2項の修学年数による調整を行うに当たっては，同規則別表第5の経験年数調整表の学歴区分（甲）欄の「修士課程修了」又は「博士課程修了」の区分に対応する調整年数を加減した年数をもって，この修士又は博士課程早期修了者の経験年数としてよいか。また，大学早期卒業者についても，同様に取り扱ってよいか。

答　貴見のとおりである。
すなわち，修士又は博士課程早期修了者は，修士又は博士課程の標準修業年限をいわば飛び級的に早期に修了するものであり，修士又は博士課程修了という面においては標準年限で修了した者と何ら異なるところがない。よって，早期修了者の経験年数の調整に当たっては，在学期間は標準修業年限未満ではあるが，学歴資格そのものを実質的に評価し，経験年数調整表の学歴区分（甲）欄の「修士課程修了」又は「博士課程修了」の区分に対応する調整年数を加減した年数をもって，この者の経験年数とすることとなる。また，大学の卒業要件として，当該大学の定める単位を優秀な成績で修得した者についても，標準修業年限未満で卒業することができることとされているが，同様に，「大学4卒」

の区分に対応する調整年数を加減した年数をもって，この者の経験年数とすることとなる。

第5章

初 任 給

[参照法令]

- 規則9—8（第11条〜第19条，別表第2）
- 給実甲第326号，第342号，第442号

第1 職務の級の決定

1 採用試験の結果に基づいて採用され経験年数を有する者の職務の級の決定

> **問** 一般職（大卒）試験の結果に基づき採用され，経験年数5年を有する者について，行政職㊀2級に決定することができるか。

答 採用試験の結果に基づいて採用された者の職務の級は，規則9－8第11条（新たに職員となつた者の職務の級）第2項に基づき，その者に適用される初任給基準表の試験欄の区分に対応する初任給欄の職務の級に決定されるものであり，最短昇格期間を超える経験年数を有しているからといって，上位の級に決定することはできない。

2 経験者採用試験による採用者の職務の級の決定

> **問** 経験者採用試験により採用された者の職務の級の決定方法は，規則9－8第11条（新たに職員となつた者の職務の級）第3項の規定により，初任給基準によらず，同程度の職務に従事する部内職員の職務の級を踏まえて決定することとなっているが，これはどのような趣旨によるものか。

答 経験者採用試験は民間企業等における有為な勤務経験を有する者を係長以上の職へ採用することを目的として，平成24年度から新たに実施されることとなった試験であり，その初任給決定に当たっては，①当該試験の対象となる官職がその都度定められることから，あらかじめ初任給基準を設定することが必ずしも適当でないこと，②採用者の有する能力，知識経験等に相応しい初任給に決定できるよう措置する必要があることなどの理由から，その者の職務とその複雑，困難及び責任の度が同程度の職務に従事する部内の他の職員の職

務の級を踏まえ，その者の有する知識経験，免許等を考慮して弾力的に決定できることとしたものである。ただし，専門スタッフ職4級に決定しようとする場合にあっては，当該官職はその職制上の段階が本省課長級よりも上位の本省部長級に相当する高位の官職であることから，あらかじめ人事院の承認を得て決定することとされている（規則9－8第11条第3項ただし書参照）。

3 人事交流の意義

> **問** 規則9－8第17条（人事交流等により異動した場合の号俸）には「人事交流等により引き続いて職員となつた者」とあるが，「人事交流」とはそもそも何か。

答 設問の「人事交流」とは，「一般職の国家公務員と，特別職の国家公務員，行政執行法人職員又は地方公務員等との間で，各府省及び各法人の業務の必要から，相互の了解のもとに，計画的に行われる人事異動」であると解している。

上記のような人事交流の最も重要な特徴は，当該異動が各府省及び各法人の業務上の必要から行われるという点にあり，このために引き続き在職した「部内の他の職員との均衡」を考慮する必要が生ずるのである。したがって，例えば，特別職の国家公務員が在職中に改めて採用試験に合格し，その結果に基づいて一般職の職員に任用されたというような場合は，通常は個人の一身上の都合による異動と考えられ，規則9－8第17条にいう「人事交流」には該当しないものといえる。

4 人事交流等により採用された者の職務の級の決定の特例

> **問** 規則9－8第11条（新たに職員となつた者の職務の級）第5項の規定によれば，かつて職員として在職し，人事交流等により引き続いて地方公務員等となった後，人事交流等により引き続いて再び職員となった者の職務の級の決定については，地方公務員等となった日の前日に属してい

た職務の級を基礎として引き続き職員であったものとして昇格の規定の例によるものとした場合に決定することができる職務の級の範囲内で決定することになっているが，このような特例を設けている理由は何か。

答 規則9—8第11条第5項の規定にいう職員は，かつて職員として在職し，人事交流等により引き続いて特別職の国家公務員，地方公務員等となった後，人事交流等により引き続いて給与法の適用を受ける職員となった者のことであり，このような場合には，給与法適用職員からそれらの職員に一時的に異動し，再び給与法適用職員に戻ってくるというように，実質的には単なる配置換えの意味しかもたない異動が多い。そうした事情にかんがみれば，これらの場合に給与上職務の級の決定について全くの新規採用と考えることは実情にそぐわないので，引き続き部内にあった職員との均衡を維持できるよう配慮したものである。

第2　号俸の決定

1　初任給基準表に定める号俸

問 規則9—8第12条（新たに職員となつた者の号俸）第1項第1号及び第3号の規定にいう「初任給基準表に定める号俸」には，同規則第14条（学歴免許等の資格による号俸の調整）の規定に基づき得られる号俸が含まれると解してよいか。

答 貴見のとおりである。

すなわち，行政職㈠を例にとれば，短大2卒後一般職（高卒）試験により採用された者の初任給の号俸は，規則9—8第14条第1項の規定により，その者の職務に直接有用な知識又は技術を修得したと認められる場合には，初任給基準表の試験欄の一般職（高卒）の区分に対応する初任給欄の号俸の1級5号俸に，「短大2卒」と一般職（高卒）の基準学歴である「高校卒」との加算数2に

4を乗じて得られる「8（号俸）」を加えて1級13号俸とすることができるが，この場合に「1級13号俸」それ自体が初任給基準表に定められているものとして取り扱われるということである（給実甲第326号第12条関係第1項参照）。

2　初任給基準表の試験欄に対応する学歴免許等欄が空白である趣旨

> **問**　初任給基準表の試験欄に対応する学歴免許等欄が空白となっているが，その理由は何か。

答　採用試験については，当該試験の程度に応じ，その試験の区分に対応する学歴免許等の資格として，総合職（院卒）にあっては「修士課程修了」，「専門職学位課程修了」又は「大学6卒」，総合職（大卒），一般職（大卒），専門職（大卒一群）及び専門職（大卒二群）にあっては「大学卒」，一般職（高卒）及び専門職（高卒）にあっては「高校卒」を基準としているものの，総合職（院卒）を除いて，競争試験としての性格から受験資格として学歴免許等の取得を要件としておらず，これらの基準学歴より下位の学歴免許等のみを有する者でも，試験に合格して任用された者については，必要な能力が検証されている以上，学歴免許等の資格のいかんを問わずその初任給の最低限度を保障することとしている。初任給基準表において各試験欄に対応的に基準学歴を定めると，かえってその適用について疑義を生ずるおそれがあるので，特に空白のままとしているものである。

なお，規則9—8第14条（学歴免許等の資格による号俸の調整）第2項の規定においては，それぞれの試験に対応する基準学歴を掲げているが，これは，同条第1項に規定する学歴免許等の資格による初任給の調整を行う場合に，基準となる学歴免許等の資格が必要となることによるものである。

3　経験者採用試験による採用者の号俸決定に当たっての経験年数の取扱い

> **問**　経験者採用試験による採用者の号俸を規則9—8第12条（新たに職員となつた者の号俸）第1項第2号の規定により決定するに当たっては，

> 給実甲第326号第12条関係第3項の規定により、経験年数調整表に定める調整年数を考慮することができるとされている理由は何か。

答 経験者採用試験により採用された者には、初任給基準表は適用しないこととされているため、規則9—8第15条の2（経験年数）第2項の規定は適用されず、経験者採用試験による採用者の経験年数は同条第1項の規定により得られる年数となる（第4章の第6の問3参照）。そのため、同規則第12条第1項第2号の規定の適用において、経験者採用試験による採用者と採用試験により採用された部内職員との経験年数を比較する場合にあっては、それぞれの経験年数の起算点が異なる場合がある。

したがって、同号の規定により号俸を決定するに当たっては、指定する採用試験により採用された部内職員に適用される基準学歴に対して、経験年数調整表に調整年数が定められている学歴免許等の資格（同規則第15条の2第1項の規定の適用に際して用いられるものに限る。）を有する者については、当該調整年数を考慮することができることとしたものである。

例えば、経験者採用試験による採用者の号俸を大卒程度試験を指定して決定をする場合、当該採用者の有する最も新しい学歴免許等の資格である「修士課程修了」以後の経験年数が5年であっても、経験年数調整表に定める調整年数（2年）を考慮し、「大学卒」以後7年程度の経験年数を有する部内職員の受けている号俸を踏まえて、当該採用者の号俸を決定して差し支えない。

4　経験者採用試験による採用者の号俸の決定

> **問** 大学卒以後8年の経験年数を有する者が、係長級の官職を対象とする経験者採用試験（一般職（大卒）試験（II種試験）を指定）の結果に基づき行政職㈠の3級に採用された場合、号俸はどのように決定することとなるのか。また、部内均衡を図るため、号俸決定の統一基準を設定することは可能か。

答 一般職（大卒）試験（II種試験）の結果により採用された部内の他の

職員で，大学卒以後8年程度の経験年数を有する者が，行政職㊀の3級に属する場合に受けることとなる号俸を踏まえ，経験者採用試験による採用者の有する能力等を考慮して決定することとなる。

例えば，一般職（大卒）試験（Ⅱ種試験）の結果により採用された部内の他の職員で，大学卒以後8年程度の経験年数を有する者の号俸が行政職㊀の3級8号俸である場合，経験者採用試験による採用者の号俸は当該3級8号俸を踏まえ，その者の有する能力及び実績等を考慮して決定することとなる。ただし，専門スタッフ職4級に決定された職員にあっては，最低の号俸に決定することとされている（規則9―8第12条（新たに職員となつた者の号俸）第1項第2号かっこ書）。

また，経験者採用試験による採用者の号俸の決定に当たっては，その者の有する能力，知識経験等に相応しい初任給に決定できるよう措置する必要があることなどから，採用者の有する経験年数に相応する経験年数を有することとなる部内の他の職員が，採用者の属する職務の級と同一の職務の級に属する場合に受けることとなる号俸を踏まえ，採用者の有する能力等を考慮して，弾力的に決定できることとしたものであり，あらかじめ一律の統一基準を設定することは望ましくない。

5　選考採用者の初任給の号俸の一般的な決定方法

> **問**　選考により3級以上（行政職㊀の場合）の職務の級に職員を採用する場合（例えば，高等学校卒業後15年の経験年数を有する者を，行政職㊀の3級に選考採用する場合），その者の初任給の号俸は，いかにして決定するのか。

答　選考採用者の号俸は，原則として，決定された職務の級の号俸が初任給基準表に定められているときは当該号俸とし，それが同表に定められていないときは同表に定める号俸を基礎として昇格し，又は降格したものとした場合に得られる号俸とするが，決定された職務の級の最低限度の資格を超える学歴免許等の資格又は経験年数を有する者については，それぞれの資格等に応じて

上位の号俸に調整することができることになっている（規則9―8第12条（新たに職員となつた者の号俸）参照）。

これを設問の場合で説明すれば，この者に適用される行政職㈠の初任給基準表の試験欄の「その他」の区分に対応する初任給欄の号俸は1級1号俸であるので，この1級1号俸から3級に昇格したものとした場合に得られる号俸である3級1号俸が，初任給の号俸となる。ただし，この者の場合には，その職務の級に決定するための最低限度の資格（選考採用者の3級決定に係る最短昇格期間13年）を超える経験年数（設問の場合は2年（職員の職務にその経験が直接役立つと認められる職務にのみ従事しているものとする。））を有しているので，同規則第15条（経験年数を有する者の号俸）の規定を適用して，3級9号俸に決定することができることとなる。

6　試験採用者と選考採用者との初任給が異なる理由

> **問**　採用試験の対象とされている官職について，採用試験の結果に基づいて職員となった者の初任給と，採用試験の結果に基づかずいわゆる選考により職員となった者の初任給との間には，初任給基準表上差が設けられているが，その理由は何か。

答　試験採用者と選考採用者との間において初任給に差が設けられているのは，採用試験に基づく採用を原則とする職種においては，選考による採用はあくまで補足的なものにすぎないことの反映であるとともに，能力の実証という面においてもそれなりの差異があることを考慮した結果である。

なお，職種そのものが採用試験の対象外である教育職のような場合には，試験による採用，選考による採用という区別が存在しないので，初任給基準表上も試験の区分がなく，初任給の号俸は，行政職㈠の採用試験による採用者の初任給を基準にして，それにほぼ見合うかたちで定められている。

7　試験合格者が試験対象外官職に採用された場合の初任給

問　採用試験に合格し，採用候補者名簿に登載されている者が，当該試験の対象となっている官職と同じ職務の級に属する試験対象外の官職（例えば，無線従事者の官職）に採用された場合，初任給基準表の適用に当たっては，試験に合格している以上，「採用試験」の区分を用いて初任給を決定することができるか。

答　試験合格者を試験対象外官職に採用する場合には，それが当該試験の対象となっている官職の属する職務の級に属する官職であっても，任用制度上，採用試験の結果に基づく採用には該当しないものとされている。したがって，このような採用者の初任給の決定に当たっては，初任給基準表の「採用試験」の区分によることはできず，「その他」の区分によることとなる。

しかしながら，設問の無線従事者の官職については，任用上は試験対象外とされているものの，その職務の特殊性から，有する資格の程度に応じて採用試験の結果に基づく採用に準じた初任給の基準が定められている（行政職㈠の初任給基準表参照）。

8　学位を有しない大学院中退者の初任給の決定

問　大学院に5年間在学し，博士の所定の単位を修得したが，学位を有しない者の学歴区分及び初任給はどのように決定するのか。
　例えば，教育職㈠の適用を受ける大学校の助教に採用する場合について説明されたい。

答　大学院に5年間在学し博士の所定の単位を修得したが学位を授与されない者は，学歴区分上「博士課程修了」には該当しないので，その者の学歴は「大学卒」又は「修士課程修了」ということになる。そして，大学院在学期間のうち当該学歴免許等の資格取得以後の期間については，経験年数として取り扱うこととなる。

例えば，大学校の助教に採用する場合は，次のとおりとなる。
(1) 修士の学位を有している場合　教育職㈠の初任給基準表の学歴免許等欄の「修士課程修了」に対応する初任給（1級13号俸）を基礎とし，修士の学位取得以後の大学院の在学期間3年を経験年数として取り扱った（100/100以下で換算）上で同規則第15条（経験年数を有する者の号俸）を適用し，12月につき4号俸を上積み（12号俸）して1級25号俸に決定することができる。
(2) 修士の学位を有していない場合　「大学卒」に対応する初任給（1級1号俸）を基礎とし，大学院の在学期間5年を経験年数として換算し，(1)と同様に上積み（20号俸）して1級21号俸に決定することができる。

第3　学歴免許等の資格による初任給の調整

1　検定試験合格者等についての学歴調整

> **問**　規則9−8第14条（学歴免許等の資格による号俸の調整）の規定による初任給の調整は，必ずしも実際の修学年数を伴わない学歴免許等の資格を有する者（例えば，給実甲第326号別表の甲表の「大学4卒」欄に掲げられている公認会計士法による公認会計士試験の合格者や，同表の「高校3卒」欄に掲げられている高等学校卒業程度認定試験規則による認定試験の合格者）についても可能であると解してよいか。

答　貴見のとおりである。
　規則9−8学歴免許等資格区分表及び給実甲第326号別表の甲表に掲げる学歴免許等の資格に該当する場合は，同規則第14条の規定による学歴免許等の資格による号俸の調整の対象となり得ると解する。

2 免許所有職員の学歴調整

問 いわゆる免許所有職員（免許を必要とする業務に従事する職員で，その経験年数が免許取得後のものとされている職員。例えば，行政職㈡の適用を受ける自動車運転手）についても，規則9－8第14条（学歴免許等の資格による号俸の調整）の規定による学歴免許等の資格による号俸の調整を行うことができるか。

答 免許所有職員についても，当該免許所有職員の有する学歴免許等の資格が，その者に適用される初任給基準表の学歴免許等欄の学歴免許等の区分に対して上位の学歴免許等の資格を有していれば，規則9－8第14条の規定による号俸の調整を行うことができるのが原則である。

しかしながら，設問の自動車運転手等行政職㈡の適用を受ける技能職員のうち1級に決定された職員で，行政職㈡の初任給基準表の初任給欄の号俸を「1級17号俸から1級29号俸までの範囲内で部内の他の職員との均衡を考慮して定める号俸」に読み替えることができるとする規定（同表の備考第6項）の適用を受けた者については，同規則第14条の規定は適用しないことになっている（同表の備考第7項参照）。

3 中途退学者の学歴調整

問 大学に3年6月在学して中途退学した者を選考により採用する場合，大学に在学していた期間を規則9－8第14条（学歴免許等の資格による号俸の調整）に定める調整の対象の期間として取り扱ってよいか。

答 規則9－8第14条の規定により学歴免許等の資格による号俸の調整を行うことができるのは，学歴免許等資格区分表に掲げる学歴免許等の資格及びこれと同様に取り扱うことを認められている学歴免許等の資格を有する場合に限られている。そのため，設問のような中途退学の場合は，学歴免許等の資格とは認められていないので，同条の適用の余地はなく，その者の当該在学期間

は，原則として同規則第15条（経験年数を有する者の号俸）に定める調整の対象期間として取り扱うことができるにとどまる。

ただし，学校教育法（昭和22年法律第26号）による大学の2年制の課程を修了した者及び大学に2年以上在学して62単位以上修得した者については，「短大2卒」の区分に該当する者に準じて取り扱うことができるものとされている（給実甲第326号学歴免許等資格区分表関係第4項第1号参照）ので，設問においても，これに該当するときは，その限りにおいて同規則第14条の規定による学歴免許等の資格による号俸の調整を行うこともあり得ることとなる。

4 修学年数に1年未満の端数がある場合の取扱い

問 給実甲第326号第14条関係第4項第2号のかっこ書に「1未満の端数を生じたとき」と規定されているが，その端数の年数については，規則9－8第15条（経験年数を有する者の号俸）第1項の経験年数に加えて取り扱ってよいか。

答 給実甲第326号第14条関係第4項第2号のかっこ書の規定に該当するのは，商船高等専門学校のように，航海実習があるために正規の修学期間が5年6月となっている場合等であり，このような場合に切り捨てられた端数の年数については，規則9－8第15条第1項の経験年数とすることができることになっている（給実甲第326号第15条関係第1項参照）。

第4 経験年数による号俸の調整

1 経験年数を有する者の号俸の調整基準を改正した理由

問 規則9－8第15条（経験年数を有する者の号俸）を改正し，平成18年4月以降，5年を超える経験年数のうち職務に直接役立つと認められる経験年数について12月につき4号俸の調整を行うことができることと

し，また，いわゆる初号制限を廃止した理由は何か。

（答） 経験年数を有する者の初任給決定方法の見直しは，人材の流動化という時代背景の下，民間企業等での経験を有する公務に必要な人材を確保して公務の円滑な運営の向上を図るという観点から，職務に有用な採用前の経験・実績を給与上適切に評価できるよう，必要な制度見直しを行ったものである。

2 経験年数を有する者の号俸の調整を12月又は18月につき4号俸としている趣旨

（問） 経験年数を有する者の号俸の調整については，12月又は18月につき4号俸の調整とされているが，なぜすべての経験年数について12月につき4号俸の調整とされていないのか。

（答） 経験年数を有する者の号俸の調整の割合をすべての経験年数について12月につき4号俸としていないのは，公務外における一定以上の経験年数全てについて，公務内の職員としての在職期間と全く同様に評価することは，中途採用者の初任給と在職者の給与との均衡を失すると考えられるとともに，民間企業における取扱いもほぼ同様であること等の理由によるものである。

ただし，経験年数のうち5年までの年数については，民間における取扱いとの均衡等を考慮して12月につき4号俸の調整を認めていることに加え，5年を超える経験年数のうち職務に直接役立つと認められる経験年数についても12月につき4号俸の調整を行うことができることとなっている（前問参照）。

なお，念のために付け加えると，人事交流により地方公務員等から採用する場合又は特殊な技術，経験等を必要とする官職に採用する場合等については，特別に考慮する必要があるので，これらの場合には，前記取扱いの例外として部内の他の職員との均衡を考慮して号俸を調整できる旨の特例措置が別に設けられている（規則9－8第17条，第18条参照）。

3 経験年数の積上げ方法

> **問** 5年を超える経験年数について，12月につき4号俸の調整を行う場合の経験年数の積上げや号俸の調整はどのように行うこととなるのか。

答 規則9－8第15条（経験年数を有する者の号俸）第1項は，職員が有する経験年数のうち，5年を超える経験年数（同項第2号又は第4号に掲げる者で最短昇格期間が5年以上の年数とされている職務の級に決定されたものにあっては，当該職務の級に決定するための最短昇格期間を超える経験年数等）について，①18月につき4号俸の調整を行うことができることを基本としつつ，②職員の職務にその経験が直接役立つと認められる職務（職員として在職した同種の職務又は経験年数換算表により100分の100の換算率で換算した職務に限る。）に従事した期間に係る経験年数のうち部内の他の職員との均衡を考慮して各庁の長が相当と認める年数については，12月につき4号俸の調整を行うことができることとしている。

規則9－8第15条第2項の規定による「加算数」を加えた年数をもってその者の経験年数とする場合，上記②について，次例のように，まず「加算数」，次に「職務に直接有用な経験年数」，最後に「その他の経験年数」の順に積み上げた結果，「加算数」と「職務に直接有用な経験年数」の合計が5年を超えることとなる場合に限り，その超えることとなる範囲内において，12月につき4号俸の調整を行うことができる。

〔例〕
　平成23年3月16日　大学卒業
　平成25年3月20日　大学院修士課程修了
　平成25年4月1日～平成26年3月31日　民間企業（換算率100分の80）
　平成26年4月1日～平成30年3月31日　地方公務員（換算率100分の100）
　平成30年4月1日　A省採用（一般職（大卒）試験）
（修士課程修了以後の経験年数の換算）
　　平成25年3月　　　　　　　無職　　　　1月× 25/100＝ 0.25月……(1)
　　平成25年4月～平成26年3月　民間企業　12月× 80/100＝ 9.6 月……(2)

平成26年4月～平成30年3月　地方公務員　48月×100/100＝48　月……(3)
加算数（上位の学歴免許等との修学年数差）（規則9－8第15条第2項）
$$2年＝24　月……(4)$$

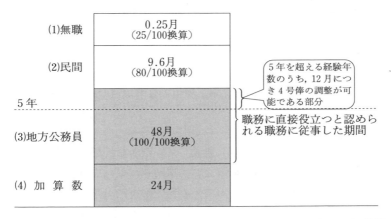

したがって，この者の初任給を経験年数により調整する場合は，加算数24月及び地方公務員としての在職期間48月については12月につき4号俸の調整，その他の期間10月（端数切上）については18月につき4号俸の調整を行うことができる。

4　職員の職務にその経験が直接役立つと認められる職務の取扱い

問　給実甲第326号第15条関係第6項第2号の「経験年数換算表に定めるところにより100分の100の換算率によって換算した場合における当該職務」に学校又は学校に準ずる教育機関における在学期間で100分の100の換算率で換算したものは含まれるのか。

答　5年を超える経験年数（規則9－8第15条（経験年数を有する者の号俸）第1項第2号又は第4号に掲げる者で最短昇格期間が5年以上の年数とされている職務の級に決定されたものにあっては，当該職務の級に決定するための最短昇格期間を超える経験年数等）の月数について12月につき4号俸の調整

をすることができるのは、あくまでも「職員の職務にその経験が直接役立つと認められる職務であつて人事院の定めるものに従事した期間」に係る経験年数であることが前提であることから、換算率が100分の100のものであっても学校又は学校に準ずる教育機関における在学期間は含まれない。

5　経験年数の端数の取扱い

問　給実甲326号第15条関係第7項第1号の規定の適用を受けるのは、具体的にはどのような者か。

答　学校卒業後、民間企業等に勤務していた者を新たに職員として採用する場合に、いわゆる新卒で既に職員として採用されている同学年の者との均衡を考慮すると、当該新たに採用される者の初任給決定に際して、経験年数を号俸に換算した結果、原則によれば切り捨てられる1年未満の経験年数を初任給の号俸に反映させることが適当であることがあり得る（次例参照）。

	職員A	職員B
平成30年3月	大学卒業	大学卒業
4月	採用 （総合職（大卒）試験） 行（一）2級1号俸	民間企業就職　経験年数21月 （換算率100分の100）
31年1月	昇給　　2級4号俸	
32年1月	昇給　　2級8号俸	採用（総合職（大卒）試験）

設例において、職員Bの採用時の職務の級及び号俸は、原則どおりに扱えば2級5号俸となり（規則9−8初任給基準表：2級1号俸、経験年数による調整：＋4号俸（21月÷12月＝1（余り9月（切捨て））、1×4＝4号俸））、職員Aとの間に3号俸の差が生じることとなる。このような状態を部内均衡上調整する必要がある場合には、給実甲第326号第15条関係第7項第1号の規定により号数に3を加え、2級8号俸とすることができる。

なお、この措置の対象となる者は、調整を行う際に用いるその者の経験年数

のすべてが,「その者の職務と同種の職務（職員として在職したものに限る。）に在職した期間」,「同種の職務以外の職務に在職した期間」又は「学校又は学校に準ずる教育機関に在学した期間」を経験年数換算表に定めるところにより100分の100の換算率によって換算された者であることとされている（平成19年給2—31参照）。

6 試験合格者で基準学歴に達しない者の経験年数調整

問 規則9—8第15条（経験年数を有する者の号俸）第1項第1号該当者（採用試験による採用者）の経験年数による号俸の調整については，試験に合格した時以後の経験年数又は試験の区分ごとに定められている基準学歴取得以後の経験年数によることとされていることから，例えば，次のような「中学卒」後の経歴を有する者が一般職（高卒）試験に合格して平成30年7月1日に行政職㈠に採用された場合，この規定によりその者の初任給は初任給基準表どおり1級5号俸となるが，その者の経験年数から一般職（高卒）の基準学歴である「高校卒」との修学年数差の3年を減じた残りの経験年数により，号俸の調整を行う余地はないか。

【例】
平成24年3月　中学校卒業
　　　　4月　民間企業就職（換算率100分の100）
　　29年11月　一般職（高卒）試験合格
　　30年6月　民間企業退職
　　　　7月　行政職㈠に採用

答 試験採用者の経験年数による号俸の調整について規則9—8第15条のような定め方をしているのは，例えば，一般職（高卒）試験の場合，それが高等学校卒業程度の試験であるので，基準学歴を「高校卒」として定める一方，それ以下の学歴免許等の資格しか有しない者については，当該試験の合格をもって高等学校卒業と同程度の能力の実証があったものとして取り扱うこととしているためである。したがって，設問の場合，経験年数による号俸の調整の対

象となる経験年数は，その者が試験に合格した時以後の経験年数によることとなるが，これはやむを得ないものと考えている。

一方，同規則第16条（下位の区分を適用する方が有利な場合の号俸）の規定により，初任給基準表の試験欄の下位の区分を適用した方が有利となる場合にはそれによることが認められており，設例においても，行政職(一)の初任給基準表の試験欄の「その他」の区分を適用した上で，同規則第15条の規定により号俸を調整すれば，有利に決定することができる。この設例の場合，1級1号俸を基礎として，この者の「中学卒」後の経験年数（6年4月）から経験年数調整表による調整年数である3年を減じた3年4月が同条による調整の対象（職務に直接役立つと認められる経験年数であることから12月につき4号俸の調整を行うことが可能）となることから，初任給は1級13号俸となる。

7　減ずる修学年数を有する者の経験年数調整

> **問**　職員の学歴免許等の資格が，採用試験の区分に応じて定められている学歴免許等の資格の区分（基準学歴区分）には該当するが，経験年数調整表により減じる年数が定められている資格である場合，規則9—8第15条（経験年数を有する者の号俸）第1項第1号の規定の適用に当たって，当該学歴免許等の資格を取得した時以後の経験年数によるときは，その者の経験年数から経験年数調整表による調整年数を減じた年数をもってその者の経験年数とした上で同条第1項の規定を適用することとなると解してよいか。
>
> 例えば，准看護師養成所卒（高校2卒）後，数年の経験年数を有する者が一般職（高卒）試験（基準学歴「高校卒」）により採用された場合の同規則第15条の規定による調整は，経験年数調整表の「高校2卒」の区分に対応する調整年数が「－1年」と定められていることから，その者の准看護師養成所卒後の経験年数から1年を減じた残りの経験年数について行うものと解してよいか。

答　貴見のとおりである（経験年数の調整の結果，その者の経験年数が負

となる者の取扱いは第4章第6問2参照)。

8 高等学校卒業後相当の経験年数を有する者を一般職（大卒）試験の結果に基づき採用した場合の初任給

問 高等学校卒業後8年の経験年数を有する者を，一般職（大卒）試験の結果に基づき行政職㈠1級に採用した場合の初任給は，当該者が有する学歴免許等の資格が「高校卒」であるため号俸の調整は一般職（大卒）試験合格時以後の経験年数が対象となり，結果的に初任給基準表に定める号俸（1級25号俸）がこの者の初任給となる。このような者について，初任給基準表の下位の区分の適用を認めている規則9―8第16条（下位の区分を適用する方が有利な場合の号俸）の規定の適用の余地はあるのか。

答 規則9―8第15条（経験年数を有する者の号俸）の規定を適用して初任給を決定する場合は貴見のとおり，調整の対象となる経験年数は一般職（大卒）試験合格時以後の年数に限られるため，初任給基準表に定める号俸が初任給（1級25号俸）となるものであるが，初任給基準表の試験欄に「一般職（高卒）」「その他」の区分のある行政職㈠等の俸給表の適用を受ける者については，同規則第16条の規定により決定することも可能である。

同規則第16条の規定は第14条の学歴免許等の資格による号俸の調整及び第15条の経験年数による号俸の調整との関係で，ときとして生じることとなる初任給の不合理を救済し，もって均衡のとれた初任給の決定ができるようにするための特例を定めたものである。適用例としては一般職（高卒）試験採用者や選考採用者として取り扱った方が有利な場合及び上位の学歴免許等の資格を取得していないものとして取り扱った方が有利な場合がある。

したがって，設問の場合の同規則第16条の規定による号俸調整は，この者を一般職（高卒）試験採用者として取り扱った場合，初任給基準表の試験欄の「一般職（高卒）」の区分を用い，同区分に定める1級5号俸に，高卒後の経験年数8年を調整して初任給とすることができる。

9　基準学歴に達しない学歴の者の経験年数調整

問　規則9―8第15条（経験年数を有する者の号俸）第1項第3号に該当する者の経験年数による号俸の調整は，その者の学歴免許等の資格を取得した時以後の経験年数について行うものとされているが，その者の有する学歴免許等の資格がその者に適用される初任給基準表の学歴免許等欄又は同表の備考に定める学歴免許等欄の区分よりも下位の区分である場合には，同規則第15条の2（経験年数）第2項の規定により調整年数による調整をした後の経験年数をもってその者の経験年数として，同規則第15条の規定を適用するものと解してよいか。例えば，教育職㈡の適用を受ける専修学校の補助教員（1級）に採用された者のうち，その者の最も新しい学歴免許等の資格が「高校卒」である者の場合はどうか。

答　初任給基準表の学歴免許等欄の学歴免許等の区分よりも下位の区分の学歴免許等の資格のみを有する者については，規則9―8第12条（新たに職員となつた者の号俸）第1項第4号の規定により，その者の号俸はその職務の級の最低の号俸となるので，このような者については同規則第15条第1項第4号に該当することとなる。したがって，同号の規定により経験年数（同規則第15条の2第2項の規定による調整後の年数）のうち，その職務の級に決定するための最短昇格期間を超える年数が，いわゆる経験年数による号俸の調整の対象となる。

設問の場合でいえば，1級について最低限度の資格は「短大卒」であるので，その者の有する「高校卒」後の経験年数から，同規則第15条の2第2項の規定により調整年数2年（規則9―8経験年数調整表，給実甲第326号経験年数調整表関係第2項第6号参照）を減じた残りの経験年数が，同規則第15条の規定による号俸の調整の対象となる経験年数となる。

10　選考採用者の経験年数調整

問　規則9―8第12条（新たに職員となつた者の号俸）第1項第3号

イに該当する選考採用者（基準号俸が初任給基準表に定める号俸そのものである者）の経験年数による号俸の調整は，初任給基準表の適用に際して用いられたその者の学歴免許等の資格を取得した時以後の経験年数によるものと解してよいか。

例えば，高等学校卒業後，相当期間の経験年数を有する者を行政職㈠の１級に選考採用した場合における当該経験年数による調整は，「高校卒」後の経験年数によるものと解してよいか。

答 貴見のとおりである。

したがって，例えば，高等学校卒業後10年の経験年数（すべてが公務に直接役立つと認められる職務以外の職務に従事した期間であるものとする。）を有する者の初任給は，次のように１級33号俸に決定することができる。

基準号俸　１級１号俸（初任給基準表の「その他」の区分を適用）
12月につき４号俸の調整の期間５年　　20号俸調整
18月につき４号俸の調整の期間５年　　12号俸調整

11　初任給基準表に「その他」の区分のない俸給表に選考採用する場合の経験年数調整

問　初任給基準表に「その他」の区分のない俸給表に，採用試験によらずに職員を採用した場合における規則９－８第15条（経験年数を有する者の号俸）の規定による経験年数による号俸の調整は，どのように行うのか。

答　初任給基準表の職種欄又は試験欄にその者に適用される区分の定めのない職員の号俸は，規則９－８第12条（新たに職員となった者の号俸）第１項第４号の規定により，その者の属する職務の級の最低の号俸とすることになっているので，当該号俸を基準号俸として，当該職務の級についての最短昇格期間を超える経験年数を有する者については，同規則第15条第１項第４号の規定を適用して，経験年数による号俸の調整を行うことができる。

12　55歳を超える者の取扱い

> **問**　55歳を超える者を行政職(一)で選考採用する場合，初任給決定において55歳を超える経験年数をどう取り扱うべきか。

答　規則9－8第15条（経験年数を有する者の号俸）の経験年数調整は，年齢によって取扱いに差を設けているものではなく，その者の有する採用前の全ての経験年数を換算することが可能となっている。ただし，5年を超える経験年数のうち職員の職務にその経験が直接役立つと認められる経験年数は12月につき4号俸の調整を行うことができるとされているが，部内の55歳を超える職員は，昇給区分が「C」であっても昇給号俸数は「0」であることから，これとの均衡を踏まえて初任給を決定することが適当である。

第5　号俸決定の特例

1　人事交流等により異動した場合の号俸の決定の特例の趣旨

> **問**　規則9－8第17条（人事交流等により異動した場合の号俸）を設けている趣旨は何か。地方公務員等から単にその者の個人的事情により職員を採用する場合においても，同条を適用することができるか。

答　規則9－8第17条の規定は，職員の個人的事情によらず，一般職の国家公務員と，特別職の国家公務員，行政執行法人職員又は地方公務員等との間で，各府省及び各法人の業務の必要から，相互の了解のもとに，計画的に行われる人事異動を対象としているものである。これらの者については，一般の採用者と同一に取り扱うというよりも，むしろ部内職員との均衡を考慮する必要があるので，人事院の定めるところにより，同規則第15条（経験年数を有する者の号俸）及び第16条（下位の区分を適用する方が有利な場合の号俸）の規定にか

かわらず，その号俸を決定できることとしているものである（第1の問4参照）。
　したがって，その者の個人的事情により採用される場合は，同規則第17条の規定の適用はないものとしている。
　なお，地方公務員等から人事交流等により，引き続いて給与法の適用を受ける職員として採用された場合には，同規則第17条の規定に基づく特例として，給実甲第442号により包括的に承認がなされている。

2　地方公務員，行政執行法人等の職員として在職していた期間中に行われた昇給の取扱い

> **問**　かつて給与法適用職員として在職し，人事交流により引き続いて地方公務員，行政執行法人等の職員等となっていた者が，引き続いて再び給与法適用職員として採用された場合において，当該地方公務員，行政執行法人等の職員等としての在職中に受けた昇給（上位区分）については，給実甲第442号第4項の規定による再計算においてどのように取り扱うべきか。

答　人事交流者の初任給については，給実甲第442号に基づき，従前から部内の職員として在職していたものと仮定して再計算により決定できることとなっており，昇給についても考慮に入れることができることとなっている。
　その際，従前から，人事交流により地方公務員等であった期間に行われた特別昇給が給与法上の特別昇給と同趣旨のものであり，かつ，その運用も国と同様である場合には，各府省限りで当該特別昇給を再計算過程に織り込んで決定することが認められてきたところであるが，平成18年の昇給制度の改正により，国の昇給制度と人事交流先の昇給制度とが同様でない場合が多数にのぼることとなったことから，平成18年4月1日以降は，人事交流先の昇給制度が，給与法上の昇給制度の趣旨と同様に勤務成績に応じて行うものである場合に限り，次のとおり取り扱うことが適当である。
(1)　人事交流先において決定された昇給区分に係る分布率（その分布率に係る昇給区分より上位の昇給区分がある場合には，これらの昇給区分の分布率の

数値を合算した数値の分布率)が,国の昇給区分Aの人員分布率の範囲内であるときは再計算上の昇給において昇給区分A又はBとして,昇給区分A及びBの人員分布率の合計の範囲内であるときは再計算上の昇給において昇給区分Bとして,それぞれ取り扱うこと。

[例]
国の昇給制度(中間層)

昇給区分	A	B	C	D	E
人員分布率	5/100	20/100	—		

国の昇給制度と比較

<1> A県の昇給制度

区分	①	②	③
人員分布率	15/100	—	

・①の区分に決定された場合は,国の昇給区分Aとして反映できないが,昇給区分Bとして反映できる。

<2> B市の昇給制度

区分	I	II	III	IV	V
人員分布率	3/100	15/100	—		

・Iの区分に決定された場合は,国の昇給区分A又はBとして反映できる。
・IIの区分に決定された場合は,国の昇給区分Bとして反映できる。

<3> C市の昇給制度

区分	i	ii	iii	iv	v
人員分布率	10/100	20/100	—		

・iの区分に決定された場合は,国の昇給区分Aとして反映できないが,昇給区分Bとして反映できる。
・iiの区分に決定された場合は,国の昇給区分A又はBのいずれにも反映できない。

(2) 人事交流先で受けた国の昇給区分A又はBとみなすことができる昇給が行われた日が各年の1月1日以外の日であるときには，再計算上の昇給において，人事交流の期間内における同日の直前又は直後の1月1日に昇給区分A又はBに決定されたものとして取り扱うこと。

［例］　人事交流先においてH.30.7.1に昇給（上位区分）を受けた場合
　　　　人事交流期間は，H.29.1.1～H.31.3.31

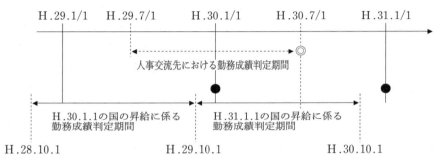

　　　　　◎：人事交流先で昇給を受けた日
　　　　　●：再計算過程において昇給を受けた日とすることが可能な日

3　以前にも人事交流により異動したことのある職員の取扱い

> **問**　給実甲第442号においては，地方から人事交流等によって採用となった職員の初任給決定に関する特例が規定されているが，例えば「A市→B省→A市→C省」と異動した職員のC省における初任給決定については，第4項の規定を用いてB省に在職していた際の職務の級及び号俸をもとにA市在職中も給与法の適用を受ける職員であったものと仮定して再計算するのか，それとも，第7項の規定を用いてA市に初めて採用された日から給与法適用職員であったものと仮定して再計算するのか。

答　設問の場合でいえば，形式的には「地方→国」の人事交流として給実甲第442号第7項と「国→地方→国」の人事交流として給実甲第442号第4項の両方に該当するが，「B省→A市→C省」の異動は計画的な人事交流とは言え

ないため、「地方→国」の人事交流として給実甲第442号第7項を適用することが適当である。なお、人事交流によりB省からA市に異動した職員をC省に異動させる場合には、当該職員をいったんB省に戻した上でC省に異動させることが一般的である。

4 非常勤職員からの採用の際の号俸の決定

問 非常勤職員として相当長期にわたり常勤職員とほぼ同様の勤務を行っていた者を、引き続き常勤職員として採用（又は配置換え）した場合において、規則9—8第17条（人事交流等により異動した場合の号俸）を適用して号俸を決定することができるか。

答 規則9—8第17条の規定は、地方公務員等から人事交流等により引き続き職員となった場合等を想定した規定であるので、非常勤職員として在職していた者について同条の規定を適用することはできないものと考える。

5 行政執行法人職員から転任した場合の初任給

問 大学在学中に一般職（大卒）試験に合格し、同試験の結果に基づき行政執行法人の職員として採用された者が、在職中に再び一般職（大卒）試験に合格し、同試験の結果に基づき給与法の適用を受ける職員に転任した場合の号俸の決定に当たり、行政執行法人職員として採用された時に給与法適用職員として採用されたものとして、再計算した場合に得られる号俸とすることができるか。

答 行政執行法人の職員から給与法の適用を受ける職員に異動した者は、当該異動が人事交流等として行われた異動であり、かつ、部内の他の職員との均衡上特に必要があると認められるときは、規則9—8第17条（人事交流等により異動した場合の号俸）の規定に基づく特例により、その者が行政執行法人職員として採用された時から給与法適用職員として引き続き在職したものとみ

なして、部内の他の職員との均衡を考慮しながら計算した場合に得られる号俸とすることができることとされている（給実甲第442号第7項参照）。

ただし、設問のような場合は、各府省及び各法人の業務の必要から、相互の了解のもとに、計画的に行われる人事異動を対象とする「人事交流」には該当しないものと考えられることから、初任給決定は一般の採用による方法で行うことが原則である。

6 特殊な官職に採用する場合の号俸の調整の趣旨

> **問** 規則9－8第18条（特殊の官職に採用する場合等の号俸）により、特殊な官職に採用する場合には初任給決定の特例が認められているが、この規定の趣旨は、同規則第15条（経験年数を有する者の号俸）の号俸の調整についての特例を認めるものと考えてよいか。

答 貴見のとおりである。

すなわち、規則9－8第18条の規定は、医師、教員、船員等のように職務の遂行上特殊の知識、技術、経験等を必要とする官職においては、その職務内容が一般的に官民共通であるとともに、職務の遂行のために必要とされる特別の知識、経験等の修得の機会も官民において区別しがたいものであって、同規則第15条又は第16条（下位の区分を適用する方が有利な場合の号俸）の規定によった場合、その採用を制約するおそれがある点を考慮し、初任給決定の特例を定めているものである。

7 再任用職員の俸給月額の決定方法

> **問** 再任用職員の給与は、どのように決定されるのか。

答 再任用職員は、定年前の職員と同質の勤務を行うことになるので、その給与については、現行の俸給表の適用範囲に関する規定（例えば、給与法第6条や規則9－2など）、職務の級の決定に関する規定（例えば、給与法第8条や規

則9-8など)に基づき,再任用される官職の職務内容に応じて職務の級が決定されることになる。ただし,俸給表,職務の級ごとに単一の俸給月額になっているので,職務の級が決定されれば,俸給月額が決まることになる。

短時間勤務の再任用職員については,給与法第8条の2の規定に基づき,その者の勤務時間に応じた俸給月額になる。

8 任期付研究員の俸給月額の決定

> **問** 任期付研究員法の任期を定めた研究員の給与は,どのように決定されるか。

答 任期を定めた研究員の給与は,給与法の俸給表とは別の枠組みとして,任期付研究員法に基づき,簡素な号俸からなる俸給表を適用することとなる。任期付研究員法においては,任期付研究員法第3条(任期を定めた採用)第1項第1号の「招へい型任期制」で採用された職員(第1号任期付研究員)と同項第2号の「若手育成型任期制」で採用された職員(第2号任期付研究員)について,それぞれ俸給表が設定されている。個々の俸給月額(号俸)への格付けは,規則20-0第6条(号俸の決定)の規定により任期付研究員が従事する研究業務,その研究員の能力,業績等に基づいて行うことになっている。

9 官民人事交流法に基づく交流採用職員の給与の特例

> **問** 官民人事交流法に基づき,民間企業から交流採用された職員(交流採用職員)については,どのような給与の決定が行われるのか。

答 官民人事交流法における民間企業からの交流採用は,民間企業の従業員を公務に受け入れ職務に従事させることによる行政運営の活性化を図る目的で,任期を付して常勤職員として選考により採用することになっている。

交流採用職員の初任給の決定については,交流採用の趣旨,目的にかんがみ,公務部内の職員と比べ不利益にならないように配慮する必要があり,規則21-

○第47条（交流採用職員の規則9―8第4章から第6章までの規定の適用の特例）の規定に基づき，経験者採用試験の結果に基づいて職員となった者として取り扱うことができるとされており，その初任給については部内の他の職員の職務の級及び号俸を踏まえ，その者の能力，知識経験等を考慮して決定することができることになっている。

10 規則1―24（公務の活性化のために民間の人材を採用する場合の特例）による給与の特例について

問 公務の活性化のために民間の人材を採用する場合の特例が，規則1―24により定められているが，どのような給与の決定が行われるのか。

答 規則1―24は，公務部内の養成で得られない高度の専門性や多様な経験を有する人材を公務に確保していくことが必要となることから，国内外の学位取得者や民間での専門的な実務経験を有する者等の採用を円滑に行うことができるように，公務の活性化のために民間の人材を採用する場合の任用及び給与の特例に関して必要な事項を定めている。同規則の規定に基づき採用された職員については，同規則第3条（規則9―8第4章から第6章までの規定の適用の特例）の規定に基づき，経験者採用試験の結果に基づいて職員となった者として取り扱うものとされており，その初任給については部内の他の職員の職務の級及び号俸を踏まえ，その者の能力，知識経験等を考慮して決定することになっている。

11 任期付職員の俸給月額の決定方法

問 任期付職員法の任期を定めた職員の給与は，どのように決定されるのか。

答 任期付職員法第3条第1項の規定により採用された特定任期付職員については給与法の俸給表とは別に7号俸からなる俸給表を適用することになっ

ている。

　特定任期付職員の号俸の決定にあたっては，規則23―0第6条（特定任期付職員の号俸の決定）の規定により，専門的な知識経験又は識見の度，業務の困難及び重要の度に応じて行うことになっている。

　また，任期付職員法第3条第2項の規定により採用された職員については，規則23―0第9条（任期付職員法第3条第2項の規定により任期を定めて採用された職員の規則9―8第4章から第6章までの規定の適用の特例）の規定に基づき，経験者採用試験の結果に基づいて職員となった者として取り扱うことができるとされており，その初任給については部内の他の職員の職務の級及び号俸を踏まえ，その者の能力，知識経験等を考慮して決定することができることになっている。

12　任期満了となった任期付職員を引き続き他の府省で採用する場合の初任給

> **問**　A省で採用された任期付職員をA省での任期満了後，B省の任命権者が引き続き任期付職員として採用する場合，A省での任期満了直前の職務の級及び号俸をそのまま引き継げるのか。

答　設問の場合は，任期満了により離職した者をB省で新たに採用したものであることから，B省で採用された際に従事する業務に応じて改めて初任給決定を行う必要がある。

第6　初任給に関する経過措置

1　初任給に関する経過措置の趣旨

問　規則9―137附則第2項に初任給に関する経過措置が規定されているが，その趣旨及び具体的な内容は何か。

答　規則9―137附則第2項の規定は，初任給の決定に際して学歴免許等の資格又は経験年数による号俸の調整を行う者のうち，当該調整の基礎となった経歴が昇給制度における抑制対象昇給日（平成19年1月1日から平成22年1月1日まで及び平成27年1月1日の昇給日）に係る場合において，当該調整により1年当たり4号俸（行政職㈠7級以上相当の職務の級である者（特定職員）にあっては3号俸）の号俸加算を行うとすると，抑制対象昇給日ごとに1号俸の昇給抑制を受けた部内職員との均衡を失することとなることから設けられた規定である。

　また，抑制対象昇給日ごとに1号俸の昇給抑制を受けた部内職員のうち，若年・中堅層を中心に，平成23年4月1日，平成24年4月1日，平成25年4月1日，平成26年4月1日及び平成30年4月1日において，それぞれの日における年齢に応じて号俸を上位の号俸へ調整する措置が行われたところであるが，当該措置を受けた職員との均衡を図る必要性があることから，規則9―137附則第2項においても，それぞれの日における年齢に応じた号俸数を調整することとなっている。

　具体的には，平成30年4月1日以後に新たに職員となり，規則9―8第14条から第16条までの規定の適用を受けることとなる者のうち，採用日から調整年数（特定号俸（規則9―8第14条から第16条までの規定による号俸）の号数から基準となる号俸（同規則第12条第1項の規定による号俸（同規則第14条第1項の規定により初任給基準表の初任給欄の号俸とすることができることとされている号俸を除く。））の号数を減じた数を4（特定職員にあっては3）で除し

て得た数の年数）を遡った日が平成27年1月1日前であるものの採用日における号俸は，採用日から調整年数を遡った日（採用日から調整年数を遡った日が同日の属する年の11月1日（特定職員にあっては10月1日）以後である場合にあっては，同年の翌年の1月1日）の翌日から採用日までの間における昇給日（規則9―137附則第2項各号に掲げる職員に応じてそれぞれに定める期間又は日におけるものに限る。）の数に相当する号数を特定号俸の号数から減じて得た号数の号俸とすることとしている。

　　［例］　高等学校卒業後24年の経験年数（職員の職務にその経験が直接役立つと認められる職務にのみ従事）を有する者（平成30年4月1日において42歳）を，平成30年4月1日に選考採用で行政職㈠3級に採用した場合
- 級の決定：最短昇格期間13年（9＋4）を満たすため，3級に決定可能。
- 基準となる号俸：初任給基準表に定められていない級に決定するため，初任給基準表に定められている号俸を基礎として昇格させる。
「1級1号俸」→「2級1号俸」→「3級1号俸」
- 特定号俸：「3級1号俸」＋「11×4号俸」（最短昇格期間を超える経験年数による調整）→「3級45号俸」
- 特定号俸の号数「45」－基準となる号俸の号数「1」＝「44」
- 44÷4＝11→調整年数「11年」
- 採用日から調整年数を遡った日：平成19年4月1日
- 採用日から調整年数を遡った日の翌日から採用日までの間の抑制対象昇給日の数：平成30年4月1日以後に新たに職員となり，同日において44歳に満たない者に該当…平成27年1月1日→「1」
- 採用日における号俸：「3級45号俸」－「1号俸」→「3級44号俸」

第6章

昇　格

[参照法令]

- 規則9－8（第20条～第23条，別表第6～第7）
- 給実甲第254号，第326号，第442号，第470号

第1 昇格一般

1 昇格要件の見直し

問 平成21年4月1日及び7月1日の昇格要件の見直しの内容はどのようなものか。

答 平成21年4月1日前においては、人事院規則において「職員を昇格させる場合には、その者の勤務成績が良好であることが明らかでなければならない」と定められ、事務総長通達において、昇格に係る勤務成績判定のための基礎資料の一つとして、勤務評定記録書等とともに昇給及び勤勉手当に係る勤務成績の判定結果を活用すること、昇格日前1年間において昇給に係る勤務成績の判定基準に照らし、「良好」を下回る場合に該当するような事実がないことなどが定められていた。

平成21年4月1日の人事評価制度の導入に伴い、人事院規則上の昇格要件として、昇任等をした場合のほか、
① 直近の能力評価及び業績評価の全体評語（評価期間の全期間において職務に従事しているものに限る。）が上位又は中位の段階であること
② 直近の連続した2回の能力評価及び4回の業績評価の全体評語を総合的に勘案して発揮した能力の程度や役割を果たした程度が通常のものを超えること（行政職(一)の3級若しくは2級又はそれらに相当する職務の級に昇格させる場合にあっては、通常のものを超えるものに準ずるものを含む。）
③ 昇格させようとする日以前1年以内に、懲戒処分又はこれに相当する処分を受けていないこと、及びこれらの処分を受けることが相当とされる行為をしていないこと
が定められた（規則9－8第20条（昇格）第2項第3号参照）。

また、同年7月1日には、平成19年の国公法の改正により、採用年次及び合格した採用試験の種類にとらわれず人事評価に基づいて人事管理を行うべきも

のとされたことを踏まえ，級別資格基準表が廃止され，能力等のかん養と実証のための期間として職務の級ごとに必要とされる在級期間を定めた在級期間表が設けられた。

2 　規則9―8第20条第7項を適用する場合の臨時的任用期間の取扱い

> **問**　臨時的任用の職員が引き続き正規の職員となった場合で，当該採用後の職務の級が臨時的任用されていたときの職務の級と同一であるときの規則9―8第20条（昇格）第7項の「在級1年」の制限の適用については，臨時的任用の期間を在級期間として含めて取り扱って差し支えないか。

答　臨時的任用は，緊急の場合，臨時の官職に関する場合又は採用候補者名簿がない場合に限って，人事院の承認を得て行うことができる特別な形態としての任用行為であり，臨時的任用の職員を，他の常勤官職へ転任，配置換等をすることはできず，そのような異動を行うためには，臨時的任用を終了させ，改めて当該官職への採用を行う必要がある。したがって，臨時的任用の期間を現に属する職務の級に在級した期間としてみることはできない。

ただし，職務の特殊性等により特に昇格させる必要がある場合で，職務の級の格付け上，部内職員との均衡を図るために必要なときは，規則9―8第20条第7項ただし書の規定に基づき人事院の定めるところにより，在級1年に満たなくとも昇格させることが可能である。

3 　休職中の職員等の昇格の是非

> **問**　休職中の職員等についても，通常の職員と同様に昇格させることができるか。また長期にわたる病気休暇中の職員についてはどうか。

答　休職にされ，国際機関等に派遣され，育児休業をし，交流派遣をされ，法科大学院において専ら教授等の業務を行うために派遣され，福島相双復興推進機構に派遣され，自己啓発等休業若しくは配偶者同行休業をし，又は東京オ

リンピック・パラリンピック競技大会組織委員会若しくはラグビーワールドカップ2019組織委員会に派遣されている職員は級別定数の外に置かれるので、これらについて昇格を行うことはできない。

また、長期にわたる病気休暇中の職員の昇格については、特段これを制限する規定はないが、昇格させようとする日以前2年間において職務に従事していない期間がある職員を昇格させる場合には、昇格させようとする日以前2年内における人事評価の結果及び勤務成績を判定するに足りると認められる事実に基づいて昇格させようとする職務の級に分類されている職務を遂行することが可能であるかを判定することになっている（規則9－8第20条（昇格）第3項、平成21年給2－35別紙1第2項(2)参照）ので、その運用については慎重に取り扱う必要がある。

4　高齢層職員の昇格

> **問**　一定年齢を超える職員の昇給についてはその号俸数が抑制されているが、これらの職員の昇格についてはどのように考えればよいか。

答　給与制度上、昇給と昇格とは異なる性質のものであり、一定年齢を超える職員の昇給号俸数の抑制措置は、あくまでも昇給についての措置であって、昇格とは関係ない。すなわち昇格は、職員が職務の複雑、困難及び責任の度のより高い官職に就くことに伴って、その者の勤務成績、在級期間表に定める要件等に応じながら、級別定数の範囲内で行われるものである。したがって、これらの条件が満たされる限りにおいては、一定年齢を超える職員であっても昇格させることは可能である。

ただし、50歳台後半層において官民の給与差が相当程度存在している状況に鑑み、50歳台後半層における給与水準の上昇を抑制するため、平成25年1月1日より、50歳台後半層の職員が多く在職する最高号俸を含む高位の号俸から昇格した場合の俸給月額の増加額を縮減するよう昇格時号俸対応表による昇格後の号俸を設定している。

5 昇格の実施時期

問 規則9－8第34条（昇給日及び評価終了日）の規定により，昇給日は毎年1月1日と定められているが，昇格の実施時期については別段定められていないので，昇格はいつの時期においても必要に応じて行うことができるものと解してよいか。

答 貴見のとおりである。

第2 勤務成績の判定

1 「評価期間の全期間において職務に従事しているもの」の意味

問 昇格に活用する能力評価及び業績評価は，給実甲第326号第20条関係第2項において，「評価期間の全期間において職務に従事しているもの」とされているが，具体的にはどのような評価か。

答 給実甲第326号第20条関係第2項の「評価期間の全期間において職務に従事しているもの」とは，評価期間の途中で採用された職員以外の職員の能力評価及び業績評価であって，評価期間の全期間において法令上「職務に従事しない」等と規定されている休職，派遣，育児休業等の期間がない職員のものである。

2 4月1日，10月1日の昇格に活用する直近の能力評価及び業績評価の全体評語

問 例えば10月1日に職員を昇格させようとする場合，その前日までを評価期間とする能力評価及び業績評価については，事務処理の関係上人事評価政令第9条（評価，調整及び確認）第3項（同令第14条において準

用する場合を含む。)の実施権者の確認を行うことが困難であるが、この場合どのように取り扱うべきか。

（答） 昇格に活用する能力評価及び業績評価の全体評語は、実施権者の確認が行われたものでなければならない（規則9－8第20条第2項第3号イ参照）。そのため、10月1日に職員を昇格させようとする場合であっても、その前日までを評価期間とする能力評価及び業績評価の全体評語について実施権者の確認が行われているのであれば、その評価結果を活用することとなり、その評価結果を基に昇格事務を行う必要がある。

一方、事務処理の関係上、実施権者の確認を行うことが出来なかった場合は、その評価は活用せず、それ以前に確認されている能力評価及び業績評価の結果を活用することとなる。

3　昇格要件を満たす具体的な全体評語の組合せ

（問） 昇格させようとする日以前2年間において同日の前日に属する職務の級に分類する職務に従事していた職員の昇格要件として「直近の連続した2回の能力評価及び4回の業績評価の全体評語を総合的に勘案して発揮した能力の程度及び役割を果たした程度が通常のものを超えるものとして人事院の定める要件」があるが、具体的にどのような全体評語の組合せか。

（答） 直近の連続した2回の能力評価及び4回の業績評価の全体評語の具体的な組合せは、次の表の太線で囲まれた部分の組合せである。

　（注）　網掛けの部分については次の問を参照。

第6章 昇 格

業績評価 \ 能力評価	3回目〜1回目(順不同)まで								
	SSS SSA SSB SAA SSC SAB AAA SSD SAC SBB AAB SAD SBC AAC ABB			SBC SCC AAD ABC BBB			SCD ABD ACC BBC		SDD ACD BBD BCC
4回目	S	A	B	S	A	B	S	A	S
SS									
SA AS				通常のものを超えるものと して人事院の定める要件					
SB AA BS									
AB BA CS									
BB CA DS									

通常のものを超えるものに準ずるもの

4 行政職㈠3級又は2級への昇格要件

> **問** 行政職㈠3級若しくは2級又はこれらに相当する職務の級への昇格要件については,「直近の連続した2回の能力評価及び4回の業績評価の全体評語を総合的に勘案して発揮した能力の程度及び役割を果たした程度が通常のものを超えるものとして人事院の定める要件」に「通常のものを超えるものに準ずるものとして人事院の定める要件」が含まれているが,具体的にどのようなものか。

答 「通常のものを超えるものに準ずるものとして人事院の定める要件」とは,行政職㈠3級又はこれに相当する職務の級への昇格においては,次の要件を満たすことである。
① 直近の連続した2回の能力評価及び4回の業績評価の全体評語について,いずれも中位の段階又はこれと同等であること(全体評語の組合せが前問の表の網掛けの部分の組合せ)
② 直近の能力評価の個別評語を総合的に勘案した場合に通常のものを超えるものであること(いずれかの個別評語に上位の評語が付され,かつ,その他の個別評語に中位の評語が付されていること等),又は直近の業績評価の個別評語を総合的に勘案した場合に通常のものを超えるものであること

(いずれかの個別評語に上位の評語が付され，かつ，その他の個別評語に中位の評語が付されていること等)

また，行政職㈠2級又はこれに相当する職務の級への昇格においては，上記①の要件を満たすことである。

5　規則9―8第20条第3項の規定により昇格させる職員

> **問**　規則9―8第20条（昇格）第3項の「昇格させようとする日以前2年内において同日の前日に属する職務の級に分類されている職務に従事していた職員」とは，どのような職員か。

答　規則9―8第20条第3項の「昇格させようとする日以前2年内において同日の前日に属する職務の級に分類されている職務に従事していた職員」とは，昇格させようとする日以前2年間の一部の期間において同日の前日に属する職務の級に在級していた職員である。

6　昇格させようとする日前2年間において能力評価又は業績評価の全体評語に下位の段階がある職員等の昇格の是非

> **問**　規則9―8第20条（昇格）第2項第3号に規定する全体評語の全部又は一部がない職員及び昇格させようとする日以前2年内において同日の前日に属する職務の級に分類されている職務に従事していた職員であって，直近の能力評価若しくは業績評価の全体評語が下位の段階である又は昇格させようとする日以前1年以内に懲戒処分等を受けていた職員を，同条第3項の規定により昇格させることはできるか。

答　規則9―8第20条第3項の規定により昇格させようとする場合は，「当該職員の人事評価の結果及び勤務成績を判定するに足ると認められる事実に基づき，この条の第2項に掲げる要件を満たす職員に相当すると認められる職員を当該要件を満たす職員とみなして同項の規定を適用するものとする」（給実

甲第326号第20条関係第7項）とされている。

この場合に，直近の能力評価又は業績評価の全体評語が下位の段階である職員については，直近の能力評価及び業績評価の評価期間の全期間において職務に従事している場合は，同規則第20条第2項第3号イの要件を満たさないことから昇格させることはできない。

しかしながら，当該職員が国際機関又は民間企業に派遣されていた等の事情により当該評価期間に職務に従事していない期間がある場合で，直近の能力評価及び業績評価の評価期間の国際機関等における業務への取組状況等を含めて総合的に勘案し，下位の段階とならないことが具体的かつ客観的な事実により明示できるときは，昇格させることも可能である。なお，その際は当該取組状況等を含めて総合的に勘案し，同号ロの要件を満たす職員に相当すると認められる必要もある。

一方，昇格させようとする日以前1年以内に懲戒処分等を受けていた職員については，同号ハの要件を満たさないことから昇格させることはできない。

第3　在　級　期　間

1　在級期間表の意味

問　職務給を原則としている給与制度に在級期間表を導入している趣旨は何か。

答　現行の給与制度において，職務の級の決定について職務の級別の在級期間が必要とされるのは，現行制度が職務給を原則としているものの，いわゆる職階制を直接基礎としているものではなく，任用制度上各官職ないしは各職務の級ごとの統一的な任用資格基準が定められていない一方，給与制度の運用という面からすれば，各職員間の給与の均衡という意味で，少なくともそれぞれの職務の級に決定する場合に必要な最低の基準というものを定めておくことが，最小限必要とされることによるものである。

このように在級期間は，それぞれの職務の級に決定するに当たって必要な最低の基準の一つを定めたものである。したがって，当該在級期間を満たせばその職務の級に決定するという性質のものではないことに注意が必要である。

2 「別に定める」級への昇格

問 規則9－8第20条（昇格）第4項の規定により，昇格については在級期間表に定める在級期間を満たしていることが要件として定められているが，在級期間表において「別に定める」こととされているいわゆる別定級への昇格については，どのように取り扱えばよいか。

答 在級期間表において「別に定める」こととされているのは，当該職種の当該職務の基準については職務の性格等からみて一律的に在級期間によってその基準を定めることができがたいか又は不適当と考えられるためであり，当該別定級への昇格については「別に定める」基準が定められるまでの間は，規則9－8第48条（人事院の承認を得て定める基準等についての暫定措置）の規定によりあらかじめ個別に人事院の承認を得なければならないこととなっている。

なお，行政職㈡の電話交換手の3級，自動車運転手等の3，4級，守衛等の2，3級及び用務員等の2級への昇格については，同条の規定に基づく包括承認として給実甲第470号が発出されており，当該通達において定めるところにより昇格させる場合には，個別に人事院の承認を得る必要はない。

3 休職等の期間と在級期間の関係

問 休職等から復帰した職員を昇格させる場合，休職等の期間は在級期間に含まれるのか。

答 規則9－8第20条（昇格）第4項に規定する在級期間は，職員が同一の職務の級に引き続き在職した年数をいい，職務に従事した期間ではなく，職

員として在職した期間をいうものである。したがって、休職にされ、国際機関等に派遣され、育児休業をし、交流派遣をされ、法科大学院において専ら教授等の業務を行うために派遣され、福島相双復興推進機構に派遣され、自己啓発等休業若しくは配偶者同行休業をし、又は東京オリンピック・パラリンピック競技大会組織委員会若しくはラグビーワールドカップ2019組織委員会に派遣されている期間がある職員は、これらの期間中、職務に従事しないが、職員としての身分を保有するため、在級期間表に定める在級期間として算入することができる。

4　在級期間の月計算

> **問**　月の初日付けで昇格を行う場合に昇格前の職務の級の在級期間を計算するときは、当該昇格の月は在級期間に算入しないものと解してよいか。また、月の2日以降の日付で昇格を行う場合は、当該昇格の月を在級期間に算入してよいか。

答　貴見のとおりである（給実甲第326号第20条の2関係第4項参照）。ただし、規則9－8第20条（昇格）第7項に規定するいわゆる「在級1年」の計算については、民法（明治29年法律第89号）第1編第6章（第138条〜第143条）の規定の例により計算することとされているので、いわゆる応当日計算によることとなる（給実甲第326号第20条関係第10項参照）。

5　下位の区分を適用して初任給を決定した場合の在級期間表の適用

> **問**　中学卒後相当の経験を有する者が一般職（高卒）試験に合格して採用された場合の初任給の決定に当たり、選考により採用されたものとした方が有利となる場合には、規則9－8第16条（下位の区分を適用する方が有利な場合の号俸）の規定によりそれによることができることとされているが、そのようにして初任給を決定された者については在級期間表を適

用する場合においても,「選考採用者」として適用することとなるのか。

(答) 下位の区分を適用する方が有利となる場合の特例を定めた規則9－8第16条の規定は,初任給の号俸を決定する際における取扱いを定めたものであって,在級期間表の適用についての特例を定めたものではない。したがって,在級期間表の適用に当たっては,あくまでもその者に適用される試験の区分によることとなり,設問の者の場合には,「一般職（高卒）」として適用することとなる。

6　直近の能力評価の全体評語が最上位の段階又は直近の業績評価の全体評語が上位の段階でない場合の在級期間の短縮の可否

(問) 規則9－8第20条（昇格）第4項後段において,「昇格させようとする日以前における直近の能力評価の全体評語が最上位の段階であり,かつ,同日以前における直近の業績評価の全体評語が上位の段階であるときその他勤務成績が特に良好であるとき」は在級期間を短縮することができることとされているが,能力評価及び業績評価の全体評語がそろっていない場合は,在級期間の短縮を行うことができないのか。また,直近の能力評価の全体評語が最上位の段階又は直近の業績評価の全体評語が上位の段階でない場合はどうか。

(答) 能力評価及び業績評価の全体評語が一部ない場合であっても,「その他勤務成績が特に良好であるとき」に該当するときは,在級期間の短縮が可能である。

この場合においては,「昇格させようとする日以前における直近の能力評価の全体評語が最上位の段階であり,かつ,同日以前における直近の業績評価の全体評語が上位の段階であるとき」に相当する程度の勤務成績が必要である。

また,直近の能力評価の全体評語が最上位の段階又は直近の業績評価の全体評語が上位の段階でない場合であっても,「その他勤務成績が特に良好であるとき」に該当するときは,在級期間の短縮は可能である。

第6章 昇　　格

この場合においても,「昇格させようとする日以前における直近の能力評価の全体評語が最上位の段階であり,かつ,同日以前における直近の業績評価の全体評語が上位の段階であるとき」に相当する勤務成績が必要となるが,それを判定するに当たっては,公務に対する貢献が顕著であると認められるか等人事評価の結果に表れにくい勤務実績,評価終了日後から昇格させようとする日の前日までにおける直近の能力評価及び業績評価の結果に反映されていない勤務実績等を考慮して判定することが考えられる。

7　規則9-8第20条第6項の「部内の他の職員との均衡を失すると認められる職員」の解釈

> **問**　規則9-8第20条（昇格）第4項後段の「昇格させようとする日以前における直近の能力評価の全体評語が最上位の段階であり,かつ,同日以前における直近の業績評価の全体評語が上位の段階であるときその他勤務成績が特に良好であるとき」に該当しない職員について,同項後段の規定によりいわゆる在級期間の短縮昇格を行った職員との均衡を図るため,「部内の他の職員との均衡を失すると認められる職員」として同条第6項の規定を適用することはできるか。

答　規則9-8第20条第6項の「部内の他の職員との均衡を失すると認められる職員」とは,人事交流等により引き続いて職員となった者で,昇格の際に在級期間表に定める在級期間によることが人事管理上不合理である職員等である。
　したがって,設問の同条第4項後段に該当しない職員は,同項後段に該当する職員との均衡を考慮すべき職員とは言えないため,「部内の他の職員との均衡を失すると認められる職員」として同条第6項の規定を適用することは適当ではない。

8　いわゆる在級期間の短縮昇格の際の在級期間の計算

問　規則9－8第20条（昇格）第4項後段の規定により、いわゆる在級期間の短縮昇格を行う場合において、在級期間の計算をどのように行うのか。例えば在級期間が4年と定められている職務の級への昇格において在級期間を8割短縮する場合、4年の100分の80は3.2年であり、これを1月を30日として換算して、3年2月12日が必要となるのか。

答　職員を昇格させる場合に必要な1級下位の職務の級に在級した年数（在級期間）は月を単位として計算することとされている（給実甲第326号第20条の2関係第4項参照）。したがって、在級期間表上4年と定められている在級期間を8割短縮した場合の在級期間は、3年2月12日ではなく、3年2.4月＝3年3月となる。

9　在級期間表に定める在級期間といわゆる在級1年の制限との関係

問　職員を昇格させる場合の要件として、規則9－8第20条（昇格）第4項には「在級期間表に定める在級期間…に従い…」とあり、また、同条第7項では「現に属する職務の級に1年以上在級」することを定めているが、この両者の関係について説明されたい。

答　職員を1級上位の職務の級に昇格させる場合には、在級期間表において別に定めることとされている職務の級を除き、在級期間表に定める在級期間（当該在級期間によることとしたときに部内の他の職員との均衡を失すると認められる職員については、その者の属する職務の級の1級上位の職務の級をその者の属する職務の級とみなした場合の最短昇格期間）と、いわゆる在級1年の要件の両方を満たすことが必要である。例えば、一般職（高卒）試験の結果に基づいて採用された高校卒の者を行政職㈠3級に昇格させるには、在級期間が4年以上（部内の他の職員との均衡を失すると認められる職員にあっては、経験年数が最短昇格期間12年以上）であり、かつ、2級に1年以上在級してい

なければならないわけであり，仮に部内の他の職員との均衡を失すると認められる職員でその経験年数が12年以上であったとしても，2級の在級期間が1年未満である限り昇格させることはできないこととなる。

このように，いわゆる在級1年の要件を定めているのは，仮にその者の経験年数の面で要件を満たしている場合においても，現に属する職務の級において少なくとも1年程度の期間を経過した後でなければ，一般的には1級上位の級の職務に就けるには十分であるとの実証は得にくいとの考えによるものであり，さらには職員間の均衡をも考慮してのものである。なお，在級期間の計算及び経験年数の計算については，月を単位として計算するが（給実甲第326号第15条の2関係第2項，第20条の2関係第4項参照），いわゆる在級1年の計算は民法（明治29年法律第89号）の期間計算の例（応当日計算）によることとされている（給実甲第326号第20条関係第10項参照）。

10 初任給基準又は俸給表の適用を異にする異動をした後の在級期間の取扱い

問 職員が初任給基準又は俸給表の適用を異にする異動をした場合，異動後における最初の昇格について，異動後における職務の級に在級する年数に，再計算の過程において異動後の職務の級に決定されたとみなされる日から異動の日の前日までの期間を通算して規則9－8第20条（昇格）第7項の「在級1年」の規定を適用して差し支えないか。

答 初任給基準又は俸給表の適用を異にして異動した職員に在級期間表を適用する場合の在級期間については，規則9－8第20条の2（在級期間表の適用方法）第4項の規定により，部内の他の職員との均衡及びその者の従前の勤務成績を考慮してあらかじめ人事院の承認を得て定める期間を異動後の職務の級の在級期間として取り扱うことができることになっているが，同規則第20条第7項の「在級1年」の規定を適用する場合の在級年数については，現に属する職務の級に在級した年数とされていることから，異動の日を起算点として計算することが原則となる。

ただし，設問のような初任給基準又は俸給表の適用を異にする異動後の最初の昇格については，昇格させようとする日に新たに職員となったものとした場合の経験年数がその者を昇格させようとする職務の級をその者の属する職務の級とみなした場合の最短昇格期間以上であり，かつ，その在級年数が6月（俸給表の適用を異にする異動にあっては，その在級年数と再計算の過程において当該職務の級に決定されるとみなされた日以後の期間とを合算した期間が1年）以上あるときには，同条第7項ただし書の規定によりその者を昇格させることができる（給実甲第254号第6第1項参照）。

第4　昇格の特例

1　上位資格の取得等による昇格の特例

> **問**　規則9―8第21条（上位資格の取得等による昇格）の規定により，職員が「……等の結果，上位の職務の級に決定される資格等を有するに至つた場合」には，「第20条の規定にかかわらず，その資格等に応じた職務の級に昇格させることができる」ことになっているが，ここにいう「第20条の規定にかかわらず」とは，同規則第20条に規定するところの「人事評価の結果，在級期間の要件，いわゆる在級1年の制限等にかかわらず」という趣旨と解してよいか。

答　貴見のとおりである。

2　派遣職員の職務復帰後の昇格

> **問**　派遣法に定める派遣中の職員は，級別定数の外に置かれるので昇格させることができないこととなっているが，相当長期にわたって派遣されたような場合は他の職員に比べて昇格が遅れてしまうことが予想され

る。どのような救済方法があるか。

【答】 設問のような場合は，部内均衡上問題が生ずることが予想されるため，規則9―8第22条（特別の場合の昇格）第1項に必要な規定が設けられている。すなわち，派遣職員が職務に復帰した場合において，部内の他の職員との均衡上特に必要があると認められるときには，人事院の定めるところにより，復帰後の職務に応じた職務の級に昇格させることができることとされている。具体的には，給実甲第326号第22条関係第2項において，経験者試験採用者以外の者にあっては，昇格させようとする日に新たに職員となったものとした場合のその者の経験年数がその者を昇格させようとする職務の級をその者の属する職務の級とみなした場合の最短昇格期間以上となる当該昇格させようとする職務の級に，経験者試験採用者にあっては，派遣がなく引き続き職務に従事したものとみなして，その者が派遣の直前に属していた職務の級を基礎として昇格等の規定を適用した場合に，その者を昇格させようとする日に属することとなる職務の級を超えない範囲内の職務の級に昇格させることができることとされている。このように，一般の昇格の場合の「在級期間」，「在級1年」等の要件に対する特例を認めることによって，派遣職員であったことにより不利な取扱いを受けるということがないよう配慮されている。

なお，派遣職員が職務に復帰した場合の号俸の調整についても同様の趣旨により調整措置が講じられている（規則9―8第44条（復職時等における号俸の調整）第2項参照）。

3 殉職等の際の昇格の特例

【問】 規則9―8第22条（特別の場合の昇格）第2項に「職員が生命をとして職務を遂行し……」として，いわゆる殉職等の場合の昇格の特例の規定があるが，ここにいう「生命をとして……」とは具体的にどのような場合か。また，いままでの承認例としてはどのようなものがあるか。

【答】 規則9―8第22条第2項にいう「生命をとして……」とは，具体的に

は，現に公務を遂行中に直接生命をとしてその職責を全うした場合を指し，自己の過失による場合，公務が間接的原因たる疾病等による場合までは，これに含まれないと解している。

なお，いままでの具体的承認事例としては，警察職員，刑事施設職員，海上保安庁職員等の公安関係の職員の場合が多い。

第5 昇格後の号俸

1 昇給日における昇格

> **問** 昇給日において昇格させる場合には，昇給と昇格のどちらの規定を先に適用すべきか。

答 職員を昇格させた場合におけるその者の号俸は，昇格した日の前日に受けていた号俸を基礎として決定することになっている（規則9－8第23条（昇格の場合の号俸）第1項参照）ので，昇格の規定を先に適用し，その結果得られた号俸を基礎として昇給の規定を適用することとなる。

2 昇格時の号俸対応表

> **問** 規則9－8の改正により，平成18年4月1日以降，昇格時の号俸決定において，昇格時号俸対応表を定め，これにより昇格後の号俸を決定する仕組みとなったが，従前のいわゆる1号上位昇格の考え方は引き継がれているのか。

答 昇格時の号俸決定は，昇格時の職務・職責の高まりを給与上評価するものであることから，昇格時号俸対応表においては，従前のいわゆる1号上位昇格と同様にいわゆる役付級（行政職㈠であれば3級以上）への昇格について昇格メリットを付加するという考え方に立っている。その上で，どの号俸から

昇格した場合でも一定の昇格メリットを受けることができるよう，号俸の対応関係が設定されている。

なお，平成25年1月1日以降は，50歳台後半層において官民の給与差が相当程度存在している状況に鑑み，50歳台後半層の職員が多く在職する最高号俸を含む上位17号俸から昇格した場合の俸給月額の増加額を縮減するよう昇格後の号俸を設定している。

3 上位資格の取得等による昇格の場合の号俸の決定

> **問** 規則9—8第21条（上位資格の取得等による昇格）の規定により昇格した場合に，同規則第23条（昇格の場合の号俸）第3項の規定によれば，昇格時号俸対応表により決定される昇格後の号俸よりも昇格の日において新たに職員となったものとした場合に初任給として受けるべき号俸の方が有利な場合は，当該昇格後の号俸を当該初任給の号俸とすることができることとなっているが，具体的にはどのような号俸になるのか。次例によって説明されたい。
>
> 【例】
> 平成27. 8　　一般職（大卒）試験合格
> 　　28. 3　　大学卒
> 　　28. 4. 1　採用　行政職㈠1の25
> 　　28. 7　　総合職（大卒）試験合格
> 　　29. 1. 1　昇給　行政職㈠1の28
> 　　29. 4. 1　総合職（大卒）試験に基づく2級への任用

答 現に職員である者が，初任給基準表に異なる初任給の定めのある他の試験欄の区分の適用を受けることとなった結果，上位の職務の級に決定される資格を有するに至った場合には，規則9—8第21条の規定により，その資格等に応じた職務の級に昇格させることができることとされている。また，その場合の号俸については，同規則第23条第3項の規定により，同条第1項又は第2項の規定に基づき昇格時号俸対応表を用いて決定した号俸が，初任給として受けるべき号俸に達しない場合は，昇格後の号俸を初任給として受けるべき号俸

とすることができることとされている。

本事例については，平成29年4月1日に総合職（大卒）試験に基づき任用されたことにより，当該試験の対象級である行政職㈠2級に決定される資格を有するに至ったことから，当該職務の級に昇格させることができる。この場合における号俸については，同規則第23条第1項の規定により決定されることとなる行政職㈠2級1号俸が，以下のとおり決定される初任給として受けるべき号俸である行政職㈠2級5号俸に達しないことから，行政職㈠2級5号俸に決定することができる。

 初任給基準表に定める号俸（総合職（大卒））　<u>行政職㈠2級1号俸</u>
 経験年数による調整（「大卒」以降の経験年数）
  平28．3　　　　　1月× 25/100＝0.25月
  <u>28．4～29．3　 12月×100/100＝12月</u>
         12.25月→13月（端数切上げ）
 13月÷12月＝1と1/12→1（端数切捨て）　1×4号俸＝4号俸
 2級1号俸＋4号俸＝<u>2級5号俸</u>

したがって，初任給として受けるべき号俸は<u>行政職㈠2級5号俸</u>となる。

なお，同規則第23条第3項の規定により号俸を決定された職員の当該決定直後の昇給日における昇給号俸数の決定に当たっては，同規則第37条（昇給区分及び昇給の号俸数）第7項の規定による号俸数に相当する数に，当該号俸を決定された日から昇給日の前日までの期間の月数を12月で除した数を乗じて得た数に相当する号俸数とすることとされていることから，設問の場合には，平成30年1月1日の昇給日において3号俸（4号俸×9月/12月）昇給することとなる。

4　一般の昇格で昇格後の号俸より初任給の号俸の方が有利な場合の取扱い

問　規則9－8第23条（昇格の場合の号俸）第3項の規定によれば，同規則第21条（上位資格の取得等による昇格）の規定により職員を昇格させた場合において，当該昇格の日において新たに職員となったものとした場合に初任給として受けるべき号俸が，昇格時号俸対応表によって得られ

る号俸よりも有利であれば，その初任給として受けるべき号俸をもって当該昇格後の号俸とすることができることとなっているが，在級した期間が在級期間表に定める在級期間に達したことにより昇格した場合については，上位の職務の級に決定される資格等を有するに至ったものとして同条を適用することはできないか。

答 職員の在級した期間が在級期間表に定める在級期間に達したことにより昇格の要件を満たしたことだけをもっては，上位の資格を取得した場合としては取り扱わないこととなっている（給実甲第326号第21条関係第2項参照）。したがって，このような者の昇格後の号俸を新たに昇格後の職務の級に採用されたものとして初任給として受けるべき号俸に決定することはできない。

職員が昇格した場合に，規則9－8第23条第3項の規定によって，昇格後の号俸を昇格した日において昇格した職務の級に新たに職員となったものとした場合に初任給として受けるべき号俸に決定することができる例としては，一般職（大卒）試験の結果に基づいて採用された者が，その後総合職（大卒）試験に合格しそれに基づいて任用された場合，教育職㈠の講師が准教授に昇任した場合，上位の学歴免許等の資格を取得した場合等，上位の職務の級に決定される資格を取得したことにより同規則第21条の規定によって昇格させた場合が該当する。

5 降格後，再び昇格する際の号俸の決定

問 降格した職員を当該降格後，最初に昇格させた場合の号俸はどのように決定されるのか。次例によって説明されたい。

【例】
平成28．1．1	昇給	行政職㈠	5の44
28．4．1	昇格	〃	6の36
28．10．1	降格	〃	5の44
29．1．1	昇給	〃	5の48
29．4．1	昇格	〃	6級

答 降格した職員を当該降格後，最初に昇格させた場合の号俸は，通常の職員と同様に昇格した日の前日に受けていた号俸に対応する昇格時号俸対応表の昇格後の号俸欄に定める号俸となる（規則9－8第23条（昇格の場合の号俸）第1項）。よって，本事例の場合の平成29年4月1日における昇格後の号俸は，行政職㈠6級40号俸に決定されることとなる。なお，降格の際の号俸の決定は，降格時号俸対応表によることとなるが，同表に定める対応号俸の考え方は，昇格に伴い職務の複雑，困難及び責任の度が上がることを評価して昇格メリットを織り込む形で作られている昇格時号俸対応表を前提に，降格の際には，逆に昇格メリットを減ずることが適当であると考えられるため，昇格時号俸対応表と逆の対応関係とすることを基本として設定されている。

　一方で，規則9－8第23条第4項においては，「前3項の規定により決定される号俸が部内の他の職員との均衡を著しく失すると認められるときは，前3項の規定にかかわらず，人事院の定めるところにより，その者の号俸を決定することができる」と規定されており，降格した日が平成21年4月1日前（降格時号俸対応表導入前）である場合など，部内の他の職員との均衡を失する個別具体的な事情により，あらかじめ個別に事務総長の承認を得て，昇格時号俸対応表によらずに号俸を決定することもできる（給実甲第326号第23条関係第3項参照）。

第7章

異　　動

[参照法令]

- 規則9－8（第25条～第30条，別表第7の3）
- 給実甲第254号，第326号

第1　異動一般及び職務の級の決定

1　初任給基準の異動に該当する場合としない場合

> **問**　次の(1)から(4)までに掲げる場合については、規則9―8第25条（初任給基準を異にする異動の場合の職務の級）第1項の「初任給基準表に異なる初任給の定めがある他の職種に属する職務に異動」したものとして取り扱ってよいか。
> 　(1)　海事職㈡小型船舶の船員が海事職㈡中型船舶の船員に異動した場合
> 　(2)　教育職㈠助教が教育職㈠准教授に異動した場合
> 　(3)　医療職㈡臨床検査技師（大学卒）が医療職㈡薬剤師（大学6卒）に異動した場合
> 　(4)　医療職㈢准看護師が医療職㈢看護師に異動した場合

答　(1)、(3)及び(4)の場合は、それぞれの俸給表に係る初任給基準表において異なる初任給の定めがある職種相互間の異動であるから初任給基準を異にする異動となり、異動後の職務の級及び号俸は、規則9―8第25条及び第26条（初任給基準を異にする異動をした職員の号俸）の規定によって決定される。

　(2)の場合は、教育職㈠の初任給基準表に准教授の初任給の定めがないから初任給基準を異にする異動ではなく、異動後の職務の級及び号俸は、同規則第21条（上位資格の取得等による昇格）及び第23条（昇格の場合の号俸）の規定によって決定される。

2　初任給基準表の備考に異なる初任給の定めがある職務へ異動した場合の取扱い

> **問**　初任給基準表の表中では同じ職種とされている職種間の異動の場合であっても、同表の備考によって異なる初任給の定めがあるときは、初

任給基準を異にする異動に該当するものとして取り扱うこととなるのか。

答 貴見のとおりである（給実甲第326号第25条関係第1項参照）。

3 俸給表の適用を異にして異動した場合の初任給基準表及び在級期間表の適用

問 規則9―8第13条（初任給基準表の適用方法）第2項の規定により、採用時に初任給基準表の試験欄の「採用試験」の区分を適用された者については、その後「採用試験」の区分のある他の俸給表に異動した場合、異動後の初任給基準表及び在級期間表の適用においても採用時に適用された初任給基準表の「採用試験」の区分と同じ区分を適用するのか。
　例えば、国税専門官採用試験の結果に基づいて採用され、税務職の初任給基準表の「専門職（大卒一群）」の区分を適用されていた職員が行政職㈠に異動した場合である。

答 貴見のとおりである。

4 異動の際のいわゆる在級期間の短縮昇格の適用

問 初任給基準又は俸給表の適用を異にして異動した職員の異動後の職務の級の決定については、規則9―8第25条（初任給基準を異にする異動の場合の職務の級）第2項（俸給表の適用を異にする異動をした職員にあっては、第27条第2項の規定において準用する第25条第2項）の規定により、昇格させようとする日以前における直近の能力評価の全体評語が最上位の段階であり、かつ、直近の業績評価の全体評語が上位の段階である職員その他勤務成績が特に良好である職員は、在級期間表に定める在級期間の100分の50以上100分の100未満の期間をもって同表の在級期間とし、異動に伴い再計算して決定することができる職務の級より上位の職務の級に決定することができることとされている（給実甲第326号第25条関係第2項

参照)。

　一方，異動後の号俸の決定については，同規則第26条（初任給基準を異にする異動をした職員の号俸）第1項第1号（俸給表の適用を異にする異動をした職員にあっては，第28条の規定において準用する第26条第1項第1号）の規定により再計算を行う場合に，部内の他の職員との均衡及びその者の従前の勤務成績を考慮して昇格，昇給等の規定を適用して再計算することとされているが，この昇格の規定には同規則第20条（昇格）第4項後段のいわゆる在級期間の短縮昇格の規定が当然含まれると解してよいか。

（答）　貴見のとおりである。

第2　号俸の決定

1　異動の際の再計算の準拠規定

（問）　初任給基準又は俸給表の適用を異にする異動をした職員の異動後の号俸決定のための再計算を行う場合に適用される「昇格，昇給等の規定」（規則9－8第26条（初任給基準を異にする異動をした職員の号俸）第1項第1号，第2号，第28条（俸給表の適用を異にする異動をした職員の号俸）参照）には，旧特別昇給の規定及び通達による昇格，昇給の特例的取扱いの包括承認の規定も含まれると解してよいか。

（答）　規則9－8第26条第1項第1号又は第2号，第28条の規定によって，初任給基準又は俸給表の適用を異にする異動をした職員の異動後の号俸決定のための再計算を行う場合に適用される「昇格，昇給等の規定」とは，具体的には，再計算上のそれぞれの時点における昇格，昇給，俸給の切替え等の規定を指すが，これらの規定には，旧特別昇給の規定が含まれることは勿論，それぞれの時点で有効であった通達による昇格，昇給等の特例的取扱いの包括承認の

規定も当然含まれる（給実甲第326号第26条関係第2項参照）。

2 再計算過程における初任給の決定方法

問 俸給表の適用を異にする異動をした職員の号俸の決定について再計算方式による場合，従前の初任給決定の際に用いた経験年数をそのまま用いて，再計算上の初任給を求めてよいか。

答 経験年数換算表の適用に当たっては，職員の有する経歴と従事する職務との関連性等を個別具体的に評価して，それに基づいて換算率を決定するものである。したがって，再計算上の初任給を決定する場合には，当初から異動後の職務に採用されたものと仮定して，改めて経験年数換算表の適用を行う必要がある。

3 再計算過程における昇格，昇給等の時期

問 初任給基準又は俸給表の適用を異にする異動をした職員の異動後の号俸決定は，原則として採用時からの再計算方式によることとなっているが，この再計算の際の昇格，昇給等の時期については，その職員の異動前の昇格，昇給等の時期に合わせて差し支えないか。

答 初任給基準又は俸給表の適用を異にする異動後の号俸を決定する場合の再計算は，その職員が採用時から当該異動後の職務と同種の職務に引き続き在職していたものとして昇格，昇給等の規定を適用して行うものである。したがって，その再計算に当たっては，設問のように単純にその異動前の昇格，昇給等の時期に合わせて再計算過程における昇格，昇給等の時期を決めるのは適当ではなく，その職員の従前の勤務成績を考慮しながら，異動後の職務に従前から在職する職員に対して適用されていた昇格，昇給等の基準を適用してその時期を決めなければならないものである。

4 再計算過程における昇給区分

問 初任給基準又は俸給表の適用を異にする異動をした職員の異動後の号俸決定について、再計算の過程における昇給区分はどのように決定するのか。

答 初任給基準又は俸給表の適用を異にする異動後の号俸を決定する場合の再計算は、その職員が採用時から当該異動後の職務と同種の職務に引き続き在職していたものとし、かつ部内の他の職員との均衡及びその者の従前の勤務成績を考慮して昇格、昇給等の規定を適用して行うものである。したがって、その再計算に当たっては、従前の勤務成績を考慮することから、異動前の職務に従事していた際の昇給評語を基に決定された昇給区分に再計算過程においても決定されたものとすることが妥当であると考えられる。

また、異動前の職務において、最高号俸に到達していたために昇給区分を決定されなかった昇給日がある場合には、異動前の職務に従事していた際の昇給評語を基に、仮に異動前の職務において昇給することができた場合に決定されていたであろう昇給区分に再計算過程においても決定されたものとすることが適当である。

5 「異動後の職務と同種の職務」に在職していたものとみなし得る限度

問 例えば、行政職㈠の職員を教育職㈠の講師に異動させた場合において、実際の任用の有無にかかわらず、その者が職員となった日から講師として在職したものとして取り扱い、その異動後の号俸を決定してよいか。

答 規則9-8第28条（俸給表の適用を異にする異動をした職員の号俸）の規定において準用する第26条（初任給基準を異にする異動をした職員の号俸）第1項第1号の規定にいう「異動後の職務と同種の職務に引き続き在職したものとみなし」とは、例外なしに新たに職員となったときから異動後の官職に在職したものとして再計算するという趣旨ではなく、任用上の資格等との関係も

考慮しながら，かつ，部内の他の職員との均衡を考慮して再計算するという趣旨である。すなわち，設問のように教育職㈠の講師に異動させた場合であっても，職員となった日から講師として採用するという趣旨の規定ではなく，また，講師の任用資格については，別に大学設置基準（昭和31年文部省令第28号）等により定められている。いいかえれば設問の場合に，新たに職員となったときに就いたであろう官職が，その者の学歴，経験年数等からみて助教であったとみなされるときは，当然に再計算の起算点においては助教として採用されたものとして取り扱い，その再計算過程において講師に昇任したであろうとみなされるときに講師になったものとして，これに応じた計算を行うこととなる。

6　「免許等を必要とする職務」の意味

> **問**　規則9－8第26条（初任給基準を異にする異動をした職員の号俸）第1項第1号又は第28条（俸給表の適用を異にする異動をした職員の号俸）の規定によれば，初任給基準又は俸給表の適用を異にする異動をした職員の号俸の決定について，「免許等を必要とする職務」への異動の場合は，それぞれ当該免許等を取得したときから再計算することとされているが，この「免許等を必要とする職務」とはどのような職務か。

答　規則9－8第26条第1項第1号又は第28条の規定にいう「免許等を必要とする職務」とは，当該職務を行うに当たり免許等が必須の要件とされているために，給与の決定上もそれを基準として取り扱うこととされている職務のことであり，具体的には，初任給基準表の備考において経験年数の取扱いにつき免許等を取得した時以後のものと定められている職務をいう。行政職㈠の無線従事者，行政職㈡の技能免許所有職員，医療職㈠の医師，歯科医師，医療職㈡の薬剤師，栄養士等，医療職㈢の保健師，看護師等の場合がこれに該当する。

なお，海事職㈠㈡の職務についても免許等を必要とする場合が少なくないが，現在給与上の取扱いとしては，これらの職務は「免許等を必要とする職務」には該当しないものとして取り扱われており，経験年数の取扱いにおいても免許等の取得が要件とはされていない。

7 免許所有職員の再計算の起算点

問 免許所有職員の再計算の起算点については，規則9―8第26条(初任給基準を異にする異動をした職員の号俸)第1項第1号かっこ書きの規定により,「免許等を必要とする職務に異動した者にあつては，その免許等を取得したとき」となっているが，当該免許等の取得の時期が新たに職員となったとき以前である場合には，当然新たに職員となったときから同条を適用するものと解してよいか。

答 貴見のとおりである（給実甲第326号第26条関係第1項参照）。

8 行政職(二)技能職員が行政職(一)一般職員に異動した場合の取扱い

問 俸給表の適用を異にする異動をした職員の異動後の号俸については，新たに職員となったときから異動後の職務と同種の職務に引き続き在職したものとみなして，いわゆる再計算方式により決定することが原則とされているが，次例のように，中卒後採用した行政職(二)技能職員を行政職(一)一般職員に異動させる場合の再計算については，その採用の日を始点として行って差し支えないか。
　【例】
　　昭和62.3　　中学卒
　　　62.4　　採用　行政職(二)技能職員1級
　　平成11.4　　俸給表異動
　　　　　　　（行政職(二)技能職員→行政職(一)一般職員）

答 規則9―8第28条（俸給表の適用を異にする異動をした職員の号俸）の規定において準用する第26条（初任給基準を異にする異動をした職員の号俸）第1項第1号の規定による再計算は，一般的には，「新たに職員となったとき」から行うこととされているが，設例の場合には，行政職(二)に採用された日（昭和62年4月）において行政職(一)の最下位級（1級）に決定するための基準（当時の基準は級別資格基準表の中学卒，必要経験年数3年）を満たしていないた

め，当該採用された日から異動後の職務と同種の職務に引き続き在職したものとみなして再計算することはできない。したがって，このような場合には，給実甲第326号第26条関係第2項の規定により同号にいう「免許等を必要とする職務に異動した者」として取り扱うこととしており，この場合の再計算の始点は，一般的には，行政職㈠1級に決定するための基準を満たした時点（平成2年4月）とすることが適当であると考える。

9　行政職㈡一般技能職員が技能免許所有職員に異動した場合の取扱い

問　行政職㈡の一般技能職員（例えば，機械工作工等）が行政職㈡の技能免許所有職員（例えば，自動車運転手等）に異動した場合は，初任給基準を異にする異動に該当しないと解してよいか。また，このように解した場合には，技能免許所有職員の初任給決定については，一般技能職員よりも有利な取扱いとする特例が通達（給実甲第342号）によって包括承認されているために，異動後の号俸を決定し直さないと部内の他の技能免許所有職員に比べて号俸が低いままになるという結果になることが多いが，どのように取り扱えばよいか。

答　設問の場合には，初任給基準を異にする異動には該当せず，規則9—8第26条（初任給基準を異にする異動をした職員の号俸）の規定により号俸の再決定を行うことはできない。なお，そのままの号俸では部内均衡上問題を生ずるときは，個別に人事院の承認を得て異動後の号俸を決定することができる。

10　「人事院の定める異動」をした場合の号俸の決定方法

問　規則9—8第26条（初任給基準を異にする異動をした職員の号俸）第1項第3号の「人事院の定める異動」に該当する初任給基準を異にする異動をした場合には，異動日の前日における号俸の号数に調整号数を加減して，異動後の号俸を決定することとされているが，次例のように異動前後の職務の級が異なるときは，異動後の号俸についてどのように取り扱え

ばよいか。
　　　[例]　平成25年1月1日に海事職㈡1級29号俸に昇給した小型船舶の船員が、平成25年4月1日に大型船舶の船員となり、職務の級を2級に決定された場合

(答)　設例のような場合は、給実甲第254号第2の第2項の規定により、異動の日の前日における号俸（海事職㈡1級29号俸）の号数に調整号数4を加えて得られる号数の号俸（海事職㈡1級33号俸）を基礎として昇格を行った場合に得られる号俸（海事職㈡2級13号俸）をもって異動後の号俸とする。

11　専門行政職俸給表又は福祉職俸給表への異動

(問)　昭和60年7月1日に専門行政職俸給表が新設されたが、同日後に行政職㈠から専門行政職俸給表の適用を受けることとなる職務へ異動をする者の異動後の号俸の決定はどのように行うこととなるか。また、平成12年1月1日に福祉職俸給表が新設されたが、同日後に行政職㈠から福祉職俸給表の適用を受けることとなる職務へ異動をする者はどうか。

(答)　設問の者については規則9－8第28条（俸給表の適用を異にする異動をした職員の号俸）の規定による「人事院の定める者」である（給実甲第254号第4参照）ので、異動後の号俸の決定については、同規則第28条の規定において準用する第26条（初任給基準を異にする異動をした職員の号俸）第1項第2号の規定に基づく給実甲第254号第5の第2項によりあらかじめ事務総長の承認を得て定めることとなる。
　これは専門行政職俸給表が昭和60年7月1日に、また、福祉職俸給表が平成12年1月1日に、それぞれ新設されたため、採用時から再計算することができない場合があること、必ずしも定型的に処理できない面があること等の理由によるものである。

12 専門スタッフ職俸給表への異動

> **問** 平成20年4月1日に専門スタッフ職俸給表が新設され，平成29年4月1日には新たに4級が設けられたが，専門スタッフ職俸給表の適用を受けることとなる職務へ異動する者の異動後の号俸は，どのように決定するのか。

答 専門スタッフ職俸給表に異動した場合の号俸の決定については，専門スタッフ職俸給表が新設された俸給表であること，専門スタッフ職俸給表の適用を受ける職員は原則として他の俸給表から異動してくる職員であることから，専門スタッフ職俸給表異動時号俸対応表(規則9－8別表第7の3参照)により号俸を決定することが基本となる。

具体的には，①専門スタッフ職俸給表異動時号俸対応表に定める異動をした職員にあっては同表により号俸を決定し(規則9－8第29条(専門スタッフ職俸給表へ異動した職員の号俸)参照)，②行政職(一)以外の俸給表の適用を受ける職員で異動の日に行政職(一)に異動したものとした場合に同表に定める異動をすることとなる職員(③の職員を除く。)にあっては当該異動があったものとして同表により号俸を決定し(給実甲第254号第7の第1号参照)，③指定職俸給表から専門スタッフ職俸給表に異動した職員についてはあらかじめ人事院の承認を得て号俸を決定し(規則9－8第30条(指定職俸給表から異動した職員の号俸)参照)，④その他の職員にあってはあらかじめ事務総長の承認を得て号俸を決定する(給実甲第254号第7の第2号参照)。

なお，専門スタッフ職俸給表に異動し4級に決定された場合の号俸の決定に当たっては，指定職俸給表から異動した職員については上記③，指定職以外の俸給表から異動した職員については上記④により号俸を決定する。

第8章

昇　給

[参照法令]

- 規則9－8（第34条～第41条，別表第7の4）
- 給実甲第326号

第1 昇給一般

1 人事評価結果の昇給への活用

> **問** 人事評価制度の導入に伴い見直された昇給制度の内容はどのようなものか。

答 平成21年4月1日の人事評価制度の導入に伴い，人事評価の結果を昇給に直接反映するよう見直された昇給制度の概要は次のとおりである。
① 昇給のための勤務成績判定期間は，人事評価（能力評価）の評価期間に合わせ「10月1日〜翌年9月30日」とされている。
② 上位の昇給区分については，調整者が同一である職員ごとに評価終了日（9月30日）以前における直近の能力評価及び直近の連続した2回の業績評価の全体評語（昇給評語）の組合せから「1位グループ」又は「2位グループ」の2つの順位グループに分類し，当該順位グループの順序に従い決定する。
③ 下位の昇給区分については，昇給評語のいずれかが下位の段階である職員，評価終了日以前1年間において懲戒処分を受けた職員，訓告等の矯正措置の対象となる事実等があった職員，評価終了日の翌日から昇給日の前日までの間において懲戒処分を受けたこと等により，下位の昇給区分に決定することが適当であると判断された職員，評価終了日以前1年間において病気休暇等により6分の1又は2分の1以上の期間勤務しなかった職員を決定する。
④ 国際機関又は民間企業に派遣されていたこと等の事情により，昇給評語の全部又は一部がない職員は，人事評価の結果及び勤務成績を判定するに足りると認められる事実に基づき，昇給区分を決定する。
⑤ 上位の昇給区分に決定する職員の割合は，職員層に応じ，人事院の定める割合に概ね合致させなければならず（下表参照），かつ，これらの職員の

昇給の号俸数の合計は，人事院の定める号俸数を超えてはならない。

昇給区分	A 勤務成績が 極めて良好	B 勤務成績が 特に良好
管理職層	100分の10	100分の30
中間層	100分の5	100分の20
初任層	100分の20（「A」は100分の5以内）	

（注） 管理職層とは行政職(一)7級以上相当の職員及び専門スタッフ職俸給表2級以上の職員を，初任層とは初任給基準表に初任給が設定されている職務の級に属する職員（期末・勤勉手当の役職段階別加算措置の対象となる職員を除く。）を，中間層とは管理職層及び初任層に分類される職員以外の職員をいう。

⑥ 職員の昇給の号俸数は，その者の人事評価の結果等に基づき決定される昇給区分に応じ，下表の昇給号俸数表に定める号俸数とする。

【行政職(一)等職員昇給号俸数表】

昇給区分	A 勤務成績が 極めて良好	B 勤務成績が 特に良好	C 勤務成績が 良好	D 勤務成績が やや良好でない	E 勤務成績が 良好でない
昇給の号俸数	8号俸以上	6号俸	4号俸 （管理職員にあっては，3号俸）	2号俸	0号俸 （昇給しない）
	2号俸以上	1号俸	0号俸 （昇給しない）	0号俸 （昇給しない）	0号俸 （昇給しない）

備考1 専門スタッフ職俸給表2級以上の職員以外の職員に適用。
　　2 上段の号俸数は昇給抑制年齢職員（原則55歳を超える職員（※））以外の職員に，下段の号俸数は昇給抑制年齢職員に適用。
　　　（※） 行政職(二)，医療職(一)の職員→57歳を超える職員
　　3 管理職員とは行政職(一)7級以上相当の職員をいう。

【専門スタッフ職俸給表2級以上職員昇給号俸数表】

昇給区分		A 勤務成績が極めて良好	B 勤務成績が特に良好	C 勤務成績が良好	D 勤務成績がやや良好でない	E 勤務成績が良好でない
昇給の号俸数	2級	5号俸以上	3号俸	1号俸	0号俸（昇給しない）	0号俸（昇給しない）
	3級	5号俸以上	3号俸	0号俸（昇給しない）	0号俸（昇給しない）	0号俸（昇給しない）
	4級	1号俸	0号俸（昇給しない）	0号俸（昇給しない）	0号俸（昇給しない）	0号俸（昇給しない）

※ 専門スタッフ職俸給表の2級・3級については，他の俸給表の2号俸相当を1号俸に大括り化し間差額を大きく設定。

※ 専門スタッフ職俸給表の4級については，極めて高度な専門的調査研究等を行うものであり，3級以下よりも更に勤務成績を厳格に反映する観点から，極めて良好な勤務成績である場合に限り昇給。

2 昇給日に退職又は死亡した職員の昇給の取扱い

問 職員が昇給日に退職又は死亡した場合，その者を昇給させることはできるか。

答 設問の場合，昇給評語がある職員，又は昇給評語の全部若しくは一部がない職員で人事評価の結果及び勤務成績を判定するに足りると認められる事実に基づき昇給区分を決定できる職員であれば，昇給させることとなる。

3 昇給日が週休日等である場合の昇給の発令

問 昇給日である毎年1月1日は，勤務時間法第14条（休日）に規定する祝日法による休日であるが，昇給はその日付で行うべきか。また，この場合の人事異動通知書の交付は直後の勤務日でも差し支えないか。

答 貴見のとおりである。

なお，人事異動通知書（以下「通知書」という。）の交付によらないことを適当と認める場合には，通知書に代わる文書の交付その他適当な方法をもって通知書の交付に代えることができる（給実甲第326号その他の事項第1項参照）。

また，職員の昇給区分をD又はEに決定した場合には，その根拠となる規定を職員に文書で通知するものとされている（給実甲第326号第37条関係第18項参照）。

4 最高号俸を受ける職員への昇給しない旨の通知

> **問** 最高号俸を受ける職員についても昇給しない旨の通知を行う必要はあるか。

答 職務の級の最高号俸を受ける職員については，規則9－8第41条（最高号俸を受ける職員についての適用除外）の規定により，昇給関係の規定の適用を受けないこととされていることから，昇給しない旨の通知に係る規定も適用されず，当該通知を行う必要はない。

なお，平成28年1月1日以後は，職員に対する通知を合理化するため，次のような職員に対しては，昇給日において職員を昇給させなかった場合の通知が不要となった。ただし，個別的な通知は不要とするものの，昇給しないことを認識させておく必要があることから，職員に対して適切に周知する必要がある。

- 専門スタッフ職4級職員を昇給区分B又はCに決定した場合
- 55歳超職員又は専門スタッフ職3級職員を昇給区分Cに決定した場合
- 規則9－8第37条第8項の規定（前年の昇給日後に昇格した職員の昇給号俸数の調整）によって0号俸に決定した場合
- 規則9－8第37条第9項の規定（前年の昇給日後に新たに職員となった者等の昇給号俸数の調整）によって0号俸に決定した場合
- 規則9－8第37条第3項の適用がないことから昇給しない場合（評価終了日以前1年間において身分を有するが全く職務に従事しなかったこと等により昇給区分を判定できない場合）

第2　勤務成績の判定

1　休職，派遣，育児休業中の職員の昇給の取扱い

> **問**　昇給日において休職，派遣，育児休業中の職員等については，昇給することができるのか。

答　昇給日において，休職，派遣，育児休業中の職員等であっても，昇給評語がある場合や，昇給評語の全部又は一部がないが，評価終了日以前1年間における人事評価の結果及び勤務成績を判定するに足りると認められる事実を総合的に勘案して昇給区分を判定できる場合は，昇給させることが可能である。なお，評価終了日以前1年間において職員としての身分を保有するが全く職務に従事しなかった場合等規則9－8第37条（昇給区分及び昇給の号俸数）第1項各号に規定する職員のいずれに該当するものと認められるかを判定することができない職員（評価終了日後昇給日までの間に新たに採用された職員を除く。）は，給実甲第326号第37条関係第11項に規定する職員に該当しないことにより規則9－8第37条第3項の適用がないことから昇給しないこととされている（平成21年給2－35別紙2第3項(1)参照）。

2　評価終了日以前1年間において全く職務に従事しなかった場合等の昇給の取扱い

> **問**　評価終了日以前1年間において全く職務に従事しなかった場合等については昇給しないこととされているが，この「評価終了日以前1年間において全く職務に従事しなかった場合等」には，休職及び派遣のほか，病気休暇，育児休業，介護休暇，年次休暇，特別休暇等も含まれるのか。

答　休職及び派遣のほか，休暇，育児休業等も含まれる。これらにより評

価終了日以前1年間において職員としての身分を保有するが全く職務に従事しなかった場合等規則9―8第37条（昇給区分及び昇給の号俸数）第1項各号に規定する職員のいずれに該当するものと認められるかを判定することができない職員（評価終了日後昇給日までの間に新たに採用された職員を除く。）は，給実甲第326号第37条関係第11項に規定する職員に該当しないことにより規則9―8第37条第3項の適用がないことから昇給しないこととされている（平成21年給2―35別紙2第3項(1)参照）。

3 臨時的任用職員や任期付職員の昇給の取扱い

問 臨時的任用職員や任期付職員についても上位区分の適用を含め，昇給させ得るのか。

答 貴見のとおりである。
ただし，任期付職員法第3条（任期を定めた採用）第1項の規定により採用された特定任期付職員については，昇給の規定は適用されない（同法第8条（給与法の適用除外等）第1項参照）。

第3　昇給区分及び昇給の号俸数

1 上位の昇給区分の決定方法

問 上位の昇給区分に決定する職員については，規則9―8第37条（昇給区分及び昇給の号俸数）第1項第1号に「昇給評語が上位又は中位の段階である職員のうち，勤務成績が特に良好である職員」とあるが，具体的にどのように決定するのか。

答 上位の昇給区分の決定については，調整者が同一である職員ごとに昇給評語の組合せから，次図のとおり「1位グループ」及び「2位グループ」の

2つの順位グループに分類し，当該順位グループの順序に従い，規則9—8第37条第6項に規定する人事院の定める割合（人員分布率）に概ね合致するよう，かつ，同条第12項に規定する人事院の定める号俸数を超えない範囲内で決定することとされている（給実甲第326号第37条関係第1項前段参照）。この場合に，人員分布率は職員層（管理職層，中間層，初任層）によって定められている割合が異なることから，実際の昇給区分の決定に当たっては，調整者及び職員層が同一である職員を2つの順位グループに分類し，当該順位グループの順序に従い決定することになる。

また，給実甲第326号第37条関係第2項に規定する「公務に対する貢献が顕著であると認められる職員」については，同条関係第1項の規定にかかわらず，同条関係第3項の規定により，2位グループに属する者にあっては1位グループに属するものとして，昇給評語が上位又は中位の段階である者のうち1位及び2位グループに属さないもの（次図の網掛け表示の部分に属する者）にあっては2位グループに属するものとして取り扱うことができることとされている。

なお，順位グループに分類された職員について，昇給区分のA又はBのいずれに決定するかを判断するときは，個別評語，個別評語及び全体評語を付した理由その他参考となるべき事項（考慮事項）を考慮することとされている（給実甲第326号第37条関係第1項後段参照）。

能力評価＼業績評価	S・S	S・A	A・A	S・B	A・B	B・B
S						
A	1位グループ			2位グループ		
B						

（注） 能力評価欄は，直近の能力評価の全体評語を示し，業績評価欄は，直近の連続した2回の業績評価の全体評語の組合せを示す（業績評価の全体評語は10月～3月，4月～9月で順不同）。

2 評価終了日後に出向した職員の順位グループの調整者

> **問** 上位の昇給区分の決定に当たっては、給実甲第326号第37条関係第1項において、調整者が同一である職員間で逆転が生じないよう決定することとされているところ、評価終了日後に他省庁に出向した職員については、出向前省庁で人事評価の結果が決定されることとなるが、このような職員についても昇給日時点で属する調整者が同一である職員間で逆転が生じないように昇給区分を決定することとなるのか。

答 平成27年1月1日前の昇給区分の決定に当たっては、昇給日時点における調整者が同一である職員ごとに逆転が生じないように決定していたが、平成27年1月1日以降の昇給区分の決定に当たっては、評価終了日以降の府省間の人事異動等に柔軟に対応することができるよう、この逆転防止の時点における調整者については、評価終了日以降の特定の時点を各府省で定め、特定の時点における調整者を単位として運用しても差し支えないこととされた。

したがって、特定の時点以降に府省間異動をした場合は、前任庁において逆転防止が図られ決定されていたであろう昇給区分であれば、同区分を後任庁において発令しても差し支えない。

3 公務に対する貢献が顕著である職員

> **問** 給実甲第326号第37条関係第2項に規定する「公務に対する貢献が顕著であると認められる職員」については、平成21年給2-35別紙2第1項に職員の類型が示されている。平成26年10月に同項の改正が行われているが、これはどのような趣旨のものか。

答 平成21年給2-35別紙2第1項では、人事評価結果による分類よりも上位の順位グループに分類する例外的取扱いとすることができる「公務に対する貢献が顕著であると認められる職員」の代表的な類型を例示している。各府省が中長期的な人事管理の観点も踏まえた昇給の運用を行うことが、組織全体

での士気・活力の向上に資すると考えられることから，各府省の職務の実情等に応じてより適切に勤務成績の反映を行うことを可能とするため，平成26年10月に，人事評価の結果を基礎としつつ，長期にわたる地道な職務貢献のように短期の評価に表れにくい要素を織り込むなどの運用が可能となるよう，公務に対する貢献の具体的な例示を充実させたものである。

[参考]

公務に対する貢献が顕著であると認められる職員の例（平成21年給2—35別紙2第1項）

ア　遠隔の地その他生活の著しく不便な地に所在する官署に異動し，相当の期間勤務することとなったこと。

イ　住居の移転を必要とする異動が頻繁に行われること等により相当の負担が生じていると認められること。

ウ　任命権者を異にする異動が行われること，研究休職等にされること，国際機関等へ派遣されること又は人事交流等により異動したことに該当し，当該事由により所属することとなった機関での勤務又は当該事情の終了後において所属する組織への成果還元を通じた貢献が顕著であること。

エ　所属する組織の業務に関し知識・経験を幅広く習得し，これに基づき，上司・同僚に対して有用な助言等を行い，組織の業務運営に対する貢献が顕著であること。

オ　相当の期間にわたり繁忙度の高い業務や負担の大きい業務に精励し，組織の業務運営に対する貢献が顕著であること。

カ　相当の期間にわたってみた場合の職務遂行状況が，通常の期待水準を超えるものであり，組織の業務運営に対する貢献が顕著であること。

キ　特別な知識・経験等を必要とする業務を適切に遂行し，組織の業務運営に対する貢献が顕著であること。

4　懲戒処分と昇給区分の決定

問　基準期間（評価終了日以前1年間。ただし，当該期間の中途において新たに職員となった者にあっては，新たに職員となった日から評価終了

日までの期間。）において懲戒処分を受けた場合には，給実甲第326号第37条関係第4項第2号又は第5項第2号の規定により，昇給区分D又はEに決定することとされているが，その処分の原因たる非行事実が直接公務に起因していない場合でその職員の勤務成績に何らの影響も及ぼさないと判断される場合には，勤務成績が良好である職員と考えることはできないか。

答 給実甲第326号第37条関係第4項第2号及び第5項第2号の規定は，職員の昇給区分の決定に係る基準として統一的に定められているものであるから，懲戒処分を受けた者については，その処分の原因たる非行が公務に起因しているかどうか等に関係なく一律的に適用される。

なお，現に懲戒処分が行われている以上，その処分の原因たる非行事実は何らかの形で職員の勤務成績に影響しているとみるのが相当であると考えられる。

5　昇給日前までに懲戒処分の内容が決定されない場合の昇給区分の決定

問 基準期間（評価終了日以前1年間。ただし，当該期間の中途において新たに職員となった者にあっては，新たに職員となった日から評価終了日までの期間。）に懲戒処分を受けることが相当とされる行為をした職員は，給実甲第326号第37条関係第4項第4号又は第5項第3号の規定により下位の昇給区分に決定することとされている。しかし，昇給日前までにこれらの規定のどちらに該当するかが決まっていない場合，どのように取り扱えばよいか。

答 基準期間に懲戒処分を受けることが相当とされる行為をした職員については，原則下位の昇給区分に決定することになる。ただし，設問のような場合については，昇給区分のD又はEのいずれの区分に決定するのかの判断ができないため，当該行為がなかったものとして昇給区分を決定し，いずれの区分に決定するのか判断ができた時点に係る昇給日に下位の昇給区分に決定することが適当である。

6 特定期間に懲戒処分を受けた者の昇給区分の決定

> **問** 評価終了日の翌日から昇給日の前日までの間（特定期間）において、懲戒処分を受けた場合には、給実甲第326号第37条関係第4項第5号又は第5項第4号の規定により、昇給区分D又はEに決定することとされているが、当該懲戒処分は次の昇給に係る基準期間に当たるため、その昇給でも、給実甲第326号第37条関係第4項第2号又は第5項第2号の規定により、昇給区分D又はEに決定することとなるのか。

答 給実甲第326号第37条関係第7項の規定により、前々年の特定期間に懲戒処分を受け、前年の昇給日において給与法第8条第6項後段の規定に基づき一度下位の昇給区分に決定された職員について、相当と認めるときは、当年の昇給日においては、再度同じ事由をもって下位の昇給区分に該当する職員として取り扱わないようにすることができることとされている。

7 矯正措置の対象となる事実があった職員の取扱い

> **問** 給実甲第326号第37条関係第4項第3号の適用に際し「矯正措置の対象となる事実があった職員」に該当することとなるのは、いつと考えることが適当か。

答 給実甲第326号第37条関係第4項第3号に該当するものとして昇給区分を決定するに当たっては、当該事実があったことが発覚し、これを矯正措置の対象となるものとして各庁の長が確認した時点において、同号に該当したものとして取り扱うことが適当である。

8　「6分の1」計算の方法

問　規則9－8第37条（昇給区分及び昇給の号俸数）第4項第1号に規定するいわゆる「6分の1」の計算方法を具体例により説明されたい。

答　平成31年1月1日の昇給を例にとると、評価終了日以前1年間におけるいわゆる要勤務日数（当該1年間の暦日数から勤務時間法第6条（週休日及び勤務時間の割振り）第1項に規定する週休日並びに給与法第15条（給与の減額）に規定する祝日法による休日等（勤務時間法第15条（休日の代休日）の規定により代休日を指定され、休日に割り振られた勤務時間の全部を勤務した場合の当該休日に代わる代休日を含む。）及び年末年始の休日等（勤務時間法第15条の規定により代休日を指定され、休日に割り振られた勤務時間の全部を勤務した場合の当該休日に代わる代休日を含む。）を除いた日数）は次表に示すとおり244日となり、その6分の1に相当する日数（1日未満の端数があるときは、切り上げる）は41日、2分の1に相当する日数は122日となる。

したがって、この期間において私傷病による病気休暇等、給実甲第326号第37条関係第12項に規定する事由以外の事由により勤務しなかった日数が41日以上となれば規則9－8第37条第4項第1号の規定により昇給区分Dに、122日以上となれば同項第2号の規定により昇給区分Eに決定されることとなる。なお、平成29年1月1日に介護時間が新設され、これに併せて同日以降の育児休業の日数、介護休暇の日数又は時間数及び介護時間の時間数については、規則9－8第37条第4項各号の「人事院の定める事由」とされることとなった。すなわち、平成28年12月31日以前の育児休業の日数及び介護休暇の日数又は時間数については勤務しなかった日数として取り扱い、平成29年1月1日以後の育児休業の日数、介護休暇の日数又は時間数及び介護時間の時間数については勤務しなかった日数としては取り扱わないこととなった。

なお、この場合に時間単位で認められた病気休暇等を日に換算するときは、7時間45分をもって1日とし、換算の結果を合計した後に1日未満の端数を生じたときは、これを切り捨てることとされている（給実甲第326号第37条関係第13項参照）。

年・月 日数	29年 10月	11月	12月	30年 1月	2月	3月	4月	5月	6月	7月	8月	9月	計
暦　　日	31	30	31	31	28	31	30	31	30	31	31	30	365
週 休 日	9	8	10	8	8	9	9	8	9	9	8	10	105
休 日 等	1	2	1	4	1	1	1	2	0	1	0	2	16
要勤務日	21	20	20	19	19	21	20	21	21	21	23	18	244

○　給実甲第326号第37条関係第12項に規定する事由
・　超勤代休時間
・　年次休暇の日数
・　公務上の負傷又は疾病に係る病気休暇の日数
・　通勤による負傷又は疾病に係る病気休暇の日数
・　特別休暇の日数
・　総合的な健康診査を受けるための承認された時間数
・　レクリエーション行事に参加するための承認された時間数
・　妊娠中又は出産後の保健指導又は健康診査を受けるため及び妊娠中の女子職員の休息，補食又は通勤緩和のための承認された時間数
・　消防団員との兼職を許可された時間数
・　大学の教員の業務を行うことについての兼業を許可された時間数
・　育児休業の日数
・　育児時間を承認された時間数
・　介護休暇の日数
・　介護時間を承認された時間数
・　研究公務員の研究集会参加のための承認された時間数
・　矯正医官の兼業承認に係る部外診療の時間数
・　研究・共同研究等・役員兼業・機関設立援助による休職の日数
・　公務災害又は通勤災害による行方不明に係る休職の日数
・　公務上の負傷又は疾病に係る休職の日数
・　通勤による負傷又は疾病に係る休職の日数

- 派遣職員の派遣期間の日数
- 交流派遣期間の日数
- 法科大学院派遣期間の日数
- 福島相双復興推進機構派遣期間の日数
- 東京オリンピック・パラリンピック競技大会組織委員会派遣期間の日数
- ラグビーワールドカップ2019組織委員会派遣期間の日数
- 生理日の就業が著しく困難であることによる病気休暇の日数（2暦日に限る）
- 地震，水害，火災その他の災害の被害に伴う職務専念義務免除の日数

9 平成29年1月1日をまたぐ育児休業・介護休暇の期間に係る「6分の1」計算の取扱い

問 育児休業及び介護休暇の期間については，平成28年12月1日の給実甲第326号の一部改正により，平成29年1月1日（以下「適用日」という。）以後は，規則9―8第37条（昇給区分及び昇給の号俸数）第4項各号の「人事院の定める事由」として新たに規定されたが，適用日をまたいでこれらの期間を承認された場合の，同項第1号に規定するいわゆる「6分の1」計算における取扱いはどのようになるのか。

答 平成29年1月1日（以下「適用日」という。）以後の育児休業又は介護休暇（以下「育児休業等」という。）の期間は，いわゆる「6分の1」計算においては，勤務していない日数として取り扱わないこととし，適用日前の育児休業等の期間については，従前どおり勤務していない日数として取り扱うこととなっている。

したがって，適用日前から引き続く育児休業等の期間がある職員の平成30年1月1日の昇給については，その者の育児休業等の期間のうち平成28年10月1日から適用日前の部分は従前どおり勤務していない日数とし，適用日から平成29年9月30日までの部分は勤務していない日数としないこととなる。

10 「6分の1」計算における要勤務日数の取扱い(1)

> **問** 毎週日曜日及び土曜日が週休日である職員が週休日の振替を行った場合のいわゆる「6分の1」計算における要勤務日数の計算方法はどのように行うのか。次例の場合について教示されたい。
> 【例】
> 　平成30年9月29日（土）　　勤務することを命ずることとなった日
> 　平成30年10月9日（火）　　週休日に変更した日

答 要勤務日数における週休日とは，勤務時間法第6条（週休日及び勤務時間の割振り）第1項に規定する週休日であり，勤務時間を割り振らない日のことをいう。したがって，週休日の振替を行った場合には，週休日に変更した日が週休日となる。

設例の場合，平成31年1月1日の昇給に係る要勤務日数は，基準期間（平成29年10月1日から平成30年9月30日まで）の365日から週休日（この場合，平成30年9月29日（土）は除く。），給与法第15条（給与の減額）に規定する祝日法による休日等及び年末年始の休日等の120日を除いた245日となる。

なお，平成30年10月9日（火）は勤務時間を割り振らない日（週休日）となることから，平成32年1月1日の昇給に係る要勤務日数は，平成30年10月9日（火）の1日分を除くこととなる。

11 「6分の1」計算における要勤務日数の取扱い(2)

> **問** 給実甲第326号第37条関係第12項㉒に規定する生理日の就業が著しく困難であることによる病気休暇の期間については，いわゆる「6分の1」計算における要勤務日数においてどのように取り扱うのか。次例の場合について教示されたい。
> 【例】
> 　1日の勤務時間が午前9時30分から午後6時15分（休憩時間60分）である職員が下記のとおり当該病気休暇を取得した。

平成30年4月6日（金）午前9時30分～午後6時15分
平成30年4月9日（月）午前9時30分～午前11時30分

答 給実甲第326号第37条関係第12項(22)に規定する生理日の就業が著しく困難であることによる病気休暇の期間は，昭和61年職福―121（人事院規則10―7（女子職員及び年少職員の健康，安全及び福祉）の運用について）第2条関係後段に規定する期間，すなわち「承認した当該病気休暇の期間のうちの連続する最初の2暦日に係る期間」とされている。

したがって，設例の場合，いわゆる「6分の1」計算において，勤務していない日数として取り扱われないのは，平成30年4月6日（金）のみとなり，同月9日（月）の午前9時30分から午前11時30分までの2時間は勤務していない日数として取り扱われる。

12　上位資格取得等の場合の号俸の決定

問 上位資格を取得したことにより規則9―8第43条（上位資格の取得等の場合の号俸の決定）の規定に基づき号俸を決定された職員の当該決定直後の昇給日における昇給号俸数の決定についてどのように考えたらよいか。

答 規則9―8第43条の規定により号俸を決定された者の昇給号俸数は，同規則第37条（昇給区分及び昇給の号俸数）第7項の規定による号俸数に相当する数に，当該号俸を決定された日から昇給日の前日までの期間の月数を12月で除した数を乗じて得た数に相当する号俸数とすることとされている（規則9―8第37条第9項参照）。これは，当該昇給日前1年間のうち当該号俸を決定された日前の勤務期間については，当該号俸に反映されており，昇給により重複して反映することを避けるという考え方に基づくものである。

13　中途採用者の最初の昇給日における昇給区分の決定と昇給号俸数(1)

問　給実甲第326号第37条関係第17項の『その者の昇給の号俸数をこの条の第9項に規定する「相当する号俸数」とすることが部内の他の職員との均衡を著しく失すると認められる職員』とは，具体的にどのような職員を想定しているのか。

答　基本的には，人事交流による採用者など初任給をいわゆる再計算方式で決定された職員を想定している。

規則9－8第37条（昇給区分及び昇給の号俸数）第9項においては，前年の昇給日後に新たに職員となった場合には，新たに職員となった日の前日までの経歴は経験年数による号俸調整等により初任給の号俸に既に反映されていることから，その直後の昇給の号俸数を決定するに当たり，その部分の経歴が重複して号俸に反映されることを避けるために，新たに職員となった日から昇給日の前日までの期間に応じて昇給の号俸数の割落しを行うこととしているところである。

しかし，いわゆる再計算方式により決定された号俸は，直前の昇給日から新たに職員となった日の前日までの期間の経歴が初任給の号俸に反映されていないこととなり，号俸数の割落しを行うことはむしろ不適当であることから，この場合におけるその直後の昇給における号俸数は，人事交流等がなく継続して職員であった者との均衡を考慮して決定することが適当である。

14　中途採用者の最初の昇給日における昇給区分の決定と昇給号俸数(2)

問　次例のように前年の昇給日後に新たに職員となった者の平成32年1月の昇給（昇給区分はC区分）において，この者と同一の卒業年度に新卒で採用された部内の他の職員との均衡を考慮し，規則9－8第37条（昇給区分及び昇給の号俸数）第9項の規定による「人事院の定める職員」に該当するものとして取り扱い，行政職㈠1級32号俸に決定することができるか。

【例】
　平成30年3月　大学卒業
　平成30年4月　民間企業（換算率100分の100）
　平成31年6月　民間企業退職
　平成31年7月　A省採用（一般職（大卒））
　　　　　　　　　行政職㈠1級29号俸

〔部内職員〕
　平成30年3月　大学卒業
　平成30年4月　A省採用（一般職（大卒））
　　　　　　　　　行政職㈠1級25号俸
　平成31年1月　昇給　C区分
　　　　　　　　　行政職㈠1級28号俸
　平成32年1月　昇給　C区分
　　　　　　　　　行政職㈠1級32号俸

（答） 設問13のとおり，「新たに職員となった日の前日までの経歴は経験年数による号俸調整等により初任給の号俸に既に反映されている」場合には，規則9－8第37条第9項の規定により，職員となった日から昇給日の前日までの期間に応じて昇給の号俸数の割落しを行うこととしている。ただし，割り落とした昇給の号俸数とすることにより，部内の他の職員との均衡を著しく失すると認められる職員については，給実甲第326号第37条関係第17項の規定により，規則9－8第37条第1項から第8項までの規定を適用した場合に得られる号俸数を超えない範囲内で，部内の他の職員との均衡を考慮して各庁の長が定める号俸数とすることができることとしている。

　「部内の他の職員との均衡を著しく失すると認められる」場合については，設問13のとおり，再計算方式等初任給の号俸について部内均衡を考慮した方式により決定された場合のほか，初任給の号俸決定において号俸調整に用いるその者の経験年数の全てが職員の職務にその経験が直接役立つと認められ，かつ，学卒後間もないこと等，人事管理上，割落しを行うことにより部内の他の職員

との均衡を著しく失することとなる事情が存する場合と解されている。

設例の場合，平成32年１月の昇給の取扱いについては，新たに職員となった日の前日までの経歴は経験年数による号俸調整等により初任給の号俸に既に反映されていることから，規則９－８第37条第９項の規定により，昇給の号俸数の割落しを行えば行政職㈠１級31号俸（４号俸×６月／12月により２号俸の昇給）に決定することとなる。

ただし，この者の初任給の号俸決定において号俸調整に用いられた民間企業の経験年数は，全期間が職員の職務にその経験が直接役立つと認められる職務に従事していた期間であり，かつ，学卒後間もない者であることから，給実甲第326号第37条関係第17項の規定により，規則９－８第37条第１項から第８項までの規定を適用した場合に得られる号俸数を超えない範囲内で，部内の他の職員との均衡を考慮して各庁の長が定める号俸数とすることができる。

したがって，この者は，部内の他の職員との均衡を考慮して３号俸の昇給をさせることができ，行政職㈠１級32号俸に決定することができる。

15　中途採用者で懲戒処分を受けた者の昇給区分の決定

> **問**　評価終了日の翌日から昇給日の前日までの間（特定期間）において中途採用された職員が，当該特定期間中に懲戒処分を受けた場合，規則９－８第37条（昇給区分及び昇給の号俸数）第９項により，給実甲第326号第37条関係第16項の人事院の定める数「４」を基礎として割落しを行うことから，当該懲戒処分を受けたことが昇給号俸数に反映されないこととなる。
>
> この場合に，給与法第８条第６項後段に基づいて考慮した結果として，直近の昇給ではなく，その次の昇給に反映させることができるか。

答　特定期間に中途採用された職員については，特定期間における懲戒処分等を給与法第８条第６項後段により併せて考慮したとしても，当該懲戒処分等を受けたことについて昇給の号俸数に反映させることができないため，設問のような取扱いをすることが適当と考える。

16 前年の昇給日後に昇格した職員の昇給号俸数をCの昇給区分の号俸数以下とする理由

> **問** 規則9－8第37条（昇給区分及び昇給の号俸数）第8項の規定が設けられた理由は何か。

答 昇格した職員については，前年の昇給日後に昇格による俸給額の上昇と昇給による俸給額の上昇が行われ，人事評価の結果による能力や実績の優劣の程度の差以上に俸給額の差が生じることが考えられる。また，例えば，評価の結果が最上位の段階（S）の中でも上位の段階（A）に近い者とAの中でもSに近い者など，複数の職員間で人事評価の結果に優劣があっても，実際にはその職員間の能力や実績の優劣の程度の差は僅差である場合が考えられ，これが連年にわたり積み重なることにより，職員間における実際の能力・実績の差以上に号俸の積重ねに差がつく可能性がある。

これらを踏まえ，昇格後1年以内の昇給における号俸数は，職員が決定された昇給区分の如何にかかわらず，昇給号俸数表のC欄に定める号俸数以下の号俸数とすることとされたものである。

なお，このような措置が，第1順位グループの職員（公務に対する貢献が顕著であると認められ，第1順位グループの職員として取り扱われる職員を含む。）で，その職員の実際の能力・実績に照らして不適当と認められるときなどはこの限りでなく，この場合は決定された昇給区分に応じた昇給号俸数表に定める号俸数となる。

17 昇給日に昇格した職員の昇給号俸数

> **問** 昇給日に昇格した職員は規則9－8第37条（昇給区分及び昇給の号俸数）第8項の「前年の昇給日後に昇格した職員」に該当すると解してよいか。

答 貴見のとおりである。

「昇給日後に昇格した職員」とは昇給日の翌日以後に昇格した職員のことであり，昇給日当日に昇格した職員は含まれないことから，昇給日に昇格した職員は規則9－8第37条第8項に規定する「前年の昇給日後に昇格した職員」に該当する。

18　人員分布率の運用

> **問**　規則9－8第37条（昇給区分及び昇給の号俸数）第6項の「職員の総数に占めるA又はBの昇給区分に決定する職員の数の割合」は，本省，管区機関等の組織ごと，俸給表ごと又は職種ごとに合致させなければならないというような制約は存していないと考えてよいか。

> **答**　貴見のとおりである。

19　上位の昇給区分に決定できる者が人員分布率に満たない場合

> **問**　上位の昇給区分への決定については，規則9－8第37条（昇給区分及び昇給の号俸数）第6項において「職員の総数に占めるA又はBの昇給区分に決定する職員の数の割合は，……人事院の定める割合におおむね合致していなければならない」とされているが，A又はBの昇給区分に決定できる職員数が当該人事院の定める割合（人員分布率）に満たない場合はどのようにすればよいか。

> **答**　上位の昇給区分に決定できる職員は，規則9－8第37条第1項第1号に規定する勤務成績が特に良好である職員及び同条第3項により同条第1項の勤務成績が特に良好である職員に該当すると認められる職員である。したがって，これらの職員が少数の場合は人員分布率に満たないことがあり得るが，この場合は，同条第6項において「これらの昇給区分（注：A又はBの昇給区分）に決定すべき職員が少数である場合その他の人事院の定める場合を除き」と規定されているとおり人員分布率におおむね合致させる必要はなく，人員分布率

に合致させるために勤務成績が特に良好である職員以外の職員を上位の昇給区分に決定することはできない。

20 下位の昇給区分に決定する者に人員分布率を設けていない理由

問 上位の昇給区分には人員分布率が設けられているが、下位の昇給区分に人員分布率が設けられていないのはなぜか。

答 昇給区分の決定は、絶対評価である人事評価の結果に基づいて行われる。絶対評価の下で上位の昇給区分を決定する際には、給与水準への影響や原資の状況を考慮すれば、多数の職員が集中することがないよう、一定の枠を設けることが適当である。一方、下位の昇給区分については、給与水準への影響や原資の状況といった制約がないことから、人員分布率は設けられておらず、人事評価の結果に基づいて昇給区分が決定される。このように、下位の昇給区分に一定割合の職員を必ず当てはめるような枠を設けていないのは、人事評価で職務に応じて求められる能力を発揮し設定された業績目標を達成した者であっても、下位の昇給区分に当てはめられる場合も生じることとなり、職員の士気や人事管理への影響が大きいことに鑑み、適切でないと考えられるためである。

21 昇給区分の決定と給与決定審査の申立ての関係

問 昇給区分の決定は、給与法第21条(審査の申立て)に規定する給与決定審査の申立ての対象となり得るか。

答 決定された昇給区分及び昇給号俸数につき苦情がある場合には、給与法第21条の規定に基づく給与決定審査の申立ての対象となる。

第4 55歳昇給抑制

1 昇給日に55歳の誕生日を迎える職員の取扱い

問 昇給日に55歳の誕生日を迎える職員は給与法第8条第8項第1号の「55歳……を超える職員」に該当すると解してよいか。

答 貴見のとおりである。年齢計算ニ関スル法律（明治35年法律第50号）の規定により，年齢計算に係る期間計算は起算日に応当する日の前日に満了することとされている。したがって，昇給日に55歳の誕生日を迎える職員は，誕生日の前日に満55歳となり，誕生日（昇給日）には55歳を超える職員となる。

2 行政職㈡及び医療職㈠の職員の取扱い

問 行政職㈡及び医療職㈠の俸給表の適用を受ける職員の昇給抑制年齢が一般職員と異なり57歳とされている理由は何か。

答 行政職㈡の職員については，中途採用者を主体とし，その職務は，比較的高齢者でも耐え得るものが多いと考えられる等の特殊性があること，医療職㈠職員については，民間における医師の給与水準が年齢にかかわりなく相当高いという事情がある等の特殊性があることから，一般の職員とは異なる57歳とされている。

第5　経過的な昇給抑制

1　昇給号俸数の経過的な抑制

> **問**　平成19年から平成22年まで及び平成27年1月1日の昇給は昇給号俸数が抑制されていたが，どのような趣旨か。

答　いずれの昇給号俸数の抑制措置も給与制度の改正に要する原資を確保するために行われたものである。平成18年度から平成22年度にかけて実施された給与構造改革に際しては，制度改正に要する原資を確保するため，平成19年1月1日から平成22年1月1日までの4回の昇給において，昇給号俸数を1号俸ずつ抑制する措置が実施された。また，平成27年度から実施された給与制度の総合的見直しに際しても同様に，制度改正に要する原資を確保するため，平成27年1月1日の昇給において，昇給号俸数を1号俸抑制する措置が実施された。

なお，給与構造改革については平成23年から平成26年まで，給与制度の総合的見直しについては平成30年の各年の4月1日に，俸給水準の引下げに伴う経過措置の解消等に伴って生じた原資をもとに，一定年齢未満の職員について，抑制されていた昇給号俸数を1号俸を基本に上位に調整する措置が実施されている。

第6　研修，表彰等による昇給

1　研修による昇給の号俸数

> **問**　規則9－8第39条（研修，表彰等による昇給）第1号の規定によ

る昇給の号俸数は何号俸となるのか。

答 規則9―8第39条第1号の規定による昇給（いわゆる研修昇給）の号俸数は，その対象となる研修，対象職員の範囲，実施方法その他必要な事項について，研修の目的，内容，成績判定の要領等を考慮して事務総長が別に定めるところによることとなるが，現在，研修昇給の号俸数は原則として2号俸で運用されている。

2 「職員が生命をとして職務を遂行し」とは具体的にどのような意味か

問 規則9―8第40条（特別の場合の昇給）の規定により，勤務成績の良好な職員が生命をとして職務を遂行し，そのため危篤となり又は著しい障害の状態となった場合には，人事院の承認を得て昇給させることができることになっているが，公務上の災害と認定されたものは，全てこれに該当すると解してよいか。

答 規則9―8第40条の「生命をとして職務を遂行し，そのために危篤となり，又は著しい障害の状態となつた場合」とは，公務上の災害と認定されたものの全てがこれに該当するものではなく，あらかじめ相当の危険が予想される場合に，生命をとして職務を遂行し，その結果危篤となり，又は著しい障害の状態となった場合に限って該当するものと解する。

第9章

降　　給

［参照法令］
規則9－8（第24条・第24条の2，別表第7の2），11－10

第1 降　　給

1　降給制度の導入

> **問**　平成21年4月1日に施行された規則11―10の内容はどのようなものか。

答　規則11―10は，平成21年4月から人事評価制度が導入され，より一層能力・実績主義を徹底することにより公務の適正かつ能率的な運用を図ることが求められるようになったことを踏まえ，国公法第75条（身分保障）第2項に規定する降給について具体的に定めるために設けられた規則である。同規則では，分限処分として，職員の意に反してその職務の級を現在よりも下位の職務の級に決定する「降格」と，職員の意に反して号俸を現在よりも下位の号俸に決定する「降号」について該当する事由等を定めている。

なお，降給の対象となる職員は，規則11―10第1条（総則）により，給与法第6条第1項の俸給表のうちいずれかの俸給表（指定職俸給表を除く。）の適用を受ける者とされている。

2　降給決定に至る過程

> **問**　降給を適用しようとした場合、どのような手続きを経る必要があるのか。

答　降給の適用は，職員の意に反して重大な処分を行うものであることから，以下の手続きを経た上で，人事異動通知書及び処分説明書を交付する必要がある。なお，降格の事由には，降任，勤務実績不良，心身の故障，適格性欠如及び定数不足の場合があり，降号の事由には，勤務実績不良の場合があるが，以下の手続きを要するのは，勤務実績不良，心身の故障及び適格性欠如の場合

である。
1 勤務実績不良又は適格性欠如による場合
　あらかじめ人事評価の結果を開示する際や指導・助言の際に勤務実績不良又は適格性欠如の状態が改善されない場合には降格又は降号とする可能性を伝達する必要がある。
　また，勤務実績不良又は適格性欠如の状況下において，①繰り返し注意・指導を行うこと，②転任などを含め担当職務を変更すること，③矯正を目的とした研修を受講させることなどの措置のいずれかを行い，かつ，実際に降格又は降号させようとするときには警告書を交付し弁明の機会を与えることが必要である。
2 心身の故障による場合
　次のいずれかに該当する場合に，各庁の長が指定する医師2名によって診断を行い，双方の医師が心身の故障のため職務の級の職務遂行に支障がある等と診断されなければならない。
- 3年間の病気休職の期間が満了するにもかかわらず，職務を遂行することが困難であると考えられる場合
- 病気休職中で職務遂行可能となる見込みがないと判断される場合
- 病気休暇又は病気休職の累計が3年を超え，今後も職務遂行に支障があると見込まれる場合
- 勤務実績不良又は適格性欠如と認められる職員について，それらが心身の故障に起因すると思料される場合

　なお，心身の故障による降格の場合には，警告書の交付及び弁明の機会の提供については必要とされていない。

第2　降　格

1 職員から同意を得た降格

問　規則9-8第24条（降格）第3項において、職員から書面による同

意を得た場合には降格させることができるとされているが、この場合にも、規則11―10第4条(降格の事由)の規定する降格の事由を満たす必要があるのか。

(答) 職員から書面による同意を得た場合は、規則11―10第4条に規定する事由を満たす必要はない。規則11―10に定める降格の事由を満たす必要のある場合とは、職員の意に反して、分限処分として降格を行う場合である。なお、職員の同意を得る場合には、降格の内容を明確にし、降格後に疑念が生じることのないような適切な対応を行う必要がある。

2 「その他勤務の状況を示す事実に基づき勤務実績がよくないと認められる場合」の意味

(問) 規則11―10第4条(降格の事由)第1号イの定めるその他勤務の状況を示す事実に基づき勤務実績がよくないと認められる場合とは、どのような場合か。

(答) 勤務実績不良又は適格性欠如と評価することができる具体的な事例としては、勤務を欠くことにより職務を遂行しなかった場合、割り当てられた業務を行わなかった場合、不完全な業務処理により職務遂行の実績が上がらなかった場合、業務上の重要な失策を犯した場合、職務命令違反・拒否、上司等に対する暴力、暴言、誹謗中傷の繰り返し、他の職員との度重なるトラブルなどの場合が考えられるが、これらの場合の中でも、全体評語が最下位の段階と同等と評価されて然るべきと考えられるような場合が対象となる。

3 降格後の級及び号俸の決定

(問) 降格後の職務の級の決定は、どのように判断したらよいのか。また、降格させた場合の号俸はどのように決定すればよいのか。

第9章　降　　　給　　163

答　降格させた場合の新たな職務の級については、級別標準職務表に定められた職務の級における標準的な職務を降格とする職員が遂行することができるか否かに応じて、各庁の長が個別事案に応じて判断することとなる（規則9―8第24条（降格）第1項及び第2項参照）。

　降格させた場合の号俸は、その者に適用される俸給表の別に応じ、かつ、降格した日の前日に受けていた号俸に対応する規則9―8別表第7の2に定める降格時号俸対応表の降格後の号俸欄に定める号俸となる（同規則第24条の2（降格の場合の号俸）第1項参照）。

　また、降格させた場合で当該降格が2級以上下位の職務の級への降格であるときは、それぞれ1級下位の職務の級への降格が順次行われたものとして得られる号俸となる（同条第2項参照）。

4　降格の場合の号俸の決定の特例

問　規則9―8第24条の2（降格の場合の号俸）第3項の規定によれば、降格の場合の号俸を同条第1項及び第2項の規定により降格時号俸対応表により決定することが著しく不適当であると認められる場合には、あらかじめ人事院の承認を得て、別にその者の号俸を決定することができることになっているが、この特例はどのような限度で認められるか。

答　設問の規則9―8第24条の2第3項の特例は、同項に規定されているように降格の場合の号俸を同条第1項及び第2項の規定により降格時号俸対応表により決定することが「著しく不適当であると認められる場合」について認められるものである。したがって、具体的にどのような場合に、どのような限度で認められるかということは、個々の事例に即して判断されるよりほかないが、例えば昇格後に降格した者で、降格時号俸対応表により号俸を決定したとすると、昇格せず同じ級であった職員よりも高い号俸に決定され、部内の他の職員との均衡上著しく不適当であると認められる場合に、当該降格前の職務の級への昇格がなかったものとして再計算した場合に得られる号俸に決定する場合等が考えられる。

第3 降　　　号

1 降号する号俸数の決定

> **問**　降号を行おうとする場合、何号俸下位の号俸にするのか。

答　降号に当たっては、2号俸下位の号俸に決定することとなる（規則9－8第42条）。なお、現に職務の級の最低の号俸（初号）の直近上位の号俸（2号俸）の俸給月額を受ける職員については最低の号俸に降号するものとされており、最低の号俸の俸給月額を受ける職員については降号できない。

2 降号の決定と昇給区分の下位判定の関係

> **問**　降号は、職員の定期評価の全体評語が最下位の段階である場合その他勤務の状況を示す事実に基づき勤務実績がよくないと認められる場合に行うものであることからすると、降号の決定を行った直後の昇給の判定については、下位の昇給区分を適用することとなるのか。

答　降号の処分を受けるのは、定期評価の全体評語が最下位の段階である職員や勤務の状況を示す事実に基づき勤務実績がよくない職員であり、これらの評価結果に基づけば、降号の処分を受けた職員は、下位の昇給区分に決定することが適当と考えられる。

しかしながら、昇給区分の決定は、評価終了日以前1年間における能力評価及び2回の業績評価の結果に基づいて決定されるものであるのに対し、降号は、能力評価又は業績評価の評語が最下位の段階である場合その他勤務の状況を示す事実に基づき勤務実績がよくないと認められる場合において、改善指導の実施や転任等を行い、さらに警告書の交付、弁明の機会の提供といった一連のプロセスを経た上で、各庁の長が公務能率の観点から任意の日に行うものであり、

これらは全く異なる決定行為であるといえる。
　したがって，昇給区分の決定と降号の決定は，評価結果に依拠するものであるものの，その決定に至る考慮要素や判定の期間等が異なることから，それぞれの規定に則り，適切に決定する必要がある。

第10章

平成26年改正法附則第7条の規定による俸給

[参照法令]

● 規則9—139

1　経過措置額の支給の対象

問　切替日以後に採用された規則1—24による採用職員，任期付職員など，経験者試験採用者として取り扱い初任給を決定される職員については，均衡を考慮する部内の他の職員と同様に平成26年改正法附則第7条（俸給の切替えに伴う経過措置）の規定による俸給（経過措置額）の支給の対象となるのか。

答　経過措置額は，平成27年度から実施した給与制度の総合的見直しによる俸給水準の引下げに伴う激変緩和措置として支給されるものであり，その対象者は，切替日の前日である平成27年3月31日以前から引き続き職員である者に限られるのが原則である。例外は規則9—139第4条（平成26年改正法附則第7条第3項の規定による俸給の支給）に規定する人事交流等職員のみであり，規則1—24に基づき採用した職員，任期付職員法第3条（任期を定めた採用）第2項の規定により採用した任期付職員等については，その初任給の決定方法が部内の他の職員の状況等を踏まえて初任給を決定している経験者試験採用者と同じ方法を採っているに過ぎないことから，経過措置額の支給の対象とはならない。なお，平成18年度から実施した給与構造改革による俸給水準の引下げに伴う激変緩和措置として支給された経過措置額についても，同様の取扱いであった。

2　経過措置額を支給されなくなった者が，再度支給要件を満たすこととなった場合の取扱い

問　平成26年改正法附則第7条（俸給の切替えに伴う経過措置）の規定による俸給（経過措置額）を支給されていた職員が，昇格したことにより昇格後の俸給月額が平成27年3月31日に受けていた俸給月額を上回ったことから経過措置額が支給されなくなった。その後，研究職俸給表に俸給表異動し，当該異動後の号俸を決定したところ，当該決定のための再計算の過程における同日に受けていたこととなる俸給月額が当該異動後の俸給

月額を上回ることとなった場合には，その差額を経過措置額として支給するのか。

答 俸給表の適用を異にする異動をした場合については，平成27年3月31日に当該異動があったものとした場合に旧制度の規定の例により同日に受けることとなる俸給月額に相当する額とその者の現に受ける俸給月額との差額を支給することとされており，いったん昇格により経過措置額が支給されなくなったとしても，俸給表の適用を異にする異動をした結果，経過措置額の支給要件を満たすこととなった場合には，経過措置額が支給されることとなる。なお，平成18年度から実施した給与構造改革による俸給水準の引下げに伴う激変緩和措置として支給された経過措置額についても，同様の取扱いであった。

第11章

特別の場合における号俸の決定

[参照法令]

- 規則9－8（第43条～第45条，別表第8）
- 給実甲第192号，第326号

第1　上位資格の取得等による調整

1　在職中に採用試験に合格した職員の取扱い

> **問**　在職中に採用試験に合格した場合には，ただ単に試験に合格したという事実だけをもって，規則9―8第43条（上位資格の取得等の場合の号俸の決定）の規定を適用してよいか。

答　現に職員である者が採用試験に合格した場合において，規則9―8第43条の規定を適用するためには，当該試験の結果に基づき，採用候補者名簿から選択され，任用されること（任命権者の任用行為としての昇任，配置換等の発令のあること）が必要である。すなわち，採用試験はいわゆる資格試験ではないので，試験合格の事実だけでは「上位の号俸を初任給として受けるべき資格を取得した」ことにはならない。

2　上位資格の取得による号俸の調整の時期

> **問**　「上位の号俸を初任給として受けるべき資格」を取得した場合の規則9―8第43条（上位資格の取得等の場合の号俸の決定）の規定による調整は，当該上位の資格を取得した時以降であればいつ行ってもよいか。

答　「上位の号俸を初任給として受けるべき資格」を取得した場合に規則9―8第43条の規定を適用するに当たっては，採用試験に合格し，その試験の結果に基づいて任用された場合等，当該規定の適用の前提として任用上の手続を要するものについては当該試験の結果に基づいて任用された時に，学歴免許等の資格を取得した場合等，単に資格の取得をもって足りる場合はその資格取得後なるべく速やかな時期に，それぞれ行うべきであると解している。

3 上位資格の取得に伴う号俸調整に際しての在職期間の取扱い

> **問** 在職中に「上位の号俸を初任給として受けるべき資格」を取得した場合には，その者の号俸を当該初任給として受けるべき号俸まで上位に決定することができることとなっているが，この場合，職員として在職した期間も規則9－8第15条（経験年数を有する者の号俸）の経験年数による号俸の調整の対象となる経験年数として取り扱って差し支えないか。

答 規則9－8第43条（上位資格の取得等の場合の号俸の決定）の規定は，「上位の号俸を初任給として受けるべき資格」を取得した際に，そのような資格を持って新たに採用されたものとした場合に，その者が初任給として受けることとなる号俸まで調整できるとする趣旨のものである。したがって，新たに採用されたものとした場合には，当然，職員として在職した期間を経験年数換算表に定めるところにより換算した年数は経験年数として同規則第15条の規定による号俸の調整の対象となるものであることから，同規則第43条の規定によって調整する場合にも，これを経験年数として取り扱うこととなる。

4 上位資格の取得と初任給に関する経過措置

> **問** 在職中に上位の資格を取得したことにより規則9－8第43条（上位資格の取得等の場合の号俸の決定）の規定による調整を行うこととなった場合についても，規則9－137附則第2項の規定による初任給に関する経過措置は適用されるのか。

答 規則9－8第43条は，在職中に「上位の号俸を初任給として受けるべき資格」を取得した場合に，その者の号俸を当該初任給として受けるべき号俸まで上位に決定することができる旨規定しているが，この場合「初任給として受けるべき号俸」を算出する過程で，同規則第14条から第16条までの規定を適用することとなるので，当然に規則9－137附則第2項の規定による初任給に関する経過措置（第5章の第6の問1参照）の対象となる（給実甲第326号第43条関係

第3項第1号)。

なお, 規則9-8第23条 (昇格の場合の号俸) 第3項及び第26条 (初任給基準を異にする異動をした職員の号俸) 第2項 (第28条 (俸給表の適用を異にする異動をした職員の号俸) において準用する場合を含む。) の「初任給として受けるべき号俸」についても同様である (給実甲第326号第23条関係第2項, 第26条関係第6項)。

第2 復職時等における号俸の調整

1 復職時調整を行う時期

問 復職時調整について, 復職等の日, 復職等の日後における最初の昇給日及びその次の昇給日に行うこととされているのはなぜか。

答 復職時調整は昇給制度と密接に関連する制度となっていることから, 復職等の日, 復職等の日後における最初の昇給日及びその次の昇給日において行うことができる。すなわち, 復職時調整の算定期間は, 昇給における基準期間 (評価終了日 (規則9-8第34条 (昇給日及び評価終了日) に規定する評価終了日) 以前1年間の期間) に連動しており, 復職等をした場合には, まず基準日から復職等の日の直前の評価終了日までの各算定期間に係る復職時調整を行い, 次に復職等の日後の最初の昇給日における復職時調整は, 基準日から復職等の日後の最初の昇給日の直前の評価終了日までの各算定期間に係る復職時調整を行い, 最後に当該昇給日の次の昇給日における復職時調整は, 基準日から当該次の昇給日の直前の評価終了日までの各算定期間に係る復職時調整を行うことにより, 休職等の全期間が昇給に準じて号俸に反映されるためである。

2 二以上の異なる事由による休職等の期間がある場合等の調整期間の算出方法

問 一定の算定期間において，自己啓発等休業から職務に復帰後直ちに配偶者同行休業をした職員の調整期間の算出に当たり，双方の換算率をともに100分の50に決定した場合には，当該自己啓発等休業の期間と当該配偶者同行休業の期間を合算した期間に対して，100分の50の換算率を乗じることとしてよいか。

答 休職，休暇の原因，事由別に，主として本人の責の有無及び程度，休職等の期間中の経験の有用性及び部内の他の職員との均衡等を考慮し，それぞれの事由等に応じて，復職等の際にその者の俸給について調整を行うことができるとしているのが復職時調整制度である。したがって，設問のように決定された換算率が同じであったとしても，自己啓発等休業と配偶者同行休業を通算した期間に対し換算率を乗じるのではなく，それぞれの休職等の期間ごとに換算率を乗じ，調整期間を算出することとなる。

3 昇給日における復職時調整

問 昇給日に復職時調整を行おうとする場合には，昇給と復職時調整のどちらを先に行うべきか。

答 復職等の日後の最初の昇給日又はその次の昇給日における復職時調整は，基準号俸の号数に，調整数を加えて得た数を号数とする号俸を超えない範囲内で行うことができるものである。

当該昇給日においては，まず，給与法第8条第6項の規定により昇給を行い，これにより決定された号俸（昇給しない場合は現に受ける号俸）に比べ，当該昇給日における復職時調整により調整可能な号俸が上回っている場合については，部内均衡を考慮し，当該調整可能な号俸までの号俸に調整することができる。

一方，復職時調整により調整可能となる号俸が，当該昇給後の号俸（又は現に受ける号俸）と同じか又は下回る場合については復職時調整によって得られた号俸による発令を行うことはできない。

4　昇給における勤務成績「良好」未満と復職時調整

問　懲戒処分を受けたことにより昇給区分が「E」とされた算定期間においても標準号俸数を基礎として調整数を算定するのか。

答　懲戒処分を受けた場合など本来復職時調整の対象とはならない事由や事情により，昇給区分「D」又は「E」とされた場合には，その判断・効果を復職時調整において覆すことのないよう，それらに該当する事実があった算定期間内に休職等の期間があったとしても，標準号俸数を基礎として調整数を算出するのではなく，標準号俸数に代えて，休職等の期間以外の勤務しなかった日数が合算期間の6分の1に相当する期間の日数以上である場合，懲戒処分があった場合などの事実に該当した場合における昇給の取扱いに準じ，標準号俸数の号数に達しない範囲内の号数を基礎として調整数を算出するという調整方法を定めている（給実甲第192号第1の第2項第3号）。

このため，設問の場合は，懲戒処分を受けた算定期間については，調整数は0となる。

5　休職等の期間以外の勤務しなかった日数が合算期間の6分の1に相当する期間の日数以上となる算定期間の復職時調整

問　一の算定期間中に病気休職の期間のほかに，引き続かない病気休暇を取得している場合，給実甲第192号第1の第2項第3号では引き続かない病気休暇の日数が合算期間の6分の1に相当する期間の日数以上となる場合にあっては，当該算定期間においてこれらの事実に該当した場合における昇給の取扱いに準じて標準号俸数の号数に達しない範囲内の号数をその算定の基礎とするとされているが，この場合の「合算期間の6分の1に

相当する期間の日数」の算定はどのように行えばよいのか。次例の場合について教示されたい。

【例】
　　平成28年10月1日～平成29年3月21日　引き続かない病気休暇（私傷病）の合計30日
　　平成29年1月1日　行政職㈠3級25号俸
　　平成29年3月22日～9月30日　病気休職（非結核性私傷病）（換算率を3分の1とする。）
　　平成29年10月1日　復職

㊥

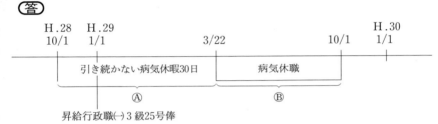

　合算期間の6分の1に相当する期間の日数は，休職等の期間以外の期間（Ⓐ期間）の要勤務日数と休職等の期間（Ⓑ期間）の要勤務日数に換算率を乗じて得た日数とを合算した日数の6分の1の日数であり，具体的には次のとおりとなる。

　Ⓐ期間（平成28年10月1日から平成29年3月21日まで）の要勤務日数
112日（20＋20＋19＋19＋20＋14）
　Ⓑ期間（平成29年3月22日から9月30日まで）の要勤務日数
132日（8＋20＋20＋22＋20＋22＋20）
　（Ⓐ期間）112日＋（Ⓑ期間）132日×1/3＝156日
　156日×1/6＝26日（1日未満の端数がある場合は1日に切上げ）

　また，参考までにいえば設例の場合，引き続かない病気休暇の日数が26日以上（30日）のため，調整数算出の基礎となる号俸数は，昇給の取扱いに準じて，昇給区分Ｄ（2号俸）に相当する号俸数が昇給の取扱いに準じて得られる号俸数となる。

6 休職等の期間中又は復職等の日から復職等の日後の最初の昇給日までの期間中に昇格をした場合

問 休職等の期間中又は復職等の日から復職等の日後の最初の昇給日までの期間中に昇格を行う場合の復職時調整の方法はどうなるか。次例の場合（復職等の日に昇格を行う場合）について教示されたい（平成30年4月1日の号俸調整については考慮しないものとする）。

【例】
　平成29年1月1日　行政職㈠2級40号俸
　平成29年2月1日～平成30年8月31日　育児休業（換算率を100分の100とする。）
　平成30年9月1日　職務復帰・昇格

答

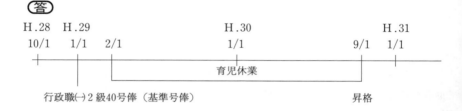

休職等の期間中又は復職等の日から復職等の日後の最初の昇給日までの期間中に昇格をした場合は，以下のとおり順次復職時調整を行ったものとして算定する（給実甲192号第1の第3項参照）。

① 基準日から昇格の日の直前の昇給日の直前の評価終了日までの期間に係る復職時調整

② 昇格の日の直前の昇給日の直前の評価終了日の翌日以後の期間に係る復職時調整

(1) 平成30年9月1日の昇格・復職時調整

設例については，①の調整については，昇格の日（平成30年9月1日）が復職等の日であるから，基準日（平成28年10月1日）から昇格の日の直前の昇給日の直前の評価終了日（平成29年9月30日）までの期間に係る復職時調

整を行うことになる。

休職等の期間以外の期間の4月と調整期間（育児休業の期間8月×100/100）の8月を合算して合算期間12月となる。

$$\frac{標準号俸数}{（4号俸）} \times \frac{休職等の期間以外の期間（4月）+調整期間（8月）}{12月} = 4$$

したがって，当該算定期間における調整数は，「4」となり，行政職㈠2級44号俸とすることができる。

次に，この号俸を基礎として同日（平成30年9月1日）に昇格の規定を用いて昇格をさせることとなり，これにより得られる行政職㈠3級28号俸に調整することができる。

(2) 平成31年1月1日の復職時調整

次に，②の調整であるが，①の調整により得られる昇格直後の号俸（行政職㈠3級28号俸）を基礎として，昇格の日の直前の昇給日の直前の評価終了日の翌日（平成29年10月1日）以後の期間に係る復職時調整を行うこととなる。休職等の期間以外の期間の1月と調整期間（育児休業の期間11月×100/100）の11月を合算して合算期間12月となる。

$$\frac{標準号俸数}{（4号俸）} \times \frac{合算期間12月}{12月} = 4$$

したがって，当該算定期間における調整数は，「4」となり，行政職㈠3級32号俸まで調整することができる。

7 人事異動通知書の記載方法

問 (1) 前問の設例において，平成30年9月1日付け人事異動通知書の記載例としてはどのようなものがあるか。

(2) 行政職㈠4級10号俸であった職員が，昇給日において，行政職㈠4級12号俸に昇給し，同日において，復職時調整によって行政職㈠4級13号俸に調整される場合の人事異動通知書の記載例としてはどのようなものが

あるか。

答 (1) 人事異動通知書の記載事項等は各庁の長が定めるものであるが，前間の設例においては，昇格により行政職㈠3級24号俸を給する（行政職㈠2級40号俸→同3級24号俸に昇格）旨の事項を記載の上，復職時調整により行政職㈠3級28号俸を給する旨の事項の記載を行うことが適当である。

(2) 行政職㈠4級10号俸であった職員が，昇給日において，行政職㈠4級12号俸に昇給し，同日において，復職時調整によって行政職㈠4級13号俸に調整される場合の人事異動通知書の記載例としては，昇給により行政職㈠4級12号俸を給する旨を記載の上，復職時調整により行政職㈠4級13号俸を給する旨の記載を行うことが適当である。

8　休職等の期間中に55歳に達した職員の復職時調整

問　休職等の期間中に55歳に達した職員が復職した場合の復職時調整は具体的にどのように行うのか。次例の場合について教示されたい（平成30年1月1日及び平成31年1月1日の昇給については考慮しないものとする。）。

【例】
平成29年1月1日　　行政職㈠5級41号俸
平成29年7月1日～平成30年9月30日　　病気休職（非結核性私傷病）（換算率を3分の1とする。）
平成30年4月1日　　55歳の誕生日
平成30年10月1日　　復職

答　休職等の期間中又は復職時調整以前の期間中に55歳に達した職員の復職時調整については，給実甲第192号において特別な定めをしていないが，昇給の取扱いに準じ（給与法第8条第7項，第8項），55歳未満の場合と55歳以上の場合で調整数を算定する標準号俸数が異なることとなることから，設例の場合については次のように復職時調整を行うこととなる。

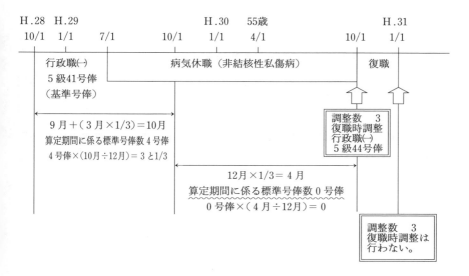

9 復職時調整における休職等の期間の算出方法

問 復職時調整における休職等の期間はどのように算出するのか。
また、復職時調整における休職等の期間以外の期間はどのように算出するのか。

答 復職時調整における休職等の期間は、暦に従って、月及び日を単位として計算し、それぞれの換算率を乗じて調整期間を算出する（給実甲第192号第1の第4項第1号）が、その計算は民法（明治29年法律第89号）第143条（暦による期間の計算）の期間計算の例（応当日計算）によることとなり、いわゆる要勤務日数を計算するものではないことに注意が必要である。

また、復職時調整における休職等の期間以外の期間については、特段の規定はないが、休職等の期間と同様に暦に従って、月及び日を単位として計算することが適当である。一方で、休職等の期間と同期間以外の期間とも暦に従って、月及び日を単位として計算をし、これを合算した場合には、12月を超える（若しくは下回る）ことがあるが、こうした場合には12月から休職等の期間を差し

引いた期間を休職等の期間以外の期間とすることが適当である。

10 合算期間等の日単位の部分の取扱い

> **問** 合算期間の中で日単位の部分の取扱いはどのようにするのか。

答 復職時調整における各算定期間ごとの調整数は，次の式のとおり「標準号俸数」に「合算期間又は調整期間の月数を12月で除した数」を乗じて算出することとなっている。

$$標準号俸数 \times \frac{合算期間又は調整期間の月数}{12月} = 調整数$$

合算期間に日を単位とする期間がある場合には，当該日数を30日で除した数を月数として取り扱うこととなる（給実甲第192号第1の第4項第2号）。

11 端数処理

> **問** 復職時調整の計算上，調整期間の月数，合算期間の月数，算定期間の調整数にそれぞれ端数が生じる場合があるが，これらはどのように取り扱うのか。

答 調整期間の月数，合算期間の月数，各算定期間ごとの調整数の算出において，端数処理は行わない。復職時調整の計算上，端数処理を行うのは，各算定期間の調整数を合計した数（算定期間が一つしかない場合を含む。）において1未満の端数があるときのみであり，この場合，当該端数を切り捨てることとなる（給実甲第192号第1の第2項第1号）。

12 復職時調整の対象となる「引き続き」勤務しなかった期間(1)

> **問** 引き続く病気休暇の前後に時間単位の病気休暇を取得している場

合の「休職等の期間」はどのように考えるのか。次例の場合について教示されたい。

【例】
　1日の勤務時間が午前9時30分から午後6時15分（休憩時間60分）である職員が下記のとおり病気休暇を取得した。
　10月15日午後3時〜午後6時15分
　10月16日午前9時30分〜11月28日午後6時15分
　11月29日午前9時30分〜午前11時30分

(答)　復職時調整において，休職等の期間は，暦に従って，月及び日を単位として計算（給実甲第192号第1の第4項第1号）することから，引き続く病気休暇の前後において時間単位の病気休暇があったとしても，当該引き続く病気休暇には含めない（休職等の期間以外の勤務しなかった日数として扱うこととなる）。したがって，設例の場合，10月16日から11月28日までが引き続く病気休暇となる。

13　復職時調整の対象となる「引き続き」勤務しなかった期間(2)

(問)　規則9－8第44条（復職時等における号俸の調整）の規定による調整は，休暇のため引き続き勤務しなかった職員について行うことができるが，ここでいう「引き続き勤務しなかった」とはどの程度のものをいうのか。

(答)　規則9－8第44条の規定による復職時等調整の対象となる期間は，休職期間，専従許可の有効期間，派遣期間又は引き続く病気休暇等の期間である。このうち，引き続く病気休暇の期間の「引き続き」の程度について，具体的な基準は設けられてはいないが，復職時調整は，相当の期間にわたり連続して勤務しなかった場合において，部内の他の職員との均衡上必要があると認められるときに号俸の調整を行うものであることに鑑みれば，昇給区分において下位に決定される職員について，復職時調整を行うことにより優位な号俸が得られ

るか個々の事例に即して，給与決定権者により判断されることとなる。

14 復職時調整の延期(1)

> **問** 一の算定期間において，最初の休職等から復職等し，その後再び休職等となった場合について，最初の休職等から復帰した後の最初の昇給日における復職時調整は行うことになるか。次例を用いて説明されたい。
> 【例】
> 　平成30年2月1日～7月31日　育児休業
> 　平成30年8月1日　復帰
> 　平成30年10月1日～平成31年1月31日　病気休職（非結核性私傷病）
> 　平成31年2月1日　復職

答

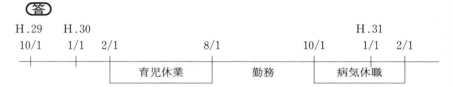

　復職時調整は，復職等の日，復帰後の最初の昇給日及びその次の昇給日に行いうるが，設例では育児休業から職務に復帰した後の最初の昇給日（平成31年1月1日）は病気休職中であり勤務していないため，その日に復職時調整をすることは適当ではないと考えられる。これは，復職時調整が，職務復帰後職員の継続勤務を前提として，部内均衡上必要と認められる必要な調整を行うことができる制度であることによるものである。

　なお，病気休職からの復職の日（平成31年2月1日）においては，基準日（平成29年10月1日）から復職の日の直前の昇給日の直前の評価終了日（平成30年9月30日）までの算定期間の復職時調整を行う（復職時調整を延期した当該育児休業の期間と合わせて行う）こととなる。

15　復職時調整の延期(2)

> **問**　研究休職から復職し，即日引き続く病気休暇を取得した場合又は育児休業から復帰し，即日産前産後休暇を取得し，そのまま育児休業をした場合，復職時調整はどの時点で行うのが適当であるか。

答　復職時調整は，復職等の後，実際に勤務することを前提とした制度といえることから，設問のように，研究休職からの復職後直ちに病気休暇を取得した場合又は育児休業後直ちに産前産後休暇を取得し，そのまま育児休業をした場合については，研究休職から復職した時点又は1回目の育児休業から復帰した時点若しくは産前産後休暇が終わった時点で調整するのではなく，引き続く病気休暇後再び勤務するに至った時点又は2回目の育児休業から復帰した時点で，まとめて復職時調整を行うことが適当であると考えられる（給実甲第192号第1の第2項第4号）。

なお，産前産後休暇の取得期間は休職等の期間には含まれないが，1回目の育児休業から復帰後直ちに産前産後休暇を取得し，途中で1日も勤務しないまま育児休業を申請することを予定している職員は，給実甲第192号第1の第2項第4号に規定する「勤務しないこととなる職員」に該当するものと解されている。

16　派遣法の派遣職員等が職務に復帰した場合の復職時調整の特例

> **問**　派遣法の派遣職員等が職務に復帰した場合における号俸の調整に際し，部内の他の職員との均衡上必要があると認めるときは，規則9－8第44条（復職時等における号俸の調整）第2項等の規定により人事院の承認を得て特別の調整を行うことができることとなっているが，このような特例規定を設けた理由は何か。

答　派遣法の派遣職員が職務に復帰した場合には，派遣そのものが条約その他の国際約束に基づく国際協力等の目的で行われるものであり，派遣法第11

条（派遣職員の復帰時における処遇）において「派遣職員が職務に復帰した場合における任用，給与等に関する処遇については，部内職員との均衡を失することのないよう適切な配慮が加えられなければならない。」とされていることから，派遣職員が派遣されない職員より不利な取扱いとならないようにするため，派遣職員については換算率を3分の3以下として号俸の調整を行うこととなっているが，それでもなお派遣期間中に派遣されていない他の職員との均衡を失する場合があるため，特別の調整をすることができることとしたものである。

　なお，育児休業法により育児休業を取得した職員が職務に復帰した場合にあっては規則19―0第16条（育児休業をした職員の職務復帰後における号俸の調整）の規定，官民人事交流法により派遣された交流派遣職員が職務に復帰した場合にあっては規則21―0第41条（交流派遣職員の職務復帰時における給与の取扱い）の規定，法科大学院派遣法により派遣された職員が職務に復帰した場合にあっては規則24―0第15条（第11条派遣職員の職務復帰時における給与の取扱い）の規定，自己啓発等休業法により自己啓発等休業を取得した職員が職務に復帰した場合にあっては規則25―0第13条（職務復帰後における号俸の調整）の規定，福島復興再生特措法により派遣された職員が職務に復帰した場合にあっては規則1―69第12条（派遣職員の職務復帰時における給与の取扱い）の規定，配偶者同行休業法により配偶者同行休業を取得した職員が職務に復帰した場合にあっては規則26―0第15条（職務復帰後における号俸の調整）の規定，平成32年オリンピック・パラリンピック特措法により派遣された職員が職務に復帰した場合にあっては規則1―64第12条（派遣職員の職務復帰時における給与の取扱い）の規定，平成31年ラグビーワールドカップ特措法により派遣された職員が職務に復帰した場合にあっては規則1―65第12条（派遣職員の職務復帰時における給与の取扱い）の規定に基づき特別の調整を行うことができることとなっている。

17　派遣法の派遣職員が派遣期間中に退職した場合の調整

　問　派遣法の派遣職員が派遣期間中に退職した場合において，部内の他の職員との均衡上特に必要があると認められるときは，規則9―8第44

条の2（派遣職員の退職時の号俸の調整）の規定により，人事院の承認を得て復職時調整に準じた調整を行うことができることとなっているが，派遣職員についてのみこのような特例規定を設けた趣旨は何か。

答 休職等のため引き続き勤務を欠いていた職員が再び勤務するに至った場合に復職時調整を行うことができることとしているのは，当該休職等の期間中に部内の他の職員が昇給していることから生ずる給与の差を，職務に復帰した後においてもそのまま放置しておくことが必ずしも適当でない場合も存し，何らかの調整を行う必要があることによるものである。したがって，当該職員が職務に復帰することなく退職してしまう場合には，一般的には，そのような意味での部内均衡を考慮する必要がないことから，号俸の調整は行えないこととされている。しかしながら，派遣法の派遣職員の場合には，国際協力という国家的使命を帯びて派遣先機関の業務に従事するという特殊な性格を有することから，その処遇について特別な配慮が要請されているところである。そこで，派遣職員に限っては，職務に復帰することなく退職（死亡を含む。）した場合についても調整しない場合に生ずる退職手当等の差異を考慮し，特に必要があると認められるときには，復職時調整に準じた号俸の調整を行い得ることとしているものである。

18 給実甲第192号第1の第2項第3号に規定する規則9－8第37条第1項第3号に掲げる職員に該当する場合の取扱い

問 平成28年4月1日から平成30年3月31日までの期間，研究休職にされた職員が，平成30年9月1日に訓告等の矯正措置を受けた場合の復職等の日後の最初の昇給日（平成31年1月1日）の復職時調整における，調整数を算出する際の基礎となる号俸数はいくつとすればよいか。当該職員の当該昇給日における昇給区分は，人事院の定める事由以外によって評価終了日以前1年間の6分の1に相当する期間の日数以上の日数を勤務していない職員に該当することから，規則9－8第37条（昇給区分及び昇給の号俸数）第4項第1号によって下位の区分（D）に決定され，同項により

規則9－8第37条第1項第3号による昇給区分は決定されないこととなる。給実甲第192号第1の第2項第3号の適用に当たっては，訓告等の矯正措置を受けたことをもって規則9－8第37条第1項第3号に掲げる職員に該当するとして，標準号俸数の範囲内の号数を算定の基礎となる号数としてよいのか。

答 平成31年1月1日の復職時調整における，調整数を算出する際の基礎となる号俸数は，訓告等の矯正措置を受けたことをもって規則9－8第37条第1項第3号に掲げる職員に該当することから，その標準号俸数である「2」の範囲内の号数となる。

給実甲第192号第1の第2項第3号における「規則第37条第1項第3号に掲げる職員に該当」とは，同号によって昇給区分が決定された場合のみを指すものではない。

19　復帰後，再び勤務することなく退職する場合の復帰日における復職時調整の実施の可否

問 休職から復職後，再び勤務することなく，同日付で退職する場合，復職時調整を実施することはできるか。

答 復職時調整は，復職後，引き続き職務に従事するに当たり，部内の他の職員との均衡を図るために調整を行うものなので，復職後，職務に従事せずに退職することとなる場合には復職時調整は行わない。

ただし，設問17のとおり，派遣法の派遣職員は，特に必要があると認められるときには，復職時調整に準じた号俸の調整を行うことができる旨の例外規定がある。

20　休職等の期間以外の勤務しなかった日数の解釈

問 給実甲第192号第1の第2項第3号に「休職等の期間以外の勤務し

なかった日数が合算期間の……」とある。ここでいう，「休職等の期間以外の勤務しなかった日数」とは，短従期間，欠勤及び引き続かない病気休暇であると理解しているがこのような解釈でよいか。

(答) 貴見のとおりである。規則9－8第44条（復職時等における号俸の調整）では，復職時調整の対象の一つとして「休暇のための引き続き勤務しなかった職員」を規定していることから，引き続かない休暇については調整の対象とはしていない。したがって，給実甲第192号第1の第1項第3号の定義する「休職等」には，病気休暇も含まれているが，引き続かない場合には，調整の対象とはならない。給実甲第192号第1の第2項第3号の規定では，引き続かない病気休暇については，昇給の場合に準じた算定の基礎となる号数の算定の対象とされ，これらの他にも欠勤や短従期間についても「休職等の期間以外の勤務しなかった日数」に該当することから，当該日数が一定以上あるような場合には，昇給の取扱いに準じた昇給号俸数を，復職時調整における調整数の算定の基礎となる号数として号俸を調整することとなる。

21　復職時調整における介護休暇の期間に係る換算率の変更

(問) 平成29年1月1日に規則9－8別表第8（休職期間等換算表）が改正され，復職時調整における介護休暇の換算率が「2分の1以下」から「3分の3以下」に改正されたが，改正日をまたいで介護休暇を取得していた場合の換算率はどのように適用するのか。

(答) 改正後の介護休暇の換算率は，平成29年1月1日以降の介護休暇の期間に適用し，同日前の介護休暇の期間は，従前の換算率を適用することとなる。

22　平成30年4月1日に号俸調整された職員がその翌日から復職等の日後の最初の昇給日までの間に昇格した場合の復職時調整

(問) 平成29年改正法附則第3条第1項の規定により平成30年4月1日

に号俸を1号俸上位とされた職員の復職時調整において，平成27年1月1日の昇給抑制がなかった場合の復職時調整の結果と同じとなるよう特例措置が設けられているが，どのように行うのか。次例の場合について教示されたい。

【例】
　【平成30年4月1日時点の年齢：32歳】
　　平成29年1月1日　　昇給（昇給区分A）　行政職㈠2級20号俸
　　　3月1日〜　　病気休職（非結核性・私傷病）
　　　　　　　　　（平成30年2月28日まで）
　　平成30年1月1日　　昇給しない（昇給区分E）
　　　　　　　　　（規則9－8第37条第4項第2号）
　　　3月1日　　復職
　　　　　　　　復職時調整　行政職㈠2級22号俸
　　　4月1日　　号俸調整　行政職㈠2級23号俸
　　　10月1日　　昇格　行政職㈠3級7号俸
　　平成31年1月1日　　昇給（昇給区分D）
　　　　　　　　　（規則9－8第37条第4項第1号）
　　　　　　　　行政職㈠3級9号俸
　　　　　　　　復職時調整

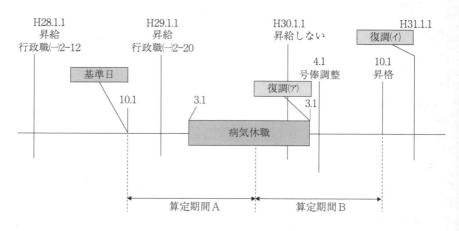

(1) 平成30年4月1日に号俸調整が行われた職員に対する特例

平成30年4月1日（以下「調整日」という。）以後の復職時調整において，号俸調整された号数を基準号俸に加えた号数を基礎として復職時調整を行うことにより，その回復効果を反映させた上で調整数を加える旨の特例が設けられている（給実甲第192号第1の第10項第1号）。

行政職㈠2級20号俸（基準号俸）＋1号俸（給実甲第192号第1の第10項第1号）＝行政職㈠2級21号俸

《給実甲第192号第1の第10項第1号の適用条件》

① 平成29年改正法附則第3条第1項の規定により号俸を1号俸上位とされた職員であること。
② 休職等期間の初日が平成26年10月1日から平成30年3月31日までの間にあること。
③ 平成30年4月1日以後の復職時調整であること。

→ 本事例では，復職時調整(ｱ)は，③の条件を満たさないので，この特例は適用されないが，復職時調整(ｲ)は，上述の適用条件を全て満たすためこの特例が適用される。

(2) 復職時調整(ｱ)（復職日（平成30年3月1日）における復職時調整）

休職等の期間以外の期間の5月と調整期間（病気休職7月×1/3）の2月10日を合算して，合算期間7月10日となる。

$$\genfrac{}{}{0pt}{}{標準号俸数}{(4号俸)} \times \frac{合算期間（7月10日）}{12月} = 2 \cdot 4/9$$

したがって，平成30年3月1日における復職時調整については，基準号俸行政職㈠2級20号俸に調整数「2」を加えた行政職㈠2級22号俸までの範囲内で調整することができる。

(3) 復職時調整(ｲ)（復職の日後の最初の昇給日（平成31年1月1日）における復職時調整）

休職等の期間中又は復職等の日から復職等の日後の最初の昇給日までの期間中に規則9－8第23条第1項に該当する昇格をした職員の昇格の日以後の復職時調整は，以下のとおり行う（給実甲第192号第1の第3項第1号）。

① 昇格の日を復職等の日とみなし，基準日から昇格の日直前の昇給日の直前の評価終了日までの期間（図の算定期間A）に係る復職時調整を行う。

基準号俸　行政職㈠2級20号俸に調整日における号俸調整の1号俸を加えた（給実甲第192号第1の第10項第1号）行政職㈠2級21号俸に調整数「2」（調整数の計算は(2)と同じ）を加えた行政職㈠2級23号俸までの範囲内で調整することができる。

② 昇格の日の前日に行政職㈠2級23号俸を受けていたものとみなした場合に得られる昇格後の号俸

行政職㈠2級23号俸からの3級昇格　→　行政職㈠3級7号俸

③ 行政職㈠3級7号俸を基礎として，昇格の日の直前の昇給日の直前の評価終了日の翌日（平成29年10月1日）以後の期間（図の算定期間B）に係る復職時調整を行う。

休職等の期間以外の期間の7月と調整期間（病気休職5月×1/3）の1月20日を合算して，合算期間8月20日となる。

$$\frac{標準号俸数}{(4号俸)} \times \frac{合算期間（8月20日）}{12月} = 2 \cdot 8/9$$

したがって，平成31年1月1日における復職時調整については，行政職㈠3級7号俸（②の昇格後の号数）に調整数「3」（4/9（(2)の調整数の端数）＋2・8/9（③の調整数）＝3・1/3）を加えた行政職㈠3級10号俸までの範囲内で調整することができる。

23　平成30年4月1日前に復職等した職員が平成30年4月1日に昇格し，平成29年改正法附則による号俸調整を受けた場合の復職時調整

問　平成29年改正法附則第3条第1項の規定により号俸を1号俸上位とされた職員の復職時調整において，平成27年1月1日の昇給抑制がなかった場合の復職時調整の結果と同じとなるよう特例措置が設けられているが，どのように行うのか。次例の場合について教示されたい。

【例】

第11章 特別の場合における号俸の決定　193

【平成30年4月1日時点の年齢：35歳】
平成28年10月1日～　育児休業（平成30年2月28日まで）
平成29年1月1日　　昇給（昇給区分C）　行政職㈠2級30号俸
平成30年1月1日　　昇給しない（基準期間（図の算定期間A）における勤務実績がないため）
平成30年3月1日　　復帰
　　　　　　　　　　復職時調整　行政職㈠2級34号俸
　　　　4月1日　　昇格　行政職㈠3級18号俸
　　　　　　　　　　号俸調整　行政職㈠3級19号俸
平成31年1月1日　　昇給（昇給区分D）
　　　　　　　　　　（規則9－8第37条第4項第1号）
　　　　　　　　　　行政職㈠3級21号俸
　　　　　　　　　　復職時調整

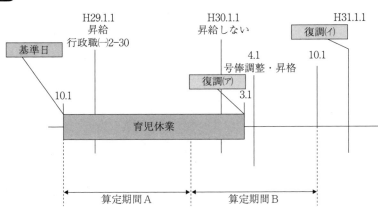

(1) 復職時調整㈢（復職日（平成30年3月1日）における復職時調整）

$$\text{標準号俸数}（4号俸）\times \frac{\text{調整期間（育児休業12月}\times 100/100）}{12月} = 4$$

　したがって，平成30年3月1日における復職時調整については，基準号俸行政職㈠2級30号俸に調整数「4」を加えた行政職㈠2級34号俸までの範囲

(2) 復職時調整(イ)(復職の日後の最初の昇給日(平成31年1月1日)における復職時調整)

　　休職等の期間中又は復職等の日から復職等の日後の最初の昇給日までの期間中に規則9－8第23条第1項に該当する昇格をした職員の昇格の日以後の復職時調整は，以下のとおり行う(給実甲第192号第1の第3項第1号)。

① 　昇格の日を復職等の日とみなし，基準日から昇格の日直前の昇給日の直前の評価終了日までの期間(図の算定期間A)に係る復職時調整を行う。

　　基準号俸　行政職㈠2級30号俸に調整数「4」(調整数の計算は(1)と同じ)を加えた行政職㈠2級34号俸までの範囲内で調整することができる。

② 　昇格の日の前日に行政職㈠2級34号俸を受けていたものとみなした場合に得られる昇格後の号俸

　　行政職㈠2級34号俸からの3級昇格　→　行政職㈠3級18号俸

③ 　行政職㈠3級18号俸を基礎(基準号俸の代わり)として，これに平成30年4月1日における号俸調整分の1号俸を加え(給実甲第192号第1の第10項第1号)，昇格の日の直前の昇給日の直前の評価終了日の翌日(平成29年10月1日)以後の期間(図の算定期間B)に係る復職時調整を行う。

　　休職等の期間以外の期間の7月と調整期間(育児休業5月×100/100)の12月を合算して，合算期間12月となる。

$$\frac{標準号俸数}{(4号俸)} \times \frac{合算期間(12月)}{12月} = 4$$

　したがって，平成31年1月1日における復職時調整については，行政職㈠3級19号俸(②の昇格後の号数に平成30年4月1日の号俸調整分の1を加えたもの)に調整数4を加えた行政職㈠3級23号俸までの範囲内で調整することができる。

第3　俸給の訂正

1　俸給の訂正の趣旨

問　規則9―8第45条（俸給の訂正）の規定の趣旨について説明されたい。

答　規則9―8第45条は，職員の俸給の決定に誤りがあり，その誤りを発生時まで遡って是正することが困難又は不適当な事情のある場合に，過去の状態は一応そのままにしておきながら，いわゆる再計算方式により，その是正を将来に向かって行うことができるようにしている規定である。

　俸給の決定に誤りがあった場合の是正については，国公法第69条（給与簿の検査）及び給与法第20条（俸給の更正決定）に，人事院自らの権限として，各庁の長にその是正を命ずることができる旨の規定があるが，これらの規定を待つまでもなく，一般に俸給の決定について権限を有する各庁の長はその決定に誤りを認めたときはこれを取り消して決定し直すということが原則であると考えられる。

　しかしながら，一方，このような取消しは，取消原因が存するという理由のみで，常に無条件に行い得るというものではない。取消しの効果は，原則として既往に遡るものであってみれば，条理上取消権の制限される場合も当然に存するところである。

　また，実際上の問題としてみたときも，俸給を遡って決定し直すとすれば，その時以降の給与についてそれぞれ追給又は返納を行わなければならないという問題を生ずるが，例えば，職員の俸給が誤って高く決定された場合に職員自身に責がなくとも多額の返納を強いることになれば職員の生活や将来設計を大きく狂わせることにもなりかねず，また，職員の俸給を低く誤った場合でも，その決定から相当の年月の経過がある場合には決定の事情そのものが不明確となる上，それに基づき様々の決定が積み重ねられることにより，その決定を過

去に遡ってまで一挙に覆し，全く新しい決定をやりなおした上精算を行うことは適当ではない場合も考えられる。このため，決定誤りの具体的事情とも関連して，ケースによっては，その方法によらず，一種の調整として是正の効果を将来に向かってのみ及ぼすこととする方が適当と判断される場合もあるわけで，このような趣旨から設けられたのが規則9－8第45条の規定である。

2 規則9－8第45条にいう「誤り」の意味

問 規則9－8第45条にいう「職員の俸給の決定に誤りがあり……」とは，いかなる場合をいうのか。平成26年改正法附則第7条の規定による俸給の決定に誤りがあった場合は該当するのか。

答 「俸給の決定に誤り」があるとは，俸給の決定に瑕疵がある場合をいい，それが，法律，規則等に反して行われている場合のほか，裁量を誤り著しく法規の趣旨，目的を逸脱している場合をも包含するものと解される。よって，平成26年改正法附則第7条の規定による俸給の決定の誤りも含まれる。

3 自主的に俸給の訂正を行うことの可否

問 職員の俸給を誤って低く決定していたことを発見し，それを原因時に遡って訂正しようとする場合において，その訂正は必ず規則9－8第45条（俸給の訂正）の手続によらなければならないものであり，自主的な訂正は認められないと解すべきであるか。

答 職員の俸給の決定に誤りがある場合に，その誤りの発生時に遡って当該決定を取り消し，あらためて決定（発令）のし直しをすることはもとより可能である。そしてこの場合には，手続としてはいわゆる取消しの法理に従えばよく，人事院の承認を求める必要はない。

4　履歴の補正がされた場合の俸給の訂正

> **問**　採用の際，職員から提出された履歴書に記載誤りがあったため，初任給を本来の号俸より低い号俸に決定していたことが後日判明した。これを規則9―8第45条（俸給の訂正）の規定によって訂正することができるか。

答　初任給決定の基礎となった採用時の履歴書の記載もれ等に起因して，本来の初任給よりも低い初任給に決定されている場合に，その履歴の補正に合わせて俸給の訂正を行うことは可能である。ただし，この場合に当該訂正を行うことが適当かどうかについては，履歴補正に関する諸事情を調査し，個々の場合に即して，それを理由に俸給の訂正を行った場合又は行わなかった場合に，それぞれ派生するであろう人事管理上の問題を総合的に検討した上で決定すべきものであると考える。

5　差額の精算ができない場合の俸給の訂正

> **問**　職員の俸給を誤って低く決定していたことを発見し，これを是正しようと考えるが，その誤りの発生時点がかなり前（例えば8年前）で，給与簿等が現在まで保管されていない期間があるため，事実上正確な差額計算が困難であるようなケースについては，どう取り扱ったらよいか。このような場合は，遡っての是正が困難であるとして，規則9―8第45条（俸給の訂正）の規定による将来に向かっての訂正の承認を求めるべきものか。

答　誤りの発生時以降の期間の一部について正確な差額計算を行い得ないというだけの理由では，規則9―8第45条の規定による将来に向かっての訂正を行うための十分な根拠とはなり得ないと考えられる。したがって，設問のような場合には，原則として，原因時に遡って是正を行い，保管されている給与簿等によって可能な限りの精算を行うこととなる。そして，この精算ができない部分については民法等の一般原則により処理することも考えられよう。

なお，俸給決定上の誤りが相当期間過去に遡るような場合に原因時から是正を行うとすれば，いったん成立した給与上の秩序をいたずらに混乱させるおそれがあること等にも留意が必要である。

第12章

初任給基準表及び在級期間表

[参照法令]

● 規則9—8（別表第2・第6）
● 給実甲第326号，第327号，第470号

第1 行政職㈠関係

1 無線従事者が在職中に上級の免許を取得した場合の経験年数の取扱い

問 行政職㈠の初任給基準表の備考第3項に「無線従事者の経験年数は、その資格…（中略）…を取得した時以後のものとする」とあるが、これは下級の免許取得後数年経過して上級の免許を取得した場合——例えば、第3級総合無線通信士が第2級総合無線通信士の免許を取得した場合——上級の免許を基礎にして給与の格付けを行うときは、原則として下級の免許取得後上級の免許を取得するまでの間の経験年数は考慮できないということか。

答 貴見のとおりである。
　なお、無線従事者の職務の級を1級以外の職務の級に決定する場合には、給実甲第326号初任給基準表関係第1項の規定により、その者の有する免許に応じて、その者の有する経験年数に調整年数を加減した年数をもって、その者の経験年数とすることとなっている。

2 無線従事者の資格取得前の経歴の取扱い

問 行政職㈠の初任給基準表の備考第3項に、無線従事者の経験年数は原則として資格を取得した時以後のものとされるものの、人事院が別段の定めをした場合には、その定めるところによるとなっているが、現在どのような定めがなされているか。

答 設問に係る「別段の定め」として、給実甲第327号第2項第1号の定めがあり、免許取得前の「軍用無線の操作等に従事した期間その他これに類似する期間で事務総長の承認を得たものの年数」については、部内の他の職員との

均衡上特に必要があると認められるときは，免許取得後の経験年数として取り扱うことができることとなっている。

3 一般職（高卒）試験合格者を無線従事者として採用した場合の初任給基準表の適用方法

> **問** 一般職（高卒）試験合格者を「第3級総合無線通信士」として採用した場合の行政職㈠の初任給基準表の適用はどのようになるのか。

答 電波法（昭和25年法律第131号）に規定する無線従事者の資格を有し，無線設備の操作若しくはその監督又は電波監視の業務に従事する職員の官職については，その職務の特殊性を考慮して試験対象外官職とされており，その任用は選考採用となるので，設問のように一般職（高卒）試験に合格している者であっても無線従事者の「第3級総合無線通信士」の区分を適用することとなる。

4 無線通信士の資格と学歴との関係

> **問** 短大卒で第3級総合無線通信士の資格を有する者を無線通信士として採用する場合，その初任給は行政職㈠1級1号俸か。それとも，短大卒を考慮し1級9号俸とすることができるか。

答 無線従事者については，無線という特殊の資格に着目しているので，職員の有する学歴免許等の資格を考慮しないこととなっており，初任給基準表の適用に当たっては専らその資格の区分によることになっている。したがって，原則としていわゆる修学年数調整という考え方を入れる余地はなく，規則9－8第14条（学歴免許等の資格による号俸の調整）の規定の適用はないので，設問の場合は行政職㈠1級1号俸ということになる。

なお，資格を有する者をその資格により1級の無線従事者に採用する場合でその採用が著しく困難であると認められるときは，行政職㈠の初任給基準表の試験欄の「その他」の区分を用いて同規則第16条（下位の区分を適用する方が

有利な場合の号俸）の規定の例により得られる号俸の方が有利な職員については，その号俸をもって初任給の号俸とすることができる特例が認められている。

　　（注）　この特例は，初任給の号俸の決定に限り認められるものであって，在級期間表の適用に当たっては，行政職㈠の在級期間表の備考第3項，第4項又は第7項の規定が適用される。

5　無線従事者の初任給の取扱い

問　無線従事者の初任給については，規則9－8第14条（学歴免許等の資格による号俸の調整）の規定による学歴免許等の資格による号俸の調整が行えず，また，同規則第15条（経験年数を有する者の号俸）の規定による経験年数による号俸の調整も無線従事者の資格取得後の経験年数に限られるため，その者の経歴いかんによっては一般の選考採用者の初任給を著しく下回る場合があるが，これについて救済する方法はないか。

答　無線従事者については，任用上試験対象外とされるとともに，その職務の特殊性から，給与上も資格の程度に応じて「採用試験」による採用者に準じた初任給の基準が定められているが，規則9－8第14条等の規定の適用が制限されていることとも関連して，一般の選考採用者に比べて実質的に不利となる場合も存するので，その初任給の決定に当たっては，職務の特殊性を考慮して，一般の選考採用としての初任給の方が有利な場合は，それによることができる旨の特例が別に設けられている（前問の答のなお書参照）。

第2　行政職㈡関係

1　自動車運転免許を有する者の取扱い

問　(1)　自動車運転免許を有する者で「中学卒」の学歴免許等の資格のみを有するものであっても，自動車運転手としての業務を行うときは，「高校卒」の区分による（行政職㈡の初任給基準表の備考第2項）となっているが，この「高校卒」の区分によることとする免許とは，道路交通法（昭和

35年法律第105号）第84条の規定にいう大型免許，中型免許，準中型免許，普通免許，大型特殊免許，大型第二種免許，中型第二種免許，普通第二種免許又は大型特殊第二種免許を指すものと考えてよいか。

(2) 自動車運転手の経験年数は，免許取得後のものとなっているが，現にその者が運転していた自動車の種類に関係なく，当該免許取得後の経験年数は，すべてその者の経験年数とするものと考えてよいか。

また，これ以外の自動車運転手としての前歴が，給実甲第327号第2項第2号により，その年数の10割以下の年数を免許取得後の経験年数として取り扱うことができると考えてよいか。

（答） 貴見のとおりである。

2　自動車運転手の免許と学歴との関係

（問） 自動車運転手については，行政職㈡の初任給基準表の備考第2項の規定により同表の学歴免許等欄の「高校卒」の区分を適用することになっているが，中学卒の学歴免許等の資格のみを有する者を自動車運転手に採用する場合は，その者の免許取得後の経験年数から経験年数調整表による調整年数3年を減じた年数をもって経験年数とするのか。

（答） 行政職㈡の初任給基準表の備考第2項の規定は，高校卒に達しない資格の者でも「高校卒」の区分をそのまま適用するということである。したがって，この場合，免許取得後の経験年数から調整年数3年を差し引くことはない。

3　自動車運転手に採用する場合における農業に従事した期間の取扱い

（問） 自動車運転手に採用する場合において，免許取得前の経歴のうち技能労務等の業務で当該免許を必要とする業務に役立つと思われる業務に従事した経歴については，給実甲第327号第2項第2号により，その年数の5割以下の年数を免許取得後の経験年数として取り扱うことができること

となっているが，例えば農業に従事した経歴についてはどのように取り扱えばよいか。

答 当該業務に役立つ経歴に該当すると認めるかどうかは，当該業務の内容に照らしてみた場合，そのように判断することについて合理的な理由があるかどうかによるものであり，特定の経歴について一律的に取り扱うということではない。設問の農業に従事した経歴については，一般的には自動車運転手の業務に役立つと認めることには困難があると考えられる。

4　電話交換手に対する規則9―8第16条の規定の適用

問 高等学校を卒業した者を電話交換手として採用する場合，規則9―8第16条（下位の区分を適用する方が有利な場合の号俸）の規定を適用し，行政職㈡の1級9号俸（中学卒）を基礎として3年の在学期間による調整を行い，1級21号俸としてよいか。

答 電話交換手の初任給については，学歴差よりも習熟の程度に重点が置かれ，「中学卒」の初任給を，修学年数からみて「高校卒」より相対的に有利に取り扱うよう考慮されており，そのため行政職㈡の初任給基準表の備考第8項において「学歴免許等欄の学歴免許等の区分の適用については，職員の有する最も新しい学歴免許等の資格による」とする旨特に定められている。したがって，仮に規則9―8第16条の規定を適用することとすれば，当該初任給基準表の定めを無意味とすることとなるので，もとより同条の適用の余地はない（給実甲第326号第16条関係第2項参照）。

5　技能職員と労務職員（乙）との区分

問 行政職㈡の初任給基準表の「職種」欄の各区分の適用に際して，技能職員と労務職員（乙）との区分については，同表の備考第1項にその定めがなされているが，例えば，次のような職務に従事する者については，

いずれの区分に該当することとなるか。
　(1)　病院，療養所等において看護助手の職名をもって，看護師又は准看護師の助手的業務に従事する者
　(2)　病院，療養所，学校等において，給食のための調理の業務に従事する者
　(3)　農場等において，農場作業員の職名をもって，農業に従事する者

答　行政職㈡の初任給基準表の「職種」欄の区分の適用については，それぞれその職務の実態に応じて取り扱うべきであり，単に職名のみをもって一律的にその区分を決定することはできない。ただ，設問の場合について一般的にいえば，
　(1)については，設問のような業務を行う看護助手
　(2)については，調理に従事し，主として炊事に従事する者等には該当しないもの
　(3)については，その従事する職務が主として播種，継木，摘心，摘花等であるもの

等は，それぞれ特別な技能を必要とするものである場合が多く，そうである限り「技能職員」の区分に該当するものとして取り扱うことが原則であると解している。

6　労務職員の初任給に幅を設けている理由

問　行政職㈡の初任給基準表の適用を受ける労務職員については，同表の初任給欄において学歴，経験等に関係なく初任給に幅をもたせ，その幅の中で決定することとなっているが，このように定められているのはなぜか。

答　設問のように労務職員の初任給に幅をもたせているのは，労務職員の場合には通常学校卒業直後の者よりも相当の経歴を有する者を採用することがどちらかといえば常態であり，また，職務の性格からいって，他の職員の場合

のように基準学歴を定め，それを超える学歴免許等の資格又は経験年数によって初任給を調整する等の方法はあまり適当でなく，むしろ当該地域における給与水準や雇用事情及び労務職員間の均衡等を考慮して決定する方が，労務職員の実態に即応すると考えられることによるものである。

なお，労務職員の号俸決定について，学歴免許等の資格による調整及び経験年数による調整が適用されないことは，規則9－8第19条（特定の職員についての号俸に関する規定の適用除外）に定められているとおりである。

7 採用困難な労務職員の範囲

> **問** 労務職員（乙）の初任給については，行政職(二)の初任給基準表の備考第5項の規定で採用困難なものと，そうでないものに区分されているが，実際に採用するに当たって，その採用しようとする職務が採用困難な職務であるか，そうでないかの判断は，どのようにして行うのか。

答 採用しようとする職務が採用困難な職務であるかどうかの判断は，民間における当該職種の初任給の水準及び最近における雇用の事情等を考慮して行うこととなり，これについての一律の基準は存していない。ただし，一般的にいえば，例えば，清掃，配膳，雑役等その職務が単純な職務については，通常ここにいう採用困難な職務とは必ずしも考えられないので，その取扱いに当たっては慎重に取り扱うことが適当であると考える。

8 労務職員（甲）の2級への採用

> **問** 給実甲第470号により，守衛等の2級への決定についての要件が定められているが，採用した職員の場合にもこの基準を適用して，その職務の級を2級に決定することができるか。また，できるとした場合に，その初任給の号俸はどのように決定するのが正しいか。

答 給実甲第470号の表の備考第3項に，新たに職員となった守衛等の職

務の級を2級に決定する場合に限ってこの基準を適用できる旨定められている。この場合、採用日に仮定計算によって得られる号俸を同表に掲げられている現に受ける号俸として取り扱い、同表の基準に該当すれば、2級に決定することができる。

具体的には、規則9-8第12条（新たに職員となつた者の号俸）第1項第3号イの規定により、初任給基準表に定められている初任給の号俸（同表備考第4項に定める号俸を含む。）を仮定計算し、その号俸を基礎として2級に昇格させた場合に得られる号俸をもって初任給の号俸とすることとなる。

9 在級期間が定められていない職務の級

> **問** 行政職㈡の4、5級のように同じ職務の級であっても、職種によっては在級期間の定めのないものがあるが、これはどのような趣旨によるものか。

答 行政職㈡の在級期間表において、職種によって在級期間が定められていないものがあるのは、職種によって決定され得る職務の級の幅に差異があるためであって、例えば、同表において、労務職員（乙）について4、5級に定めがないのは、これらの職種に係る標準職務からみて、そのような職務の級への決定が考えられていないことによるものである。

第3 専門行政職関係

1 初任給基準表に「一般職（高卒）」及び「専門職（高卒）」の区分がない理由

> **問** 専門行政職の初任給基準表に「一般職（高卒）」及び「専門職（高卒）」の区分がないのはどのような理由によるものか。

（答）　専門行政職の適用官職は原則として大学卒業程度以上の専門的知識又は能力・資格等を必要とする職種を対象としているので，高等学校卒業程度の者を採用する官職は原則として存在していない。そのため，専門行政職の初任給基準表には「一般職（高卒）」及び「専門職（高卒）」の区分が定められていない。

2　初任給基準表に「その他」の区分がない理由

（問）　専門行政職の初任給基準表には採用試験の区分だけで，「その他」の区分がないのはどのような理由によるものか。

（答）　専門行政職の1級の官職は，原則として採用試験による採用を前提としており，採用試験以外の方法による採用が行われない実態にあるので，初任給基準表に「その他」の区分は設けていない。なお，特例的に採用試験によらずに採用された者は，規則9－8第12条（新たに職員となつた者の号俸）第1項第4号の規定により初任給を決定することとなる。

3　在級期間表の備考に一般職（高卒）又は専門職（高卒）試験合格者等の在級期間の読み替え規定を設けている趣旨

（問）　専門行政職の適用職種は，原則として大学卒業程度以上の専門的知識又は能力・資格等を必要とする職務とされているにもかかわらず，同俸給表の在級期間表の備考に一般職（高卒）又は専門職（高卒）等の結果に基づいて職員となった者に係る在級期間の読み替え規定が設けられているのはどのような趣旨か。

（答）　例えば，専門行政職が適用される航空管制官は，航空保安大学校での8か月間の研修課程を経て行政職㈠から専門行政職に異動させることとされているとともに，専門行政職が適用される他の官職においても初任給基準表の試験欄の「一般職（高卒）」又は「専門職（高卒）」の区分を適用されていた者を，

専門行政職に俸給表異動させる場合が考えられる。そこで，これらの者に応じた在級期間を適用させる必要があるために，在級期間表の備考に在級期間の読み替え規定が定められているものである。

第4 税務職関係

1 初任給基準表に「その他」の区分がない理由

> **問** 税務職の初任給基準表には採用試験の区分だけで，「その他」の区分がないのはどのような理由によるものか。

答 税務職の1級及び2級の官職については，すべて採用試験による採用を前提としており，例外的な場合が考えられないので，「その他」の区分は設けられていない。

第5 海事職(一)(二)関係

1 海技免許と免許所有職員との関係

> **問** 船舶に乗り組む船員については，職種ごとに定められたそれぞれの海技免許を有することが要件とされているが，給与上は免許所有職員としては取り扱われてはいない。このことから海技免許は業務上の必要条件であるに止まり，これら職員の経験年数は海技免許とは関係なく取り扱うことができるものと解してよいか。

答 貴見のとおりである。

2　海員学校高等科卒の大型船舶の船員の初任給の取扱い

問　海員学校高等科を卒業した者を平成2年4月1日以後新たに海事職㈡の大型船舶の船員として採用した場合の初任給の決定については，規則9―8―8附則第6項を廃止して新たに規則9―8―14附則第5項の規定を根拠とした理由は何か。

答　海員学校高等科を卒業した者で，海事職㈡の大型船舶の船員として昭和63年4月1日から平成2年3月31日までの間に採用された場合の号俸の決定については，規則9―8―8附則第6項の規定により「従前の例による」とされ，その初任給を特例的に修学年数差（1年）よりもさらに1号俸（現在の4号俸相当）有利に決定（昭和61年の海員学校の学制の改正前の司ちゅう科（中学卒1年課程）の卒業者の1級3号俸に対して，高等科（中学卒2年課程）の卒業者は1級5号俸（注））することとされていた。

規則9―8―14附則第5項の規定は，平成2年4月1日に海事職㈡の初任給基準表の初任給欄に定める号俸が1号俸上位に改正されたことに伴い，同日以降に採用される海員学校高等科の卒業者の初任給についても，それまでよりも1号俸上位とする必要が生じたため，新たに根拠を設けたものであり，同表の学歴免許等欄の「高校卒」の区分（1級6号俸）を適用するものとした。

なお，現在では，同区分を適用することにより1級17号俸となっている。

　　（注）　有利な取扱いとした経緯は次のとおりである。なお，この取扱いは昭和63年3月31日以前は海事職㈡の初任給基準表の備考第2項に規定され，昭和63年4月1日から平成2年3月31日までの間は規則9―8―8附則第6項の規定により「従前の例による」とされていたものである。

　　　　海員学校が船員の専門的教育機関である点等を考慮して，もともと同校の卒業者については給与上若干有利な取扱いをしており，大型船舶の船員の場合に，海員学校司ちゅう科（中学卒1年課程）の卒業者は1級から2級に昇格する際に1号俸のいわゆるとび昇格ができるように級別資格基準が従来から定められていた。

　　　　ところで海員学校高等科はその後において設けられた課程であるが，海員学校司ちゅう科より修学年数が1年長いことを理由に，仮にその初任給を1級4号俸とするに止めるとすると，海員学校司ちゅう科の卒業者のいわゆるとび昇

格との関係で2級昇格後の号俸が両者とも同一となり，両者の均衡を失することとなる点を特に考慮し，特別にその初任給を1級5号俸とする特例を設けたものである。

第6　教育職㈠㈡関係

1　助教から准教授に昇任した場合の号俸の決定方法

問　大学校における助教を准教授に昇任させた場合の給与の決定については，初任給基準を異にする異動として，規則9－8第26条（初任給基準を異にする異動をした職員の号俸）及び給実甲第254号の規定による再計算方式で決定することになるのか。

答　助教から准教授への昇任は，規則9－8第21条（上位資格の取得等による昇格）の規定による昇格である。したがって，この場合の号俸は，同規則第23条（昇格の場合の号俸）第1項から第3項までの規定により決定することとなる（第7章の第1の問1参照）。なお，同条第3項による場合の「初任給として受けるべき号俸」とは，准教授に昇任した時点において准教授として新たに採用されたものと仮定した場合に，その者が受けることとなる初任給（同規則第12条，第14条，第15条，第16条又は第18条適用）の号俸である。

2　教育職㈠の教授の2級昇格に係る在級期間が0年と定められている趣旨

問　教育職㈠の在級期間表において，教授の2級昇格に係る在級期間が0年になっているが，これは，教授になれば最低2級に決定されるものと解してよいか。
　そうであるとすれば，教授に採用されて2級に決定される場合には，大学卒の者であっても短大卒の者であっても経験年数が同じなら，同じ初任

給を受けることになると思うがどうか。

答 教授を2級に昇格させるための在級期間が0年と定められているのは、その職務の実態に照らし、教授であればその学歴のいかんを問わず、少なくとも2級は保障しようとする趣旨によるものである。なお、2級に決定された教授の号俸の決定については、規則9－8第18条（特殊の官職に採用する場合等の号俸）の規定による人事院の承認を得て、その者の経験年数から大学卒にあっては6年を、短大卒にあっては9年を減じた年数を基礎として号俸を決定することができる途があり、これによれば、大学卒と短大卒では、初任給において12号俸の差が生ずることとなるので、一般的には、同じ経験年数を有する大学卒の者と短大卒の者とが同じ初任給になるということはない。

3 大学6卒の者を教育職㈡の教員として採用する場合の初任給

問 教育職㈠の初任給基準表には「大学6卒」の定めがなされているのに、教育職㈡の初任給基準表においてはその定めがなされていないのはなぜか。また仮に大学6卒の者を教育職㈡の適用を受ける専修学校の補助教員として採用した場合の初任給は、大学卒の区分を適用の上、学歴免許等の資格による調整により1級21号俸に決定するほかないか。

答 教育職㈡の初任給基準表において、「大学6卒」の定めがなされていないのは、一般的にはそのようなケースを想定しておらず、また、教育職㈡適用者については、「大学6卒」として修学年数を1.5倍に評価した取扱いを一律的に適用すべき必要性は、必ずしも認められないとの考えによるものである。したがって、設問のように大学6卒の者を専修学校の補助教員として採用した場合の初任給は、教育職㈡初任給基準表の大学卒の区分を適用（1級13号俸）の上、学歴免許等の資格による号俸の調整における加算数2に4を乗じて得た数を加えた教育職㈡1級21号俸と決定することとなる。ただし、教育職㈡の適用を受ける看護学校、助産師学校等専修学校の教員に採用される場合で、医学に関する専門的知識を必要とする教科を担当するものについては、教育職㈡の初

任給基準表の備考により「修士課程修了専門職学位課程修了」の区分を適用することとされ，修学年数を1.5倍に評価する取扱いがなされている。

第7　研究職関係

1　大学院修了者を選考採用する場合の初任給

問　大学院修士課程又は博士課程を修了した者を，採用試験によらず研究員として採用する場合は，研究職の初任給基準表の「その他」の区分に対応する「博士課程修了」又は「修士課程修了専門職学位課程修了大学6卒」の区分を適用し，2級33号俸又は2級13号俸に決定して差し支えないか。

答　研究職の初任給基準表の「その他」の区分に対応する「博士課程修了」又は「修士課程修了専門職学位課程修了大学6卒」の区分を適用して初任給を決定する場合は，同表の備考第1項の規定により，規則9―8第13条（初任給基準表の適用方法）第3項の規定の適用を受ける者のうち，当該区分の適用についてあらかじめ人事院の承認を得た者に適用することになっているので，その承認を得なかった場合には，設問の号俸に決定することはできない。

2　研究補助員の2級昇格

問　研究職の在級期間表の備考第3項の規定において，研究補助員を2級に昇格させる場合には，人事院の定めるところによるとされているが，その理由は何か。

答　研究補助員として1級に在職する者を2級に昇格させる場合に，規則9―8第20条（昇格）又は第21条（上位資格の取得等による昇格）の規定によるほか，特に人事院の定めるところによることとしているのは，もともと2級

が独立して研究を行う研究員の職務の級であり，また，当該職務の級が相当有利な級構成になっている関係もあって，その者が相当高度の知識経験に基づき独自に研究を行う者であるか否かの認定に慎重を期する必要があることによるものであり，具体的には，あらかじめ事務総長の承認を得ることとされている（給実甲第326号在級期間表関係第2項参照）。

第8　医療職(一)(二)(三)関係

1　役付でない医師の医療職(一)の2級格付け

> **問**　診療科長等以外のいわゆる一般の医師についても，医療職(一)の在級期間表に定める在級期間6年を満たしていれば2級に決定することができるか。

答　一般の医師であっても，医科長又は診療科長等と同程度の相当高度の知識経験に基づき困難な医療業務を行う者については，これを医療職(一)の2級に格付けすることができることになっているが，当該職務の級は医科長又は診療科長の格付けをも予定していることとの関係で，一般の医師の格付けには慎重を期する必要がある。また，各府省間及び医師間の均衡をも考慮する必要があることから，一般の医師を医療職(一)の2級に決定するに当たっては，在級期間表の備考第2項で人事院の定めるところによるものとされ，給実甲第326号在級期間表関係第2項に規定されているように，あらかじめ事務総長の承認を得なければならないことになっている。したがって，仮に在級期間表に定める在級期間を満たしているからといって，一般の医師を事務総長の承認を得ることなく医療職(一)の2級に決定することはできない。

2　6年制薬学部を卒業した薬剤師の初任給

> **問**　6年制課程の薬学部を卒業して薬剤師となった者の初任給は，「大

学卒」の薬剤師の初任給より14号俸高くなっており，修学年数差に比して有利になっているが，これはどのような考え方に基づいているのか。

答 平成16年5月の学校教育法（昭和22年法律第26号）の改正により，平成18年4月から薬剤師養成のための6年制課程が設けられ，臨床現場で求められる実践的な能力を育成する新しいカリキュラムによる教育や認定指導薬剤師のもとで行われる実務実習等により，臨床に係る実践的な能力を培うこととなった。このように，高度な専門教育が行われる大学3年次以降の専門課程4年間を5割増し（当該4年間を1.5倍）で評価し，短大卒プラス24号俸に相当する初任給に決定することとしたものであり，その結果，「大学卒」との間に14号俸の差が生じたものである。

3　4年制薬学部を卒業した薬剤師の初任給に係る経過措置

問 医療職㈡の初任給基準表の備考第3項の規定により，薬剤師法の一部を改正する法律（平成16年法律第134号）附則第3条の規定により薬剤師となった者に対する同表の学歴免許等欄の適用については，「大学6卒」の区分によるものとされているが，これはどのような考え方に基づいているのか。

答 平成16年5月の学校教育法（昭和22年法律第26号）の改正に伴い，6年制課程の薬学部を卒業した者について薬剤師国家試験受験資格が与えられることとなったが，研究者の養成などを目的とした4年制の課程も存置されることから，経過的取扱いとして，薬剤師法の一部を改正する法律附則第3条の規定により，平成18年度から平成29年度までの間に4年制の薬学部に入学し，その後，大学院において薬学の修士又は博士課程を修了した者であって，一定の要件のもとに6年制課程の薬学部を卒業した者と同等以上の学力及び技能を有すると認定された者については，薬剤師国家試験を受けることができることとされた。したがって，同条の規定により薬剤師となった者については，6年制課程の薬学部を卒業していないものの，「大学6卒」の者と同等以上の学力及び技

能を有すると認定されていることから,給与上においても「大学6卒」の者と同等に取り扱うこととしたものである。

なお,平成18年度より前に4年制課程の薬学部に入学し,その後,修士又は博士課程を修了した者については,同条の適用を受けないことから,医療職㈡の初任給基準表の「大学卒」の区分を適用し,規則9-8第14条(学歴免許等の資格による号俸の調整)の規定により号俸を調整することになる。

[参考]
○薬剤師法の一部を改正する法律 (平成16年法律第134号)(抄)
　　　附　則
　　(経過措置)
　第3条　施行日の属する年度から平成29年度までの間に学校教育法に基づく大学に入学し,薬学の正規の課程(同法第87条第2項に規定するものを除く。)を修めて卒業し,かつ,同法に基づく大学院において薬学の修士又は博士の課程を修了した者であって,厚生労働大臣が,厚生労働省令で定めるところにより新薬剤師法第15条第1号に掲げる者と同等以上の学力及び技能を有すると認定したものは,新薬剤師法第15条の規定にかかわらず,薬剤師国家試験を受けることができる。

○薬剤師法の一部を改正する法律附則第3条の規定に基づく厚生労働大臣の認定に関する省令 (平成16年厚生労働省令第173号)(抄)
　　(認定の要件)
　第1条　薬剤師法の一部を改正する法律(平成16年法律第134号。以下「一部改正法」という。)附則第3条の認定は,次に掲げる要件のすべてを満たしている者について行う。
　　一　学校教育法(昭和22年法律第26号)第89条に基づく卒業によらずに同法に基づく大学(以下「大学」という。)における薬学の正規の課程(同法第87条第2項に規定するものを除く。以下「4年制課程」という。)を卒業していること。
　　二　学校教育法に基づく大学院(以下「大学院」という。)における薬学の課程の在学期間が2年以上であること。
　　三　医療薬学に係る科目及び大学設置基準(昭和31年文部省令第28号)第32条第3項の薬学実務実習を履修した大学における薬学の正規の課程(学校教育法第87条第2項に規定するものに限る。)を修めて卒業するために必要な科目の単位を,当該大学において修得していること。
　　四　前号の必要な科目の単位を4年制課程への入学の日からその入学の日

以後12年を経過する日までの期間内に修得していること。
　五　第3号の薬学実務実習については、これに専念して履修していること。
2　前項第3号の規定にかかわらず、同号の大学の定めるところにより、当該大学以外の大学で修得した科目の単位であって同号の大学における同号の必要な科目の単位の一部に相当するものと当該大学が認めたもの（以下「他大学単位」という。）は、60単位を超えない範囲で当該大学において修得したものとみなすことができる。ただし、医療薬学に係る科目の単位については、他大学単位が当該大学を卒業するために必要な医療薬学に係る科目の総単位数の3分の1を超えない範囲で、この項の規定を適用するものとする。

4　臨床検査技師の経験年数の起算点

> **問**　臨床検査技師の経験年数は、その免許を取得した時以後のものに限られているが、衛生検査技師の免許を有する場合には当該衛生検査技師免許を取得した時をもって経験年数の起算点とすることはできないか。できないとすれば、衛生検査技師として採用した方が有利となるケースがあり、不合理に思うがどうか。

答　医療職㈡の適用を受ける薬剤師、衛生検査技師、診療放射線技師、臨床検査技師、診療エックス線技師等の経験年数については、それぞれその免許を取得した時以後のものとされているが、これはそれぞれの免許制度との関係でやむを得ないところである。ただし、設問の臨床検査技師については、免許取得前の衛生検査技師の業務など臨床検査技師の業務に直接関係のある業務に従事した経歴に係る年数の8割以下の年数（部内の他の職員との均衡を著しく失する場合は、10割以下の年数で事務総長の承認を得たもの）を、臨床検査技師の免許取得後の経験年数として取り扱うことができることとされており（給実甲第327号第2項第3号参照）、その限りで必要な配慮がなされている。この取扱いは、免許取得前に診療エックス線技師の業務に従事した経歴のある診療放射線技師についても同様である。

5　診療放射線技師等の初任給

問　診療放射線技師，臨床検査技師等の「短大3卒」の初任給は，診療エックス線技師，衛生検査技師等の「短大卒」の初任給より6号俸高くなっており，修学年数差に比して有利になっているが，これはどのような考え方に基づいているのか。

答　診療放射線技師，臨床検査技師等についてはその職務が特殊であること，診療エックス線技師，衛生検査技師等より資格としては上位に位置すること等から，これら職員について給与上特別の配慮をする必要があると考えられる。そこで，「短大3卒」の診療放射線技師，臨床検査技師等の初任給については，大学卒マイナス4号俸として決定することとしたものであり，その結果，「短大卒」との間に6号俸の差が生じたものである。

6　高校卒の学歴免許等の資格を有する准看護師の初任給

問　高校卒業後，准看護師養成所に進学して准看護師となった者の初任給は，准看護師養成所卒の初任給である医療職㈢1級1号俸に高校卒と准看護師養成所との修学年数差1年を調整した1級5号俸として取り扱うと解してよいか。

答　貴見のとおりである。

7　進学コース看護師養成所在学期間の取扱い

問　いわゆる進学コースを経て看護師となった者の初任給を決定する場合，看護師養成所の在学期間（2年）を准看護師としての経験年数として取り扱い，次のように初任給を2級13号俸に決定してよいか。

第12章 初任給基準表及び在級期間表 219

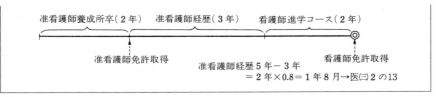

答 看護師養成所在学中の期間（進学コース2年）は准看護師の業務に従事した経歴には該当しないので，給実甲第327号第2項第3号にいう「3年を超える経歴」に含めることはできない。

したがって，初任給は医療職㈢の初任給基準表の備考第3項の規定により2級9号俸となる。

8 看護師の免許取得前の関連経歴の取扱い

問 次のような経歴を有する看護師の初任給を決定する場合，経験年数による号俸の調整の対象となる期間はどのようになるのか。

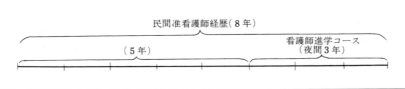

答 准看護師の経歴を有する者が看護師になった場合については，准看護師の業務に従事した経歴（医療職㈢の初任給基準表の備考第3項の規定の適用を受ける者にあっては，准看護師の業務に従事した経歴のうち3年を超える経歴）について，その8割以下の年数（部内の他の職員との均衡を著しく失する場合は，10割以下の年数で事務総長の承認を得たもの）を看護師免許取得後の経験年数として取り扱うことができることになっている（給実甲第327号第2項第3号参照）。

しかしながら，夜間の看護師進学コース在学期間と准看護師の経歴が重複している場合の取扱いについては，同期間は看護師になるための専門的勉学期間であるとともに，看護師の免許が同進学コースを経なければ取得できないこと

を考慮すると，重複した准看護師の経歴を経験年数として取り扱うことは適当でないことから，設問の場合には，同進学コース入学前の准看護師経歴5年のうち3年を超える2年の経歴についてのみその8割ないし10割以下の年数を号俸調整の経験年数とすることが妥当な取扱いであると考える。

なお，参考までにいえば，見習看護師から看護師として採用された者の看護師免許取得前の見習看護師の期間については経験年数とすることはできない。

9 看護師を中途採用する場合の初任給の決定

問 前歴のある看護師を中途採用する場合，初任給の決定については特例が認められていると思うが，その特例にはどのようなものがあるか。

答 診療所等の看護師を中途採用する場合の初任給については，その職務の特殊性及び人員確保の困難性の事情を考慮し，部内の他の職員との均衡上特に必要があるときは，人事院の承認を得て次のとおり決定することができる。

(1) 看護師免許取得前の准看護師の業務に従事した経歴（准看護師の業務に3年以上従事した後，いわゆる進学コースの看護師養成所を卒業した者については，准看護師の業務に従事した経歴のうち3年を超える経歴）について，部内の他の職員との均衡上特に必要があると認められるときは，当該経歴に係る年数の10割以下の年数を免許取得後の経験年数として取り扱うことができる。

(注) 准看護師の業務に従事しながら夜間の進学コースの看護師養成所を卒業した場合については，前問参照。

(2) 医療職(三)の1，2級又は3級に採用する場合は，その者の有する経験年数のうち5年までの年数（最短昇格期間（給実甲第326号第15条関係第5項参照）を含む。）については12月につき4号俸，5年を超え10年までの年数（最短昇格期間を含む。）については15月につき4号俸の調整をすることができる。

(3) 医療職(三)の1級又は2級に採用する場合は，採用前に医療法（昭和23年法律第205号）に定める病院又は診療所において職員の職務と同種の職務に従

事していた経歴については12月につき4号俸の調整をすることができる。
(4) 医療職㈢の3級に採用する場合は、2級に採用されたものとして得られる号俸を基礎として3級に昇格したものとした場合に規則9－8第23条（昇格の場合の号俸）の規定の例により得られる号俸とすることができる。

10 准看護師が看護師免許を取得した場合の号俸の決定

問 准看護師が看護師免許を取得し看護師となった場合において、規則9－8第26条（初任給基準を異にする異動をした職員の号俸）の規定に基づいて号俸を決定すると不利になることがあるが、この場合、医療職㈢の1級から2級へ昇格したものとした場合に得られる号俸に決定することはできないか。

答 准看護師が在職中に看護師免許を取得し看護師に異動した場合における号俸については、初任給基準を異にする異動として規則9－8第26条の規定に基づき決定されるところであるが、設問のような場合で同条の規定によることが部内の他の職員との均衡上著しく不適当であると認められるときには、人事院の承認を得て次のとおり決定することができる。

准看護師から看護師へ初任給基準を異にする異動を行った職員を医療職㈢の2級に昇格させる場合において、部内の他の職員との均衡上必要があると認められるときは、規則9－8第26条第3項の規定にかかわらず、同規則第23条（昇格の場合の号俸）の規定を準用して得られる号俸をもって、当該異動後の号俸とすることができる。

11 高校卒で進学コースを経て看護師となった者の初任給

問 次のような経過を経て看護師となった場合の初任給はどのように決定すべきか。また、規則9－8第16条（下位の区分を適用する方が有利な場合の号俸）の規定の適用は可能か。

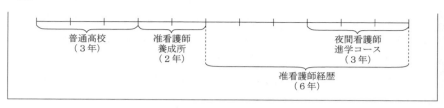

（答）　医療職㈢の初任給基準表の備考第3項の規定はいわゆる進学コースで看護師となった者のうち，准看護師の業務に3年以上従事したことにより保健師助産師看護師法（昭和23年法律第203号）第21条第4号の規定に該当したものに限って適用されるものであり，設問のように「高等学校を卒業している准看護師」の資格により同号の規定に該当している場合は，同項の規定の適用はない。設問の場合については，医療職㈢の初任給基準表に定める「2級1号俸」（短大2卒）を基礎として，看護師免許取得後の経験年数により調整を行うこととなるが，給実甲第327号第2項第3号の規定により准看護師の業務に従事した経歴に係る年数の8割以下の年数（部内の他の職員との均衡を著しく失する場合は，10割以下の年数で事務総長の承認を得たもの）については，看護師免許取得後の経験年数として取り扱うことができる。ただし，進学コース（夜間）在学期間と重複している准看護師経歴については，同期間が看護師免許の取得に必要な在学期間であることを考慮すると，同期間を経験年数として取り扱うことは適当でない。したがって，設問において，例えば進学コース（夜間）在学期間を除いた准看護師経歴（3年）を8割で換算した場合の初任給は，医療職㈢2級1号俸に8号俸を調整した2級9号俸ということになる。

　また，規則9－8第16条の規定を適用し，准看護師養成所卒（高校2卒）と短大2卒との調整年数3年を差し引いた残りの年数を経験年数として調整する方法については，現行制度上，高校2卒では看護師になり得ないことからして同条の適用はできないものと考える。

　なお，准看護師の業務に3年以上従事したことにより進学コースを経て看護師に採用された者の初任給を医療職㈢2級9号俸としているのは，2級1号俸では准看護師のまま5年経過したときの給与を下回ってしまうことが理由の1つである。

12 助産師養成所を卒業し看護師となった者の修学年数の取扱い

問 准看護師の業務に3年以上従事した者がいわゆる進学コースの看護師養成所を卒業し，さらに1年制の助産師養成所を卒業（大学卒）した後，看護師として採用された場合，初任給はどのように決定されるか。

答 設問の場合の初任給については，医療職㈢の初任給基準表の備考第3項の「短大2卒にあっては2級9号俸とする」という規定をもとに学歴免許等の資格による号俸の調整を行うこととなるが，規則9－8第14条（学歴免許等の資格による号俸の調整）第1項の表の備考第2号の規定に基づき，給実甲第326号第14条関係第4項第3号に特例が定められており，同表の下欄の数から1を減ずることとされているので，1年制の助産師養成所を卒業した者の初任給は，結果的には医療職㈢2級9号俸に4号俸を調整した2級13号俸（通常の課程を経て助産師養成所を卒業し看護師となった者の初任給は，医療職㈢2級9号俸）ということになる。

ちなみに，この者が助産師として採用された場合の初任給は，医療職㈢の初任給基準表の備考第3項により，2級15号俸となる。

13 看護師免許取得後に，保健師助産師の免許を取得した者の初任給

問 看護師免許取得後に，さらに保健師又は助産師の免許を取得した者を保健師若しくは助産師又は看護師として採用する場合の初任給は何級何号俸となるのか。例えば，次例の場合の取扱いはどうか。

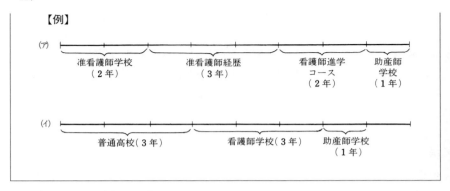

【答】 現在，保健師助産師看護師法（昭和23年法律第203号）による保健師学校，保健師養成所，助産師学校又は助産師養成所（同法による看護師学校の卒業又は看護師養成所の卒業を入学資格とする修業年限1年以上のものに限る。）の卒業の学歴区分は「大学4卒」とされている（給実甲第326号別表の甲表参照）。

ところで，保健師又は助産師として採用する場合，設問の(ア)については医療職(三)の初任給基準表の備考第3項の規定により2級15号俸となり，(イ)については医療職(三)の初任給基準表により2級11号俸となる。

また，看護師として採用する場合は，(ア)については医療職(三)の初任給基準表の備考第3項の規定による2級9号俸（短大2卒）に学歴免許等の資格による調整を行い2級13号俸となり（前問参照），(イ)については医療職(三)の初任給基準表に定める2級5号俸（短大3卒）に学歴免許等の資格による調整を行い2級9号俸となる。

第9　福祉職関係

1　児童自立支援事業，児童福祉事業等に従事した者の初任給

【問】 福祉職の初任給基準表の備考第1項に規定する児童自立支援事業，児童福祉事業等に従事したことにより児童自立支援専門員，児童指導員，児童生活支援員又は保育士になった者の初任給についてはどのように

取り扱うこととなるか。

(答) 児童福祉施設の設備及び運営に関する基準（昭和23年厚生省令第63号）又は児童福祉法施行規則（昭和23年厚生省令第11号）において規定される児童自立支援専門員，児童指導員，児童生活支援員又は保育士としての資格を有する者については，その初任給及びこれを決定する際の経験年数について，別段の取扱いがなされている。

具体的には，次の表に掲げる職員（その者の最も新しい学歴免許等が福祉職の初任給基準表の学歴免許等欄に規定する学歴免許等の資格を有する者に限る。）について，福祉職の初任給基準表の備考第１項に規定されている「初任給の号俸」及び同表の備考第２項に規定されている経験年数から減ずることとされている「人事院の定める年数」は，それぞれ次の表のとおりとされている。

職　　　　員	学歴免許等	初 任 給	年数
児童福祉施設の設備及び運営に関する基準第82条第８号の規定に該当して児童自立支援専門員となった者	短大卒	１級15号俸	１年
児童福祉施設の設備及び運営に関する基準第82条第７号の規定に該当して児童自立支援専門員となった者	高校卒	１級13号俸	３年
児童福祉施設の設備及び運営に関する基準第43条第８号の規定に該当して児童指導員となった者	高校卒	１級９号俸	２年
児童福祉法施行規則第６条の９第２号の規定に該当して児童生活支援員又は保育士となった者	高校卒	１級９号俸	２年
児童福祉法施行規則第６条の９第３号の規定に該当して児童生活支援員又は保育士となった者	中学卒	１級９号俸	５年

第10　専門スタッフ職関係

1　専門スタッフ職の初任給基準

問　専門スタッフ職の初任給基準表が定められていない理由は何か。

答　専門スタッフ職俸給表は，行政における特定の分野についての高度の専門的な知識経験が必要とされる調査，研究，情報の分析等を行うことにより，政策の企画，立案等を支援する業務に従事する職員について適用されるものであることから（第1章の問9参照），一定程度の経験を有する者でなければ専門スタッフ職の適用を受けることは想定されない。そのため，初任給基準表の試験欄又は学歴免許等欄に定める資格を有していれば，それらの資格区分に応じて定める初任給に決定することができる他の俸給表とは性質が異なるものであることから，初任給基準表は定めず，規則9－8第12条（新たに職員となつた者の号俸）第1項第4号の規定により，その者の属する職務の級の最低の号俸としている。

第13章

給与の支給

［参照法令］
- 規則9—7，9—82
- 給実甲第28号，第65号，第576号，第1126号

第1　給与の支払原則

1　給与からの差引きを認められているもの

> **問**　規則9-7第1条の2第1項の規定によれば，法律又は規則によって特に認められた場合を除いては，職員の給与からその職員が支払うべき金額を差し引き又は差し引かせてはならないとされているが，現在差引きが認められているものにはどのようなものがあるか。

答　現在，法令の規定により，差引きを認められているものには次のようなものがある。

(1)　共済組合掛金及び厚生年金保険料（国家公務員共済組合法（昭和33年法律第128号）第101条第1項，地方公務員等共済組合法（昭和37年法律第152号）第115条第1項）

(2)　共済組合の貸付金の返済金等職員が共済組合に支払うべき金額（国家公務員共済組合法第101条第2項，地方公務員等共済組合法第115条第2項）

(3)　所得税（所得税法（昭和40年法律第33号）第183条第1項）

(4)　住民税（地方税法（昭和25年法律第226号）第321条の5第1項）

(5)　有料宿舎の使用料（国家公務員宿舎法（昭和24年法律第117号）第15条第3項）

(6)　所定の期間内に旅費の精算をしなかった場合の概算払いに係る旅費額等（国家公務員等の旅費に関する法律（昭和25年法律第114号）第13条第4項）

(7)　勤労者財産形成貯蓄契約等に基づく預入等に係る金額（勤労者財産形成促進法（昭和46年法律第92号）第15条第1項）

(8)　懲戒処分としての減給の減給額（規則12-0第3条）

(9)　民事執行法，国税徴収法等の規定に基づいてなされる差押処分（民事執行法（昭和54年法律第4号）第145条第1項，国税徴収法（昭和34年法律第147号）第47条第1項等）

(10)　通勤手当の返納額（規則9-24第19条の2第5項）

(11) 個人型年金加入者掛金（確定拠出年金法（平成13年法律第88号）第71条第1項）

2 共済組合被扶養者の診療費の控除

問 共済組合直営の診療所で診療を受けた職員（組合員）の被扶養者の診療費について，共済組合より給与からの控除納入の依頼があった場合には，国家公務員共済組合法（昭和33年法律第128号）第101条（掛金等の給与からの控除）第2項の規定により控除して差し支えないか。

答 共済組合直営診療所において受診した組合員の被扶養者の診療費用は，国家公務員共済組合法第101条第2項の「組合員が組合に対して支払うべき掛金等以外の金額」に該当するものと解されているので，職員に対して支給する給与から控除して差し支えない。

3 給与の過誤払いの精算と差引禁止の規定との関係

問 給与の過誤払いを次の支給定日に精算することは，規則9－7第1条の2第1項の差引禁止の規定にてい触しないか。

答 規則9－7第1条の2第1項は，法律又は規則によって特に認められた場合を除き，職員の給与からその職員が支払うべき金額を差し引いてはならない旨定めており，これは一般的には職員の給与債権に対しては国が職員に対して有する債権をもって相殺することをも禁ずる趣旨である。

ところで，設問のように給与の支給に際して計算誤り等により誤って多く支払ってしまった給与を，次の支給定日に差し引いて支給することは，形式的にみればこれも一種の相殺を行うことになるところから，これと同規則第1条の2第1項の規定との関係が問題になる。この場合，過誤払いは，給与の減額分を次の給与期間の給与から差し引く場合と異なり，専ら官の責めに帰すものであることから，原則的には，職員に支払うべき給与からその過誤払い分を差し

引くことは，同項にてい触するおそれがないわけではない。しかし，職員の生活を脅かすおそれのない微調整程度の額であれば，あらかじめ職員に予告した上で，過誤払いのあった次の支給定日に精算を行うことは，必ずしも同項にてい触するものではない。

　なお，参考までにいえば，給与法適用職員の場合には直接適用のない規定であるが，同項と同趣旨の規定である労働基準法（昭和22年法律第49号）第24条（賃金の支払）の規定の解釈について，「過払い給与の返還請求権とあとの給与の支払債務を相殺することは，過払いのあった時期と合理的に接着した時期に，あらかじめ予告されるとか，その額が多額にわたらないとか，労働者の経済生活の安定をおびやかすおそれのない方法により行なわれる限り許される」（昭和44年12月18日最高裁第1小法廷）との判例がある。

4　給与の直接払いの特例が認められる場合（現金払いの場合）

> **問**　規則9－7第1条の2第2項の規定により，職員の給与は，法律又は規則によって特に認められた場合を除き，直接その職員に支払わなければならないことになっているが，「法律又は規則」により特例が認められているものにはどのようなものがあるか。

答　現在，法令の規定により，直接払いの特例が認められているものには次のようなものがある。

(1)　在外公館の名称及び位置並びに在外公館に勤務する外務公務員の給与に関する法律（昭和27年法律第93号）第3条（給与の支払）の規定による場合

　　在外職員の俸給，扶養手当，期末手当及び勤勉手当の支払いは，当該在外職員が指定する者にすることができる。

(2)　船員法（昭和22年法律第100号）第56条の規定の準用を受ける場合

　　船舶所有者は，船員から請求があったときは，船員に支払われるべき給料その他の報酬をその同居の親族又は船員の収入によって生計を維持する者に渡さなければならない。

(3)　規則18－0第7条（派遣職員の給与）第3項の規定による場合

派遣職員に対し支給される給与は，あらかじめ職員の指定する者に対して支払うことができる。

5　本人以外の者に対する給与の支払い（現金払いの場合）

問　(1)　給与の支払いに当たって，直接各職員に支給することの事務上の煩わしさを避けるため，簡便な方法として委任を受けた者に支給することができるか。
(2)　職員が長期にわたって公務旅行を命ぜられている場合又は長期にわたり病気休暇をとっている場合等で職員に直接支払うことが不可能又は困難である場合，職員の使者に給与を支払うことはできるか。また，もしできるとした場合，その使者はどういう者であるべきか。

答　(1)　職員の給与は規則9－7第1条の2第2項の規定により，法律又は規則によって特に認められた場合を除き，直接職員に支払わなければならないのであり，受領代理人に対して支払うことはできない。
(2)　設問の場合等で，直接職員に給与を支払うことが不可能又は困難である場合には，職員の収入により生計を維持する親族等で職員の指定する者を当該職員の使者として，その者に給与を支払うことも差し支えないが，このような場合には，当該職員に十分説明の上，職員の申出を受けて，口座振込みの方法（規則9－7第1条の3参照）により支払うことが職員にとっても便宜であると思われるし，支払いの確実性の面からも望ましいといえる。

6　意識不明の職員に対する給与の支払い（現金払いの場合）

問　給与は原則として職員に支払うべきではあるが，単身の独身職員が病気等により心神喪失の状態に陥っている場合，給与の支払いはどのようにしたらよいか。

答　職員に支払う給与を会計法上の預託金として保管する等の方法によ

り，職員に対して支払い得るような状態になったときに支払う方法のほか，設問のように，自ら給与を受領することが不可能な状況等が存続することが明らかな場合には，民法（明治29年法律第89号）第494条（供託）による弁済供託を行い，この債務から免れるという方法が考えられる。

7 行方不明の職員に対する口座振込みによる給与の支払い

> **問** 口座振込みにより給与を受領していた職員が事件に巻き込まれ行方不明となった場合，以後の給与についても引き続いて口座振込みにより支給しなければならないのか。

答 給与の口座振込みを行う場合は，規則9―7第1条の3の規定により職員が各庁の長に申出を行うこととなっており，申出がなければ口座振込みを行うことはできないとされている。また，口座振込みを変更する場合にあっても同様となっており，職員の申出なく給与の支給義務者が一方的に口座振込みを停止することは原則としてできないものと考えられる。しかし，設問のような場合，当該行方不明の状況（職員以外の者に監禁され給与を奪われる可能性がある場合等）によっては，口座振込みにより給与を支給することが職員に給与を確実に支給していることになるかどうかという疑問が生じるので，職員の申出を待つことなく給与の口座振込みを停止し，職員に支払う給与について供託等の措置を講ずることもやむを得ないと考える。

8 行方不明休職者の給与の家族への支払い（現金払いの場合）

> **問** 水難，火災その他の災害により，生死不明又は所在不明となり，規則11―4第3条（休職の場合）第1項第5号の規定により休職にされている職員の給与法第23条（休職者の給与）第5項の規定による給与を支給する場合には，その職員の家族に支払わざるを得ないと思われるが，規則9―7第1条の2第2項との関係はどのように解すべきか。

答 規則9―7第1条の2第2項の規定により，職員の給与は，法律又は規則によって特に認められた場合を除き，直接その職員に支払わなければならないことになっているが，設問の場合は職員が生死不明又は所在不明であることから，直接，当該職員に支払うことは現実にできない状態にある。したがって，この場合の支給方法としては，職員の生死又は所在が判明するのを待ってその支給を行うということも1つの方法として考えられるところであるが，もともとこのような職員に対する休職給の制度を設けている趣旨等からみれば，このような場合には，当該職員が生死不明又は所在不明になっていないとすれば，その給与の受領について職員の使者として認め得るような客観的事情の存する家族に対して支払いを行うことも許されるものと考えられる。そしてこの取扱いは，この場合の休職者の給与の支給が主として当該家族の生活の保障をねらいとするものであるということとも合致するわけで，同項との関係上も問題はないと解される。

9　職員が死亡した場合の未支給の給与

問　規則9―7第1条の2第2項の規定により，職員の給与は直接その職員に支払わなければならないとされているが，職員が死亡し，未支給の給与がある場合にはどのように取り扱えばよいのか。

答　職員の死亡によって規則9―7の規定の適用の余地がなくなる一方，その職員の給与債権は相続人が承継することになるので，その職員の相続人に対して支払うことになる。

なお，相続人がない場合には，その給与は国庫に帰属する（民法（明治29年法律第89号）第959条（残余財産の国庫への帰属））。

10　給与法第3条第1項の現金払い

問　次の各号に掲げる場合は，給与法第3条（給与の支払）第1項の規定による現金払いに当たると解してよいか。

(1) 小切手，為替，手形等で支払う場合
(2) 会計法（昭和22年法律第35号）第21条の規定による隔地払いの手続により支払う場合

答 (1) 小切手，為替，手形等による給与の支払いは，給与法第3条第1項の規定にいう「現金で支払」う場合には当たらないものと解している。
(2) 会計法第21条の規定による隔地払いによる給与の支払いは，支出官等の依頼により日本銀行等が国庫の窓口として，個々の職員に直接現金で支払うものであるので，給与法に定める現金払いに当たるものと解している。

第2　支　給　定　日

1　支給定日以外の日の給与の支給

問　給与法第9条（俸給の支給）に「俸給は，毎月1回，その月の15日以後の日のうち人事院規則で定める日に，その月の月額の全額を支給する」と規定されているが，当該規則で定める日のほかに支給することはできないのか。

答　原則として一定期日に給与を支払うことを義務付けているが，次のような場合には，一定期日に給与を支払うことができないので，計理上処理できる限り速やかに支給することとされている。
(1) 支給定日後に新たに職員となった場合
(2) 支給定日前に職員が離職し又は死亡した場合
(3) 職員が俸給の支給義務者を異にして移動した場合
(4) 職員が出産，疾病，災害等非常の場合の費用に充てるため請求した場合
(5) 休職中の職員，専従許可の有効期間中の職員，派遣法の派遣職員，育児休業の承認を受けた職員，官民人事交流法の交流派遣職員，法科大学院派遣法の派遣職員，自己啓発等休業の承認を受けた職員，福島復興再生特措

法の派遣職員，配偶者同行休業の承認を受けた職員，平成32年オリンピック・パラリンピック特措法の派遣職員，平成31年ラグビーワールドカップ特措法の派遣職員及び停職中の職員が支給定日後に復職し又は職務に復帰した場合

(6) 特殊勤務手当，超過勤務手当，休日給，夜勤手当，宿日直手当及び管理職員特別勤務手当について，交通不便のため勤務時間報告書の送付が遅れるなどして支給定日に支給できなかった場合

2 差額を追給する日

> **問** 職員の昇格又は昇給の発令が遡及して行われた場合，あるいは給与改定等により俸給月額が遡及して改定された場合等における俸給等の差額の支給は，いつ行うべきか。

答 俸給の支給定日にかかわらず，現実に発令の行われた日又は給与の改定等の行われた日以降，できるだけ速やかに支給すべきである。

3 離島等に勤務する職員に対する給与の支給（現金払いの場合）

> **問** (1) 離島，へき地等にある官署に駐在勤務し，上部機関である官署で俸給の支給を受けている職員については，船便の欠航等交通障害のため，支給定日に給与が支給できない場合があるが，このような職員に対しては，支給定日に，当該上部機関で支給できるように準備だけしておき，その日以後速やかに支給する限り，規則9－7第1条の4（俸給の支給）の規定にてい触しないと解して差し支えないか。
> (2) 離島，へき地等に勤務する職員の俸給について，勤務時間報告書の提出が遅れるために，本来ならば次の支給定日に支給すべき給与をその日に支給できないようなときは，同規則第11条（特殊勤務手当，超過勤務手当，休日給，夜勤手当，宿日直手当及び管理職員特別勤務手当の支給）第1項ただし書の規定の趣旨に準じて，当該支給定日後の日に支給しても差

し支えないか。

(答) (1) 規則9―7第1条の4に定める支給定日とは，職員が現実に俸給の支給を受ける日を意味する（給実甲第65号第1条の4関係参照）ものであるから，遠隔の地に駐在する職員に対しても，支給定日に現実に俸給の支給が受けられるように措置することが望ましい。ただし，予期せざる船便欠航のように特殊な事情のある場合においては，貴見のように取り扱うこともやむを得ないものと考えられる。しかしながら，そのような事態を避けるためには職員の申出によって口座振込みの方法により支払うことが望ましいといえる。

(2) 貴見のように取り扱って差し支えない。

4 支給定日前の送金

(問) 職員の俸給は，支給定日に現実に支給しなければならないものと解されているが，遠隔地の官署に勤務する職員に俸給を支給するため隔地送金をする場合には，支給定日に小切手を振り出して電信送金を行っても当日に支給できないので，前日に小切手を振り出して電信送金して差し支えないか。

(答) 職員の俸給は，支給定日に現実に支給しなければならないことは貴見のとおりである（規則9―7第1条の4（俸給の支給）及び給実甲第65号第1条の4関係参照）。この支給定日は，俸給の支払いという債務の履行期日であり，会計法上債務の履行期の到来前には原則として支払いをすることはできないものとされている。したがって，支給定日前に小切手を振り出して電信送金を行うという方法をとることはできないものと思われる。

ところで，会計法（昭和22年法律第35号）第17条及び予算決算及び会計令（昭和22年勅令第165号）第51条（資金前渡のできる経費の指定）の規定により，給与に係る資金についてはこれを主任の職員に前渡することができることになっているので，設問のような場合にはこれを活用することとし，当該官署に資金前渡官吏を置いて給与資金の前渡を行うか，又はいわゆる出納員の制度を活用す

ることが適当であろう。

5 非常時払い

> **問** 職員が盗難により家財の全部又は一部を失った場合において、規則9－7第4条の規定の「災害」に該当するものとして、非常時払いをすることができるか。

答 盗難を「災害」に該当すると解することには疑義があるが、設問のような場合には同条の「その他これらに準ずる非常の場合」に該当するので、同条に基づき非常時払いを行うことができる。

第3 支給一般

1 現金払いによる給与の受領を拒否した場合の取扱い

> **問** 口座振込みにより給与を受領していた職員が口座振込みを停止し、かつ、現金払いによる俸給等の受領を拒否した場合の俸給の支給についてはどう取り扱えばよいか。また、受領を一部拒否した場合はどうか。

答 国は俸給の支給定日に、職員に対して現実に俸給を支払わなければならない義務を負っているものであるが、職員がその受領を拒んでいるような場合においては、民法（明治29年法律第89号）第493条（弁済の提供の方法）の定めるところに従い、弁済の提供、すなわち支払準備を完了して俸給受領の催告を行えば、たとえ支給定日に支給することができなかったとしても、その責めは免れることができる。

この場合、供託することによって債務を免れるという方法（民法第494条（供託））も考えられ、実際問題としても、職員に支払う給与の総額が多額の場合はいつまでも手元に保管しておけないので、再び銀行に預託し、職員の請求のあ

ったときにまた現金化しなければならないという手続の煩わしさを生ずることと考え合わせて、供託による方法が適当とされる場合もあろう。

また、職員が給与の一部（例えば、勤勉手当のみ等）の受領を拒否する場合、給与を受ける権利の一部行使（分割受領）は、規則9－7第4条に定めるいわゆる非常時払いのように法令に特別の定めがある場合を除いて現在認められておらず、そのための支給手続も定められていない。したがって、このような場合、当該職員に対してその旨を説明して納得させることが第一であるが、それでもなお受領を拒否するのであれば支給される給与全部についての受領拒否がなされたものとして取り扱うほかなく、その取扱いについては上述の例によることとなる。

2 給与の口座振込み制について

問 給与法第3条（給与の支払）において、「この法律に基く給与は、……現金で支払わなければならない。」とされているが、給与を口座振込みにより支給することができるのはなぜか。

答 給与法第3条の現金払いの原則は、職員が給与を安全、確実かつ容易に入手できることを保障したものであり、職員から振込みの方法による給与の受領を申し出た場合に、その申出に基づいて給与が職員名義の口座に振り込まれ、いつでもその引き出しができるときには、この現金払いの原則に違背しないものである。

3 給与を振り込むことができる口座の種類

問 口座振込みの方法により給与の支払いを受けることのできる口座の種類は、普通預金口座又は当座預金口座等、職員がいつでも引き出し可能な口座で、かつ、職員名義の口座に限られるものと解して差し支えないか。

(答) 貴見のとおり解して差し支えない。

4 給与を振り込むことができる口座の数

(問) 振込口座の数は，一の給与の支給日において1つと規定されているが，2つの口座を振込口座とすることが出来る場合とは具体的にはどのような場合か。

(答) 2つの口座を振込口座と出来る場合とは，以下の要件を全て満たす場合である（給実甲第65号第1条の3関係，平成21年給2－103参照）。
(1) 官署を異にする異動若しくは在勤する官署の移転に伴い，所在する地域を異にする官署に在勤することとなった場合。
(2) (1)の異動等の前に振込口座としていた口座（第一振込口座）を異動等の後においても引き続き振込口座としておく必要がある場合。
　例：別居家族の生活費，生命保険料，学費，医療費，住宅ローン及びクレジットカード等の支払の引き落とし口座として指定されている場合等
(3) (1)の異動等の後に職員が在勤する官署若しくは居住する地域のいずれにも第一振込口座のある金融機関の店舗等がない等の事情があると認められる場合。
※ 官署や住居の近くに手数料なしで利用できるＡＴＭ（コンビニ，提携銀行等）がある場合は「店舗等がない等の事情」には当たらない。

5 口座振込みができなくなった場合の取扱い

(問) 給与を支給定日に職員の口座へ振り込むことができなくなった場合には，どのように取り扱えばよいか。

(答) 給与を支給定日に職員の口座へ振り込むことができなくなった場合には，即座に振込みの方法による支給を取り止め，手渡しの方法に切り替えるなど，職員が支給定日に給与の支給が受けられるよう速やかに措置しなければな

らない。

6 口座振込みのできる金融機関の範囲

> **問** 口座振込みの際に職員が指定し得る金融機関はどのような金融機関でもよいのか。

答 口座振込みの対象となる金融機関等の範囲は、国家公務員給与の振込可能金融機関として日本銀行が指定した金融機関に限定されている。これは、会計法上国庫金の支出が日本銀行を通じて行うこととされているため、口座振込みの方法によって給与を支払う場合においても、日本銀行又は日本銀行代理店を通じて行わなければならないためである。

7 住居の移転等に伴う振込先金融機関の変更

> **問** 職員の申出により、給与を口座振込みの方法によって支払っている場合で、職員が住居の移転等に伴い、振込先金融機関の変更を申し出た場合、当該変更はあらかじめ決められた一定の時期に限り認めることとして差し支えないか。

答 給与の口座振込みは、各庁の長（委任を受けた者を含む。）と職員との合意のもとに行われなければならないものであり、また、振込先金融機関の変更についても同様と解される。一般的には、金融機関の変更は、事務処理上、一定の時期に集中して行われているところであるが、住居の移転等により従来の振込先金融機関による場合、職員が極めて不便となるときには、職員からの申出に基づき、振込先金融機関の変更を随時認めることが妥当である。

なお、住居の移転等により、従来の振込先金融機関によることが職員にとって極めて不便となったという事情がないにもかかわらず、単にその振込先金融機関を変更したいとの申出があった場合には、事務処理の都合から、あらかじめ定めた一定の時期に集中して処理することとして差し支えない。

8 月の中途において俸給表異動をした場合の日割計算

問 月の中途で俸給表異動をした職員の日割計算はどのように行うのか。次例の場合について教示願いたい。

【例】
　　平成29年9月15日付け　俸給　行政職㈠10級9号俸　543,100円
　　　　　　　　　　　　　扶養手当　10,000円
　　　　　　　　　　　　　地域手当　110,784円（16％，円位未満切捨て）
　　　　　　　　　　　　　俸給の特別調整額　139,300円（1種）
　　　　　　　　　　　　　⇩俸給表異動
　　　　　　　　　　　　　俸給　指定職2号俸　761,000円
　　　　　　　　　　　　　地域手当　121,760円（16％）

答 設例の場合にあっては，次のような日割計算を行うこととなる。

・俸給
　　$543,100円 \times \dfrac{10}{21} = 258,619円\dfrac{1}{21}$（9月1日～9月14日の分）
　　$761,000円 \times \dfrac{11}{21} = 398,619円\dfrac{1}{21}$（9月15日～9月30日の分）
　　$258,619円\dfrac{1}{21} + 398,619円\dfrac{1}{21} =$ 　657,238円　（円位未満切捨て）

・扶養手当
　　$10,000円 \times \dfrac{10}{21} =$ 　4,761円　（9月1日～9月14日の分，円位未満切捨て）

・地域手当
　　$110,784円 \times \dfrac{10}{21} = 52,754円\dfrac{2}{7}$（9月1日～9月14日の分）
　　$121,760円 \times \dfrac{11}{21} = 63,779円\dfrac{1}{21}$（9月15日～9月30日の分）
　　$52,754円\dfrac{2}{7} + 63,779円\dfrac{1}{21} =$ 　116,533円　（円位未満切捨て）

・俸給の特別調整額
　　$139,300円 \times \dfrac{10}{21} =$ 　66,333円　（9月1日～9月14日の分，円位未満切捨て）

（注）　指定職俸給表の適用を受ける職員には，扶養手当及び俸給の特別調整額は支給されない（給与法第19条の8（特定の職員についての適用除外）第1項参照）。

9　あらかじめ離職の日が明らかな場合の俸給の日割計算

> **問**　給与期間の中途で職員が離職した場合に支給されることとなる俸給は，離職の日までの分を日割計算した額であるが，あらかじめ離職の日が明らかであっても，支給定日にはその給与期間の俸給の全額を支給し，離職した後において差額を返納させる方法をとらなければならないか。

答　任期満了，定年あるいはいわゆる先日付で辞職承認が発令されている場合のように職員の離職する日付があらかじめ確定しているときには，便宜上，俸給の支給定日において，離職の日までの分を日割計算により支給しても差し支えないものと考える。ただし，このような取扱いはあくまでも計算の便宜のための特例であるから，原則は全額払いに従い，例えば内示段階等の単に人事異動が予見できる状態にあるだけのような，まだ確定的な異動でない事項にまで濫用することのないようにしなければならないことは言うまでもない。

10　月の中途において育児休業を取得する場合の日割計算

> **問**　月の中途（支給定日後）において育児休業を取得する職員については，あらかじめ日割計算により給与を支給しても差し支えないか。

答　育児休業の承認請求は，育児休業を始めようとする日の1月前までに任命権者に対して行うものとされており，育児休業開始予定日の前に任命権者から内諾を与えられることが考えられるが，育児休業開始予定日が支給定日後である場合に，その内諾をもって日割計算を行い給与を支給することは，その内諾から育児休業開始予定日までの間に事情の変更が生ずることも考えられ，育児休業の承認も，職員が実際に育児休業を開始する日と同日付でなされることにかんがみれば，好ましくないものと解される。

11 給与法第9条の2の「俸給額に異動を生じた者」

> **問** 平成26年改正法附則第7条（俸給の切替えに伴う経過措置）に規定する俸給を支給されていた職員が，月の中途に昇格したため俸給表上の俸給月額に異動が生じたが，昇格の前後で俸給額（俸給表上の俸給月額と同条に規定する俸給の合計額）に異動がない場合において，日割計算を行う必要はあるか。

答 給与法第9条の2第4項は，月の中途において，俸給額に異動が生じた場合等に日割りにより俸給を支給することを定めている規定である。

「俸給」は，給与法第10条（俸給の調整額）に規定する俸給の調整額及び平成26年改正法附則第7条に規定する俸給を含むものであり，「俸給月額」と同じではない。

設問の場合，昇格後においても，同条の規定による俸給を支給されていることから，昇格により「俸給月額」が増額しても，同条に規定する俸給において，これに相当する額が減額することにより，その者の受ける「俸給額」に変動はなく，「俸給額に異動を生じた」場合には当たらない。したがって，日割計算を行う必要はない。

なお，平成17年改正法においても，附則第11条（俸給の切替えに伴う経過措置）に同趣旨の経過措置の規定があったが，同様の取扱いであった。

12 支給義務者を異にする移動の際の予算上の部局の意味

> **問** 規則9－7第3条の規定にいう「俸給の支給義務者を異にして移動した場合」とは，給実甲第65号第3条関係により，その職員の給与の支出について定められた予算上の部局（特別会計にあっては，これに相当する予算上の区分）を異にして移動した場合を指すものとされているが，この「部局」とは何を指すのか。

答 予算上の部局とは，財政法（昭和22年法律第34号）第23条等に基づいて

区分された部局等の組織を指すものである。したがって，任命権者を同じくする官署間において移動する場合であっても，予算上の部局等の組織区分を異にして移動する場合があり，その場合には日割計算を行わなければならない。

なお，形式的に予算上の部局等の組織区分を異にして移動している場合であっても，予算上「移替え」の措置がとられている場合には，実質的には「俸給の支給義務者を異にして移動した場合」に該当せず，その場合には日割計算を行う必要はないと解される。

13　支給義務者を異にしない移動の場合の日割計算

問　規則9－7第3条の規定により，俸給の支給義務者を異にして移動した場合には日割計算を行うことになっているが，給実甲第65号第3条関係によれば，支給義務者を異にしない移動の場合であっても，日割計算を行ってよいことになっている。この日割計算を行って差し支えない場合の具体例を説明されたい。

答　例えば，予算上同一の部局等の組織に属する官署間を移動する場合であっても，予算執行上必要と認められる場合等である。

14　休職者が復職した場合の俸給の支給

問　給与期間の初日から引き続いて休職にされていた職員が，俸給の支給定日後に復職した場合のその給与期間中の俸給は，規則9－7第5条第2項の規定により「その際支給する」こととされているが，その休職が有給であった場合には，「その際」支給することとなる給与額は，同条第1項の規定により休職給と復職後の給与とのそれぞれについて日割計算した後の合計額から，俸給の支給定日にすでに支給した休職者の給与の額を差し引いた額ということになるのか。そうであるとすれば，公務上の傷病により休職にされ，給与の全額を休職者の給与として支給されていた職員が復職した場合において，前記により計算された額が零となる場合は，同条第2項の規定による支給は行わないこととなるのか。

第13章　給与の支給　245

答　貴見のとおりであるが，この場合の会計処理については，休職者給与と一般の職員俸給等とは予算上の支出項目が異なるので，注意を要するところである。

15　離職の日の俸給の支給額

問　次に掲げる場合の一に該当する職員が，再び勤務することなく離職した場合，その離職の日に対する俸給の支給はどのようになるのか。
(1)　病気休暇中で俸給を半減されている場合
(2)　休職中の場合
(3)　専従許可期間中の場合
(4)　停職中の場合

答　給与法第9条の2の規定により，職員に対しては離職の日までの俸給が支給されることになっているが，これにより支給される離職の日の分の俸給は，離職の際における当該職員の俸給の決定又は支給の状態を基礎として取り扱うこととされている(昭和34年給2―512)。したがって，設問の場合は次のようになる。
(1)の場合は，俸給の月額の2分の1を基礎として算出した額を支給する。
(2)の場合は，給与法第23条（休職者の給与）により決定されている俸給の額を基礎として算出した額を支給する。
(3)及び(4)の場合は，支給しない。

16　任期が定められている職員の給与法上の「離職の日」

問　任期を限られた職員が離職する場合において，その離職の日は，任期満了の日の翌日と解されているが，この場合においても，給与法第9条の2第2項の規定により，その離職の日に対する俸給の全額を支給することとなるのか。

(答) 給与法第9条の2に規定する「離職」の日は，任期が定められている職員については任期満了の日とされている（給実甲第28号第9条の2関係第2項参照）ので，任期満了の日の分までを支給すれば足りる。

17 刑事休職中の職員が刑の確定により失職した場合の給与の支給

(問) 刑事事件に関し起訴され休職中の職員が，判決を受け控訴提起期間の満了により刑が確定した場合，例えば，ある年の5月19日に起訴され，翌年の7月13日に有罪の判決が宣告されたときに，給与は判決の確定により失職することとなる日の前日である控訴提起期間（14日間）の最終日の同月27日まで支給することとなると解してよろしいか。

(答) 貴見のとおりと解している。

18 職員が月の中途で死亡した場合の俸給等の支給

(問) 職員が死亡した場合，給与法第9条の2第3項の規定によりその月まで俸給を支給することとなっているが，月の中途で死亡した場合であっても，その時点での態様は休職，病休，停職等のように区々と思われるが，具体例によりそれぞれの俸給の支給方法について説明されたい。

(答) 設問のとおり，給与法第9条の2第3項の規定により，職員が死亡したときは，「その月まで俸給を支給する」こととなっているが，この場合に支給される「俸給」は，死亡した者がその月の末日に死亡したものとした場合に受けることとなる俸給となっている（給実甲第28号第9条の2関係第3項参照）。したがって，職員が月の中途で死亡した場合のその日以降の俸給の支給については，これによればよいわけで，死亡がなかった場合に支給されることとなる俸給を支給するということになる。

なお，死亡時の勤務態様等の差異による俸給等の支給方法を例示すると次表のようになる。

職員が月の中途で死亡した場合の死亡日以降の俸給等の支給例

	事　　　例	支　給　方　法
休職関係	1　月の中途で休職となった場合 勤務｜休職期間（休職者の給与の支給期間） 8/1　　　　死亡　　8/31	死亡の日から月の末日までの分について，死亡の日において受ける給与法第23条の規定により決定されている俸給を支給する。
	2　月の末日まで休職者の給与の支給される期間が引き続く場合 休職期間（休職者の給与の支給期間） 8/1　　　　死亡　　8/31	死亡の日から月の末日までの分について，死亡の日において受ける給与法第23条の規定により決定されている俸給を支給する。
	3　月の中途で休職者の給与の支給される期間が終了する場合 休職期間（休職者の給与の支給期間）｜（左記の給与が支給されない期間） 8/1　　　　死亡　　8/31	死亡の日から休職者の給与支給期間の終了までの分について，死亡の日において受ける給与法第23条の規定により決定されている俸給を支給する。
	4　月の中途で休職期間が終了する場合 休職期間（休職者の給与の支給期間） 8/1　　　　死亡　終了　8/31	死亡の日から休職者の給与支給期間の終了までの分については，死亡の日において受ける給与法第23条の規定により決定されている俸給を，また当該期間の終了する日の翌日以降月の末日までの分については，休職がないものとした場合に受けることとなる俸給を支給する。
俸給半減関係	1　月の中途で俸給半減となる場合 病気休暇期間｜病気休暇期間（俸給半減期間） 8/1　　　　死亡　終了　8/31	俸給半減期間終了の日の翌日以降月の末日までの分については病気休暇がないものとした場合に受けることとなる俸給を支給する（なお，俸給半減期間については半減された俸給を支給する）。
	2　俸給半減後に再び勤務することとなった場合 病気休暇期間｜病気休暇期間（俸給半減期間）｜勤務 8/1　　　　　　　　死亡 8/31	死亡の日から月の末日までの分について，半減されない俸給を支給する。

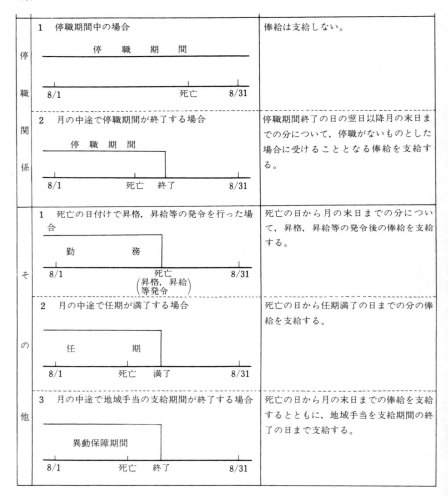

19 昇格の発令遅延の場合の給与の支給

問 昇格予定の職員に対する任命権者の昇格発令が遅れている場合において、後日その昇格が遡及発令されることが確実なときは、昇格予定日

に昇格の発令があったものと仮定して給与を支給して差し支えないか。

(答) たとえ遡及して昇格の発令がなされることが確実と考えられるときであっても、現実に昇格の発令が行われない限り、その職員の俸給を昇格があったものとして取り扱うことはできず、設問のように当該昇格後の号俸を基礎として給与の支払いを行うことはできない。

20 勤務日が異なる場合の日割計算

(問) 職員が勤務日の割振りの異なる官署に異動し、週休日に変更を生じた上で退職した次例のような場合、俸給の支給額の算出はどのように行えばよいか。

【例】

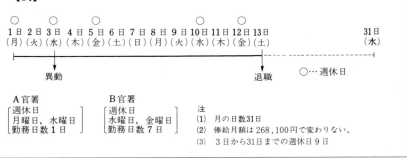

(答) それぞれの官署における勤務日の日数を基礎として日割計算を行えばよい。すなわち、設問の場合において、
(1) 俸給の支給義務者を異にしていない場合
　　A官署の勤務日とB官署の勤務日を基礎として、1日から13日までの日数により日割計算した額
　　$268,100円 \times \dfrac{1+7}{(2-1)+(29-9)} = 102,133円$（円位未満切捨て）
(2) 俸給の支給義務者を異にする場合
　　A官署ではA官署における勤務日を基礎として計算した額
　　$268,100円 \times \dfrac{1}{31-10} = 12,766円$（円位未満切捨て）

B官署ではA官署の勤務日とB官署の勤務日を基礎として1日から13日までの額を算出し、その額からA官署で支給された額を差し引いた額

$$\left(268,100円 \times \frac{1+7}{(2-1)+(29-9)}\right) - 12,766円 = 89,367円$$

をそれぞれ支給することとなる。

21 月の中途において交替制勤務職員に採用された場合の日割計算

> **問** 看護師等の交替制勤務職員を月の中途において採用した場合、採用日以後の勤務時間の割振りしか行われていないが、この場合の給与の日割計算においては、当該給与期間の要勤務日数をどのように算出したらよいか。

答 職員を月の中途において採用した場合には、その給与期間の要勤務日数を基礎に日割計算を行い給与を支給することとされており、交替制職員が月の中途において採用された場合の要勤務日数は、①当該職員が月の初日に採用されたものと仮定した場合に得られる採用日前の週休日の日数及び②採用日以後に実際に設けられた週休日の日数を合算した日数を当該給与期間の現日数から差し引いて算出すればよい。

22 特別職を離職し、同日付で一般職に採用された場合の給与の日割計算

> **問** 特別職を離職し、同日付で一般職に採用された者の採用日(特別職の離職日)の給与はどのように支給するべきか。

答 給与法第9条の2第2項の規定により、職員が離職した場合は離職の日まで俸給が支給されることとなる。また、同条第1項の規定により、新たに職員となった者にはその日から俸給が支給されることとなるが、重複支給を避けるため、同項ただし書には、離職した国家公務員が即日職員となった場合は、その日の翌日から俸給を支給することとされている。特別職の職員においても、

一般職と同様，離職の日まで俸給が支給されることとなるが，当該ただし書の「国家公務員」は一般職と特別職とを区別していないことから，採用日までは特別職としての給与を支給し，採用日の翌日から一般職としての給与を支給する。

［参考］

○**特別職の職員の給与に関する法律**（昭和24年法律第252号）（抄）

第5条　新たに内閣総理大臣等になつた者には，その日から俸給を支給する。但し，退職し，又は罷免された国家公務員が即日内閣総理大臣等になつたときは，その日の翌日から俸給を支給する。

第6条　内閣総理大臣等が退職又は罷免により内閣総理大臣等でなくなつたときは，その日まで俸給を支給する。

2　（略）

○**防衛省の職員の給与等に関する法律**（昭和27年法律第266号）

第10条　新たに職員となつた者には，その日から俸給を支給する。ただし，職員以外の国家公務員が離職し，即日職員となつたとき又は職員が離職し，自衛隊法第44条の4第1項，第44条の5第1項若しくは第45条の2第1項の規定により即日職員となつたときは，その翌日から俸給を支給する。

2　（略）

3　職員が離職したときは，その日（職員が第5条第1項第1号又は第2号に掲げる場合（自衛隊法第44条の4第1項、第44条の5第1項又は第45条の2第1項の規定により即日職員となつた場合を除く。）のいずれかに該当して前の職員の職を離職した場合（自衛隊法第44条の4第1項，第44条の5第1項又は第45条の2第1項の規定により即日職員となつた場合を除く。）にあつては，その日の前日）まで俸給を支給する。

4　（略）

第4 減　　額

1　給与の減額時期

> **問**　欠勤等による給与の減額は、給実甲第28号第15条関係第2項において次の給与期間以降に差し引くこととされているが、「次の給与期間以降」であればいつでもよいのか。

答　給与の減額をその減額すべき事由が生じた給与期間の次の給与期間以降の給与から差し引くこととしているのは、現行の俸給の支給定日及び給与支給手続との関係によるものである。すなわち、現行の俸給の支給がいわゆる中間払い制をとっている一方、給与支給の実際の手続として勤務時間報告書の制度が給与簿制度の一環として定められており、勤務の実績に応ずる給与の支給ないし精算は、この勤務時間報告書（注）に基づいて行うこととされているためである。

したがって、「次の給与期間以降」と定められていても、次の給与期間に減額することを原則とすることはいうまでもなく、理由もなく翌々期以降の給与期間において減額することなどは、給与の差引き禁止の規定との関係からも問題を生ずるおそれがある。

　（注）　勤務時間報告書は、各給与期間の終了後、勤務時間管理員が欠勤の時間数等、給与の支給に必要な事項を記入した上、給与事務担当者に送付することとされている。

2　休日に勤務しなかった場合は減額されるか

> **問**　交替制勤務の職員が、国民の祝日に関する法律（昭和23年法律第178号）に規定する休日に勤務するように割り振られている場合に、その日に勤務しなかったときは、給与法第15条（給与の減額）の規定により減額を行

うことになるか。

(答) 給与法第15条の規定により,「職員が勤務しないときは,……勤務時間法第14条に規定する祝日法による休日……又は勤務時間法第14条に規定する年末年始の休日……である場合,休暇による場合その他その勤務しないことにつき特に承認のあつた場合を除き,……給与額を減額して給与を支給する」こととされており,仮に勤務することを命ぜられている場合においても,休日に勤務しなかったことにより給与を減額されることはない。

ただし,そのような場合,減額とは別に服務上の問題は残ることとなるであろう。

3 給与の減額の対象とならない時間

(問) 給与法第15条(給与の減額)において「その他その勤務しないことにつき特に承認のあつた場合」とあるが,具体的にはどのような場合か。

(答) 給与法第15条に規定される「その他その勤務しないことにつき特に承認のあつた場合」とは,給実甲第28号第15条関係第1項に規定されているように,法令の規定により勤務しないことが認められている場合をいい,具体的には,国公法第108条の5(交渉)の規定による職員団体の交渉のための時間,規則10―4第24条(事後措置)第2項による就業禁止の期間,規則10―7第5条(妊産婦である女子職員の健康診査及び保健指導)の規定による妊産婦である女子職員の健康診査及び保健指導の時間等である。

4 出張中の職員に対する給与の減額

(問) 給実甲第28号第16条関係第3項により,「公務により旅行(出張及び赴任を含む。以下同じ。)中の職員は,その旅行期間中正規の勤務時間を勤務したものとみなす」こととされているが,出張中の職員にも給与法第

15条（給与の減額）の規定が適用され減額されることになるのか。

（答） 給与法第15条の規定は，出張の期間中も適用されるものであり，勤務しないことにつき特段の承認がない限り，出張の期間中といえども減額を免れるものではないと解している。

例えば，出張者の用務が，「〇〇会議出席のため」というような場合に，その職員が，特に承認もなく無断で当該会議に欠席した場合の時間については，減額されることとなる。

5 免職処分が取り消された場合の給与と給与法第15条との関係

問 国公法第92条（調査の結果採るべき措置）の規定によって，免職処分が取り消された場合の給与の支給はどうすればよいか。特にその間実際には勤務していないことと給与法第15条（給与の減額）の規定との関係について，どう考えるべきか。

（答） 国公法第92条による免職処分の取消しの判定の結果，職員がその身分を回復した場合には，その職員は，免職処分のあった日に遡って給与法の適用を受けることになるが，その間実際に勤務していないのであるから，たとえ身分は回復しても給与法第15条の規定によりその期間中の俸給，地域手当，広域異動手当及び研究員調整手当は減額されることとなる（勤務しないことにつき特に承認のあった場合には該当しない）。また，勤務の有無に応じて支給されることとなる，俸給の特別調整額，通勤手当及び勤勉手当などは，支給の対象とはならない。ただし，この場合においても扶養手当，特地勤務手当及び期末手当等は給実甲第28号第11条及び第11条の2関係第1項，第13条の2及び第14条関係第1項等に示されているように勤務の有無に関係なく支給されることになる。

なお，追給できるものについては追給する一方，追給できない分については，実費弁償的な通勤手当等を除き，処分がなかったならば受けたであろうところの俸給その他の給与を弁済金として支払うことになるわけで，処分の取消しの

第13章　給与の支給　255

判定と同時に出される人事院指令においてもその旨が示されることとなる。

6　休職期間が満了した後に勤務しなかった場合の取扱い

> **問**　休職の期間が満了し，当然復職を命じなければならないにもかかわらず，任命権者の過失又は手続の遅延等によって発令時期が遅れ，その間勤務しないことにつき職員の責めに帰すべき理由がない場合においては，その職員が勤務しない時間に対して俸給の支給の余地はないか。この場合，給与法第15条（給与の減額）の規定との関係はどのように解したらよいか。

答　休職の期間が満了した場合には，設問のように別に復職を命ずる必要はなく，期間満了と同時に当然復職するものである（規則11―4第6条（復職）第2項参照）。具体例でいうと，国公法第79条（本人の意に反する休職の場合）第1号に規定する場合は，規則11―4第5条（休職の期間）の規定により任命権者が休養を要する程度に応じ，3年を超えない範囲内において期間を定めて休職を発令するものであるが，その期間が満了すれば，その休職は当然終了して職員は復職することになる。

したがって，設問の場合は，任命権者から復職の発令がなくても，休職は当然終了したのであって，それにもかかわらず職員が勤務しなかった場合には，病気休暇など勤務しないことにつき特に承認があった場合を除き，給与法第15条によって減額されるものである。

7　休日のある月を全部欠勤した場合の減額の方法(1)

> **問**　休日のある月の初日から末日まで欠勤した場合における俸給の支給額の算出に当たっては，給実甲第28号第15条関係第2項ただし書の「減額給与期間において勤務すべき全時間が……給与が減額される時間であった場合」に該当するものとして取り扱って差し支えないか。あるいは，その休日については正規の勤務時間を勤務したものとして，同項本文の規定

による計算方法によるのか。

(答) 給与法第15条（給与の減額）の規定によって，休日に勤務しなかったとしても，減額されることはないから，設問のような場合には，原則として給実甲第28号第15条関係第2項本文に定める次の計算方法によることとなる。

$$\begin{pmatrix}当該給与期間に\\おける俸給の支給定\\日において支給さ\\れるべき俸給の額\end{pmatrix} - \begin{pmatrix}俸給から\\減額すべ\\き金額\end{pmatrix}\begin{pmatrix}\dfrac{俸給の月額\times 12}{1週間当たりの勤務時間\times 52}\end{pmatrix}\begin{pmatrix}円位未満\\4捨5入\end{pmatrix}\times\begin{pmatrix}欠勤時\\間数\end{pmatrix} = \begin{pmatrix}俸給支\\給額\end{pmatrix}$$

ただし，この計算式における俸給から減額すべき金額がその欠勤のあった給与期間に対する俸給の額より大であるか，又はこれに等しいこととなるときは，同項ただし書による次の計算方法によることとなる。

$$\begin{pmatrix}当該給与期間における俸\\給の支給定日において支\\給されるべき俸給の額\end{pmatrix} - \begin{pmatrix}その欠勤があった給与\\期間に対する俸給の額\end{pmatrix} = 俸給支給額$$

8　休日のある月を全部欠勤した場合の減額の方法(2)

問　休日のある月の初日から末日まで欠勤した場合における俸給の支給額算定に当たっては，休日は欠勤とはならずその月全部を欠勤したことにはならないことから，原則として給実甲第28号第15条関係第2項本文に定める計算方法によることとされている。ただし，次例のように，結果として俸給から減額すべき金額が欠勤のあった給与期間に対する俸給の額より大きくなるときは，同項本文の計算によらず，同項ただし書の規定により，減額給与期間のその次の給与期間における俸給の額から減額給与期間に対する俸給の額を差し引いた額が俸給の支給額とされている。

ところで，次例の場合に，地域手当の支給額を同項ただし書の計算方法により計算すれば，その支給額は7,230円となり，同項本文の規定によっては減額し得なかった俸給の額（6,611円）について減額を行うことができるようにも思えるが，どのように取り扱えばよいか。

【例】

　　俸給月額　　行政職㈠6級21号俸　　　　359,500円

扶養手当　　　　　　　　　　　　10,000円
俸給の特別調整額（4種）　　　　 62,300円
地域手当　10%　　　　　　　　　 43,180円
平成29年8月　全日数欠勤　欠勤時間数171時間（30分以上を1時間に切り上げ）
減額に際しての1時間当たりの給与額

$$\frac{(359,500円+35,950円)\times12月}{38時間45分\times52週}\begin{pmatrix}円位未満\\4捨5入\end{pmatrix}=2,355円$$

減額すべき給与額　2,355円×171時間＝402,705円
(1) 給実甲第28号第15条関係第2項本文の計算
　・俸給から減額すべき1時間当たりの額

$$\frac{359,500円\times12月}{38時間45分\times52週}\begin{pmatrix}円位未満\\4捨5入\end{pmatrix}=2,141円$$

　・減額すべき俸給額　2,141円×171時間＝366,111円
　・俸給の支給額　359,500円−366,111円＝−6,611円
(2) 同項ただし書の計算
　・俸給の支給額　359,500円−359,500円＝0円
　・俸給の月額に係る地域手当　35,950円
　・地域手当の支給額　43,180円−35,950円＝7,230円

答　設問のような場合，いったん給実甲第28号15条関係第2項ただし書の計算によった以上，減額し得なかった俸給の額（6,611円）についての地域手当からの減額は不要であり，地域手当については，同項ただし書の規定によって計算した額（7,230円）を支給することになる。

9　欠勤に引き続き休職がある場合の減額の取扱い

問　給与期間の初日から末日までの全期間が欠勤とそれに引き続く休職である場合において，次例のように欠勤により減額されるべき額が当該欠勤期間に係る日割計算後の額を超えるときは，どのように取り扱えばよいか。

【例】
　俸給月額　行政職㈠3級41号俸　295,300円
　平成29年6月1日～6月22日　欠勤　　欠勤時間124時間
　　〃　　6月23日～6月30日　休職 $\left(\dfrac{70}{100}\right)$

欠勤により減額されるべき俸給の額

$\left(\begin{matrix}1時間当た\\りの給与額\end{matrix}\right)$ 1,759円 $\left(\dfrac{295,300 \times 12}{38時間45分 \times 52}\left(\begin{matrix}円位未満\\4捨5入\end{matrix}\right)\right) \times 124 = 218,116円$

当該欠勤期間に係る俸給の額（日割計算）

　　$295,300円 \times \dfrac{16}{22} = 214,763円$（円位未満切捨て）

答　職員の給与の減額については，給与法第15条（給与の減額）の規定により，いわゆる1時間当たりの給与額を基礎として，それに欠勤時間数を乗じて得た額をその期間に支給すべき俸給，地域手当，広域異動手当及び研究員調整手当の額から差し引くことになっている（給実甲第28号第15条関係第2項参照）。

　このため，例えば，全期間欠勤したような場合には，時として差し引くべき額が正規に勤務した場合に支給されるところの額を上回る場合を生ずることとなるが，このような場合には，差し引く額は本来支給されるところの額を限度とすべきであり，給実甲第28号第15条関係第2項ただし書の規定によってもその旨が明らかにされている。

　ところで設問では，欠勤に引き続き休職とされ休職給の支給を受けることから，休職給からも減額すべきかどうかが問題とされるものと思われるが，もともと俸給の支給期間と休職給の支給期間とは別個のものとして取り扱われ，それぞれ日割計算が行われることとされている趣旨からも，欠勤による減額を休職給の支給期間にまで食い込ませるべきではない。すなわち，設問の場合には，同通達に規定する場合に該当するものとして，休職の期間を除く期間の正規の勤務に対して支給されるべき額（214,763円）を限度として減額することとなる。

10　地域手当がマイナスとなる場合の減額の取扱い

問　給与法第15条（給与の減額）の規定による給与の減額を行う場合において，給実甲第28号第15条関係第2項の定めるところにより，減額すべき額を計算したところ，次のように地域手当については本来の支給額よりも減額すべき額が大となり，マイナスとなる。このような場合はどのように取り扱えばよいか。

　　行政職㈠2級8号俸　俸給205,100円　　地域手当20,510円（10％）
　　減額時間167時間
　　減額金額　　1時間当たりの給与額

$$1,344円\left[\frac{(205,100+20,510)\times12}{38時間45分\times52}\begin{pmatrix}円位未満\\4捨5入\end{pmatrix}\right]\times167=224,448円$$

　　俸給の支給額

$$205,100円-\left[\frac{205,100円\times12}{38時間45分\times52}\begin{pmatrix}円位未満\\4捨5入\end{pmatrix}\times167=203,907円\right]=1,193円$$

　　地域手当の支給額　　20,510円－〔224,448円－203,907円〕＝－31円

答　設問のような事例は，給与法第15条の規定により減額すべき額が，もともと同法第19条（勤務1時間当たりの給与額の算出）に定める1時間当たりの給与額を基礎として，いわば俸給と地域手当とを一体として算定されるものであるのにかかわらず，給実甲第28号第15条関係第2項に定めるところのものが，俸給に係る分と地域手当に係る分とを分けて計算することとし，しかも計算の便宜から端数の取扱いについて特別に定めていることから，たまたま生じる事例である。

　ところで，同通達に定めるそのような取扱いは，元来予算区分上の便宜等の必要から行われているところのものであるが，これにより法に定める減額の性格ないし額までを積極的に変更しようとする趣旨のものではない。したがって，まず給与法第15条の規定が先行し，設問のような場合にも減額すべき額が本来支給されるべき俸給と地域手当との合計額を超えない限り，減額すべき額だけの減額は，これを行うべきものであると考えられる。

　いいかえれば設問のような場合には，地域手当についての減額の不足分だけさらに俸給から減額すべきであると解され，この場合同通達に定めるところに

より計算された俸給からの減額の額と当該不足額との合計額（設問の場合には203,907円＋31円＝203,938円）が、俸給から減額される額となる。

11　給与期間の全日数を欠勤した場合等における減額の取扱い

問　職員が次例のように欠勤し、辞職した場合、7、8月の支給定日における給与の減額及び辞職の際の給与過払分の取扱いはどのようになるのか。

行政職㈠　1級25号俸　　179,200円
（地域手当、広域異動手当及び研究員調整手当は支給されていない。）

答　職員が欠勤したときの給与の減額は、給与法第15条（給与の減額）の規定に基づき次の給与期間以降において、勤務1時間当たりの給与額に欠勤時間数を乗じて得た金額を、俸給、地域手当、広域異動手当及び研究員調整手当のそれぞれから差し引くこととされている。この場合の具体的な取扱いについては、給実甲第28号第15条関係第2項の規定によることとなっている。したがって、7月及び8月の支給定日における減額の方法はこれによればよく、具体的には次のように行うこととなる。

(1)　7月の俸給の支給定日には、その日において支給されるべき俸給の額179,200円から6月分の欠勤に係る減額分24,541円（1,067円（1時間当たりの給与額）×23時間（欠勤時間数（30分未満切捨て）＝24,541円）を差し引いた額154,659円を支給することとなる。

(2)　8月の俸給の支給定日には、その日において支給されるべき俸給の額から7月分の欠勤に係る減額分を減額することとなる。なお、祝日法による休日は給与を減額されず給実甲第576号第1の第8号にいう「欠勤」ではないため給

実甲第28号第15条関係第2項ただし書の適用はない。

具体的には，同項本文の規定に基づき次の計算方法によることとなり，8月の俸給の支給定日における俸給支給額は13,815円となる。

$$179,200-\left[\left[\frac{179,200\times12}{38時間45分\times52}\right]（円位未満4捨5入）\times155（30分以上を1時間に切り上げ）\right]=13,815$$

(3) 8月分の欠勤に係る減額分については，仮に設問の職員が9月以降も引き続き在職している場合には，9月の支給定日においてその日に支給されるべき俸給の額から差し引くこととなるが，当該職員は8月22日に辞職していることから，過払分については辞職した後において返納させる方法をとらなければならない。

なお，設例の場合の返納額は，次の計算により算出することとなる。

　　　　　8月分（8.1～8.22）の俸給……179,200円×16/23＝124,660円（円位未満切捨て）
①俸給の過払分の返納額 …………179,200円－124,660円＝54,540円
②減額分の返納額 ………………123,772円（1,067円×116時間）

したがって，当該職員からは①俸給の過払分の返納額（54,540円）と②減額分の返納額（123,772円）を加えた額（178,312円）を返納させることとなる。

12　一つの月に給与の減額となる事由が複数ある場合について

問　一つの月に，欠勤や育児時間等の給与の減額となる事由が複数ある場合，減額はどのように行うのか。
　例えば，欠勤（3時間30分）と育児時間（10時間30分）のある月の給与の減額は次のいずれにより行うのか。
① 欠勤，育児時間の全時間数を合算した総時間数をもって計算し，1時間に満たない時間数を処理し（30分以上を1時間に切上げ），減額する。
② 欠勤，育児時間をそれぞれ時間単位に処理し（30分以上を1時間に切上げ），合算した時間数をもって減額する。
　　　　　欠　　勤　3時間30分　→　4時間

```
　　育児時間　10時間30分　→　11時間
　　　計　　　14時間①　　　　15時間②
```

答　①によることが適当である。

　設問の場合，欠勤と育児時間では給与の減額の根拠規定は異なるが，いずれも勤務の提供を欠いた場合にその勤務しなかった時間について給与を減額することに変わりなく，減額の具体的な方法も同じであることから，合算することが適当である。すなわち，一つの給与期間内に複数の事由（欠勤，育児時間，介護休暇，介護時間，法科大学院派遣法第4条派遣，勤務時間を割く兼業，短従許可期間）により給与の減額となる時間がある場合には，それぞれの時間の全時間数を合算して，勤務しなかった総時間数の算定を行い，その総時間数により給与の減額を一括して行うことが適当である。

　設問の②の方法は，欠勤と育児時間について全く別々に減額を行おうとするものであり，この方法によれば，設問の場合には，勤務を欠いた時間は正味14時間であるにもかかわらず，15時間分の減額を行うことになって，実際には勤務している時間に相当する時間（1時間）についても減額を行うこととなり，適当でない。

　［参考］それぞれの事由における減額の根拠規定
　　・欠勤…給与法第15条
　　・育児時間…育児休業法第26条第2項
　　・介護休暇…勤務時間法第20条第3項
　　・介護時間…勤務時間法第20条の2第3項
　　・法科大学院派遣法第4条派遣…法科大学院派遣法第7条第2項
　　・勤務時間を割く兼業…規則14―8第5項
　　・短従許可期間…規則17―2第6条第7項

第5　俸給半減

1　他の疾病により引き続き勤務できない場合の俸給半減の始期計算の起算日等

> **問**　給与法附則第6項によれば，病気休暇又は就業禁止の措置の開始の日から起算して90日を超えて引き続き勤務しないときは，俸給の半額を減ずることとされているが，一の負傷又は疾病による病気が治ゆし，他の負傷又は疾病により引き続き勤務できない場合の俸給半減の期間計算の起算日及び半減の始期はいつになるのか。

答　給与法附則第6項に掲げる90日は，引き続き勤務しないことが要件となっているが，その原因たる疾病が同一のものであると否とを問わないものである。したがって，最初に病気休暇を承認された日が俸給半減の期間計算の起算日となるので，半減の始期は，最初に病気休暇を承認された日から通算して90日を超えることとなる日となる。

2　半日勤務に引き続き入院した場合の俸給半減の始期計算の起算日

> **問**　4月3日から同月24日まで通院治療のため毎日午後4時間の病気休暇を承認されていた職員が，同月25日手術のため全日病気休暇を取得して入院し，以後引き続き入院加療中である。この者の俸給半減の始期計算の起算日はいつになるか。

答　規則9―82第4条（勤務しない期間の範囲）において，勤務しない期間の範囲として「一日の勤務時間の一部を病気休暇等により勤務しない日を含む。」とされていることから，時間単位の病気休暇を取得した日も90日の期間計算に含まれることとなる。よって，設問の場合，4月3日から病気休暇が引き

続いていることとなるので，この場合の俸給半減の始期の基礎となる90日の期間計算の起算日は，4月3日となる。

3　欠勤に引き続く病気休暇の場合の俸給半減の始期計算の起算日

問　欠勤に引き続き病気休暇を承認された場合，病気休暇承認の日を俸給を半減する際の90日の起算日として解してよいか。

答　俸給の半額を減ずる際の90日の起算日は，承認された病気休暇の最初の日である。

4　俸給半減の始期の計算の際の休日等の取扱い

問　「90日を超えて引き続き勤務しないとき」の90日には週休日や休日等は含まれないと解してよいか。

答　「90日を超えて引き続き勤務しないとき」の90日の計算には，週休日及び休日等も含まれる（規則9―82第4条（勤務しない期間の範囲）参照）。なお，週休日及び休日等から引き続き病気休暇を承認される場合（月曜日からの病気休暇等）もあろうが，俸給の半額を減ずる際の90日の起算日は，あくまでも承認された病気休暇の最初の日（この場合は月曜日）である。

5　医師の証明等がなく出勤した場合の俸給半減の始期の計算

問　私傷病により病気休暇中の職員が，その途中において医師の証明，所属庁の長の承認もなく1日程度出勤して勤務したとしても，休み始めた日から90日を超えるときに俸給を半減して差し支えないか。

答　勤務することが医師の診断に基づいており，かつ，勤務することを所属庁の長が認めた場合を除いては，たとえその間に出勤したことがあっても実

質的にはその病気休暇は継続しているものと認められるので，このような場合は，当該私傷病による病気休暇の承認の日から起算して90日を超えるときから俸給を半減することとなる。

6　病気休暇に継続して年次休暇を承認された場合の俸給半減の始期の計算

問　職員が病気休暇に引き続き年次休暇を承認され，さらに引き続き病気休暇を承認された場合において，給与法附則第6項による俸給半減の始期の基礎となる90日の期間の計算については，当該年次休暇の期間を含めて暦日により計算すると解すべきか。

答　給実甲第1126号第4条関係第1項において，療養期間中の「その他の勤務しない日」に年次休暇が含まれる旨規定されていることから，当該年次休暇の期間を含めて暦日により計算を行う。なお，仮に既に半減となっていた場合に設問のような年次休暇を承認されたときの当該年次休暇の期間中の俸給については半減の規定の適用はない。

7　病気休暇中に特別休暇に該当する事由が生じた場合の俸給半減の取扱い

問　私傷病により病気休暇を承認されている職員が引き続き参考人等として国会等に出頭するため特別休暇を承認された場合，90日の期間の計算はどのように取り扱ったらよいか。

答　病気休暇中の職員に対し所属庁の長が特別休暇を承認することは，休暇の趣旨からみて若干疑義があり本来的には望ましいことではないが，参考人等として国会等に出頭するための休暇等は，その趣旨及び給与上の処遇等を考慮した場合，職員間に不均衡を生ずる恐れもあるので，このような場合には特別の事情にあるものとして病気休暇を取り消し，特別休暇を承認しても差し支えないものと解されている。この場合における90日の期間の計算に当たっては，給実甲第1126号第4条関係第1項において，療養期間中の「その他の勤務しな

い日」に特別休暇が含まれる旨規定されていることから，特別休暇の日数をも通算するものとし，90日を超えている場合は特別休暇が終了する日の翌日から直ちに俸給を半減し，90日を超えていない場合には90日を超えることとなる日から，俸給を半減すべきものと解する。

8　俸給半減期間中に特別休暇が与えられた場合の取扱い

> **問**　俸給半減期間中に特別休暇が承認されたときは，その特別休暇の間は俸給の半減を行うことなく全額を支給しても差し支えないか。

答　俸給半減期間中に特別休暇が承認されたときは，その限りでその間の病気休暇の承認は取り消されるのであるから，俸給の半減は行わないことになる。ただし，特別休暇を承認されたことによって俸給半減期間の中断はない。

9　俸給半減期間中に休日がある場合の取扱い

> **問**　俸給半減期間中に休日があるときは，その日についても俸給を半減することとなるのか。

答　給与法附則第6項の規定によって負傷又は疾病等による療養のために90日を超えて引き続き勤務しない場合には，病気休暇又は就業禁止となる日について俸給の半額が減ぜられることとされており，祝日法による休日及び年末年始の休日は半減しないこととなる。

10　俸給半減期間の終期

> **問**　給与法附則第6項において「当分の間，……当該療養のための病気休暇又は当該措置の開始の日から起算して90日……を超えて引き続き勤務しないときは，その期間経過後の当該病気休暇又は当該措置に係る日につき，俸給の半額を減ずる。」と規定されているが，この半減すべき期間の

終期については法令に何らの定めがない。定員又は予算の関係等から必要があるときは，適宜半減期間の終期を定めてよいか。

答 病気休暇を承認されている限り，俸給の半減期間を打ち切ることはできない。

なお，療養のため長期にわたって勤務できないときは，復帰の見込み等も踏まえ，任命権者において休職等適切な措置を講ずることが求められる。

11　月の途中で俸給半減後，休職になった場合の給与の支給

問 一の疾病による病気が治ゆし，他の疾病のため引き続き病気休暇中の職員が，病気休暇の期間が90日を超えることとなり，さらに，その後，月の途中で休職とされた場合，その月の給与はどうなるか。

　　医療職㈢2級1号俸　俸給　188,800円
　　　　　　　　　　　　　　　俸給の調整額　9,400円（調整数1）
　　　　地域手当　19,820円（10%，円位未満切捨て）
　　平成29年8月3日〜引き続く病気休暇（平成29年10月31日が90日目）
　　　〃　29年11月27日〜休職 $\left[\dfrac{80}{100}\right]$　　（11月3日及び23日が休日）

答 設例の場合にあっては，次のような日割計算を行うこととなるが，この場合，端数の処理方法に注意する必要がある。

・俸給（俸給の調整額を含む。）

　198,200円 $\times \dfrac{2}{22}$ ＝18,018・2/11円（11月3日及び23日の分）

　198,200円 $\times \dfrac{1}{2}$ ＝99,100円（円位未満切捨て）…半減後の俸給

　99,100円 $\times \dfrac{16}{22}$ ＝72,072・8/11円

　18,018・2/11円＋72,072・8/11円＝90,090円（円位未満切捨て）…病気休暇期間に対する俸給

（休職給）

　198,200円 $\times \dfrac{80}{100}$ ＝158,560円（円位未満切捨て）

　158,560円 $\times \dfrac{4}{22}$ ＝28,829円（円位未満切捨て）…休職期間に対する俸給

・地域手当

$19,820円 \times \dfrac{2}{22} = 1,801・9/11円$ （11月3日及び23日の分）

$99,100円 \times \dfrac{10}{100} = 9,910円$ （円位未満切捨て）…半減後の地域手当

$9,910円 \times \dfrac{16}{22} = 7,207・3/11円$

$1,801・9/11円 + 7,207・3/11円 = 9,009円$ （円位未満切捨て）…病気休暇期間に対する地域手当

（休職給）
$19,820円 \times \dfrac{80}{100} = 15,856円$ （円位未満切捨て）

$15,856円 \times \dfrac{4}{22} = 2,882円$ （円位未満切捨て）…休職期間に対する地域手当

第6 減　　給

1　減給の場合の給与の支給方法

問　減給処分を受けた職員の給与の支給はどのように行うのか。

答　減給は懲戒処分の一つとして行われ、1年以下の期間、俸給の月額の5分の1以下に相当する額を給与から減ずるものであるが、具体的には、その効力発生の日の直後の俸給支給定日から、減給期間（月単位で表示される。）として示された月数に応じ、その期間の支給定日ごとに減給分を差し引くこととされている（昭和32年職職―393（人事院規則12―0（職員の懲戒）の運用について）第3条関係第3項参照）。

2　休職等の期間中に減給処分が行われた場合又は減給期間中に俸給が変更された場合の取扱い

問　減給処分を受けた職員の給与の支給を行う際、休職、病気休暇等

で俸給が減ぜられている場合，又は，減給期間中に昇給，昇格，休職その他により俸給が変更された場合にはどうするのか。

答 減給は，休職，病気休暇等で俸給を減ぜられている場合でも，本来受けるべき俸給の月額を基礎として計算した額を減ずるものであり，また，減給期間中に昇給，昇格，休職その他俸給が変更された場合にも減給額の計算は減給発令時の俸給を基礎として行うこととなる（昭和32年職職―393（人事院規則12―0（職員の懲戒）の運用について）第3条関係第1項及び第4項参照）。

3　減給処分と手当等の関係について

問 減給処分を受けた職員の給与の支給を行う場合，手当の基礎となる俸給の額についても減じた額にするのか。

答 減給は，職員が本来受けるべき俸給を変更するものでないから，俸給を計算の基礎とする手当等に影響を及ぼすものではなく，本来の俸給の額をもとに計算した額を支給すればよいこととなる（昭和32年職職―393（人事院規則12―0（職員の懲戒）の運用について）第3条関係第2項参照）。

4　減給期間中に離職した場合の取扱いについて

問 減給処分を受けた後，最初の給与の支給定日が到来する前に離職した場合には，減給額の差引きはどうなるのか。また，そのような場合，減給額を退職手当等から差し引いてよいか。

答 減給期間中に離職した場合には，最終の俸給支給定日の減給額をもって打ち切ることとなるので，本件の場合のように減給処分後最初の俸給の支給定日前に離職した場合には，結果として減給額の差引きは行われないこととなる（昭和32年職職―393（人事院規則12―0（職員の懲戒）の運用について）第3条関係第5項参照）。

また、減給は俸給の支給定日ごとに減給額を差し引くものであるので、退職手当等から減給額を差し引くことはできない。

5　支給される給与が減給額に満たない場合の取扱い

> **問**　支給定日に支給される給与が減給の額に満たない場合の減給額の差引きはどのように行うのか。

答　支給定日に支給されるべき給与がない場合には、当該支給定日には減給額の差引きは行わないこととなる。
　また、支給される給与の総額が減給の額に満たないときは、その支給される給与の額をもって減給の額とすることとなる（昭和32年職職―393（人事院規則12―0（職員の懲戒）の運用について）第3条関係第6項参照）。

6　減給期間中に支給義務者を異にする移動をした場合の取扱い

> **問**　俸給を減給されている職員が、月の中途において俸給の支給義務者を異にする移動をした場合に、当該月の減給は日割計算により行われるのか。

答　減給処分を受けた職員の給与の支給においては、月を単位として各俸給の支給定日ごとに減給の割合による額を差し引くこととされており、日割計算による減給制度をとっていない。したがって、俸給の支給義務者を異にする移動をした場合においても、俸給の支給方法とは異なり日割計算は行わず、支給定日現在の給与支給義務者において減給額を差し引くこととなる。

第14章

給 与 簿

[参照法令]
- 規則9−5,9−7
- 給実甲第28号,第65号,第576号

1　赴任期間の取扱い

問　職員が転任又は配置換えを命ぜられた場合において，いわゆる赴任期間については，出勤簿及び勤務時間報告書上どのような取扱いをしたらよいか。

答　現在，赴任期間における取扱いについては法令上特に規定されたものはないが，新たな勤務地において勤務を提供するために必要な行為を行うことをもって職務専念義務を履行していると取り扱うものであり，その点休暇等とは異なる。したがって，出勤簿上の取扱いとしては，職員が「定時までに出勤」していないことから押印等は行わず，赴任期間中についてはその旨を明らかにする適当な処理（例えば「赴任期間」である旨の注記など）を行い，また勤務時間報告書についても，赴任期間中は実際に勤務したものと同様に扱えばよいものと考える（給実甲第28号第16条関係第3項参照）。

2　赴任延期の場合の出勤簿等の取扱い

問　4月1日付けで配置換えの発令があり，赴任期間が5日間であった場合に，業務の都合から4月16日まで赴任の延期を承認したようなときは，その間の出勤簿等の取扱いはどうすればよいか。

答　業務の都合から所定の期間内に赴任させることが困難な場合には，併任の発令等により措置することが必要であるが，やむを得ない事情から赴任を延期させたときは，前任庁で当該期間勤務した事実を証するために出勤簿に押印させる等の措置を行い，後任庁の出勤簿にはその期間「残務整理のため前任庁で勤務」の旨の注記を行っておくことが適当である。

　なお，その場合の勤務時間報告書上の取扱いは，正規に勤務した場合と同様に取り扱えばよい。

3　勤務時間報告書の作成単位及び勤務時間管理員の指名単位

問　規則9－5第2条（勤務時間報告書）及び第3条の規定により，勤務時間報告書は，国家行政組織法（昭和23年法律第120号）第7条（内部部局）に定める課又はこれに準ずる組織の単位（以下「課係等」という。）別に作成し，勤務時間管理員は，この課係等の単位別に課係等の長が指名することになっているが，所属職員の非常に少ない部局では，勤務時間報告書及び勤務時間管理員を部局単位として差し支えないか。

答　所属職員の少ない部局において，課係等の単位で勤務時間報告書を作成し，それぞれに勤務時間管理員を置くことは，かえって事務を複雑化し非能率ともなるので，適正な勤務時間管理が行える限り，部局単位で取り扱って差し支えないと解している。

4　給与事務担当者の意味

問　規則9－5第4条の規定に「各庁の長……又はその委任を受けた者の指名する給与の事務を担当する者（以下「給与事務担当者」という。）」とあるが，ここにいう給与事務担当者とは具体的には次のいずれを指すのか。
(1)　現実に給与の支払いをする資金前渡官吏
(2)　給与簿等を作成し，給与の計算を行う事務担当者
また，その指名は文書をもって行わなければならないか。

答　規則9－5及び給実甲第576号にいう給与事務担当者とは，任用上の特定の官職又は資金前渡官吏等単独の特定の職員を指しているものではなく，一般に給与に関係ある事務を行っている者のうち，勤務時間管理員及び人事事務担当者から送付された事項に基づき，実際に職員別給与簿及び基準給与簿を作成し，かつ，それらを保管する事務を行う職員を包括的に指しているものである。

また，同規則第4条の規定にいう「指名」とは，職員が行うべき事務を指定する行為と解されるので，個々の職員に対し文書を交付しての発令行為を要するという性質のものではないと考える。したがって，例えば，事務分掌規程等により前述のような事務を行う課係等が明確に定められている場合には，当該課係等に所属することを命ずることによって，同条に規定する「給与の事務を担当する者」としての指名が行われたとして取り扱って差し支えない。

5　給実甲第576号第4の第2項に定める通知

問　給実甲第576号第4（職員別給与簿）の第2項の規定によれば，人事事務担当者は，任免事項，諸手当その他の事項に異動があったときは，その都度「文書」で給与事務担当者に通知しなければならないとされているが，同一課係等に属し，執務場所を同じくする場合等においては，文書によらないで，口頭によることも差し支えないか。

答　給実甲第576号第4の第2項の規定の趣旨は，同項各号に掲げる事項の異動を正確に給与事務担当者に伝達する必要があり，また人事事務担当者と給与事務担当者のそれぞれの責任の所在を明確にする必要から，これらの異動を「文書」で通知しなければならないと定めているものである。したがって，可能な限りこの趣旨にそって運用されなければならないが，例えば，人事事務担当者と給与事務担当者が同一人である場合等これらの趣旨を損わないことが明らかである場合に限っては，便宜文書を省略しても差し支えないものと考える。

6　勤務時間報告書に代わる文書による給与の支給

問　給与事務担当者は，勤務時間報告書に基づいて給与簿を作成し，支給定日に給与を支給することになっているが，例えば，病気休暇により俸給を半減されている者が，支給月の6日から平常勤務となった場合でも，その月の支給定日にはやはり半減で支給し，翌月勤務時間報告書に基づい

てこれを調整しなければならないか。

(答) 病気休暇により俸給を半減されている職員が勤務に復帰した場合には，給実甲第576号第3（勤務時間報告書）の第1項第7号の「……職員の給与計算に関し必要な事項」として，勤務時間報告書に記載し，処理するようにすることが適当と考える。しかしこのことは，その事実を他の方法によって勤務時間管理員から給与事務担当者あてに通知することを禁ずるものではなく，必要があると認められる限り，勤務時間管理員から適宜の文書によってその旨の通知を受け，6日以降について本来の額の給与を支給するようにして差し支えないと考える。

7 免職処分が取り消された場合の給与簿の取扱い

(問) 国公法第92条（調査の結果採るべき措置）の規定によって，免職処分が取り消された場合において，追給又は弁済する給与についての給与簿上の取扱いはどのようにすればよいか。

(答) 免職処分取消しの結果，その職員が職員として当然受けるべき給与を追給する場合，処分がなければ当然受けたはずの給与を弁済する場合における給与簿の取扱いは次のようになる。

(1) 勤務時間報告書については，免職発令日以後処分取消判定の日までの勤務時間報告書の記入は必要としないが，取消判定の日を含む給与期間の勤務時間報告書の備考欄に，免職発令の翌日から取消判定の日までは勤務しなかった旨を記入する。

(2) 職員別給与簿（その2）については，平成29年給2―29・給3―30別添1第2項(2)キにより，追給の月日を給与期間欄に記入し，その額及び超過勤務時間数等を算出してそれぞれの欄に記入するとともに，備考欄にその事由を記入する。

8 所得税を還付する場合の給与簿の取扱い

問 年末調整において過納所得税を還付する場合の給与簿上の取扱いはどのようにすればよいか。

答 所得税の納付額が正規の税額に対して過納である場合は、平成29年給2―29・給3―30別添1第2項(1)キにより、職員別給与簿（その2）の「所得税」欄にその過納額を記入する。基準給与簿には、職員別給与簿に記載した内容を転記する。

9 差押えを受けた場合の給与簿の取扱い

問 給与の差押えを受けた職員の給与簿の取扱いはどのようにすればよいか。

答 民事執行法（昭和54年法律第4号）第145条の規定により、職員に対して支給する俸給の差押命令を受けた場合における給与簿の取扱いは、次のようになる。
(1) 職員別給与簿（その2）の「控除額1～4」欄のいずれかにその差押金額（差押費用を含む。）を記入し、備考欄にその旨を記入する。
(2) 基準給与簿には、職員別給与簿に記載した内容を転記する。

10 免職等の辞令が遅れた場合の給与簿の取扱い

問 免職、停職等の処分を隔地者に通告するに際して、職員への辞令の到達が発令の日より遅れた場合、その発令の日から辞令の到達の日までの期間に、職員が現実に正規の勤務を行った場合（又は年次休暇をとっている場合）における俸給の支給及び給与簿の取扱いはどのようにすべきか。

答 免職、停職等の処分は、文書を交付して行うことになっており、任命

権者のこれらの処分の意思表示が，相手方の了知し得べき状態におかれた時（以下「到達の日」という。）にその効力を発生するものであるから，その到達の日までのその職員の勤務に対しては，正規の給与を支給すべきである。
　この場合の発令の日から到達の日までの給与簿の取扱いは次のようになる。
　(1)　勤務時間報告書には，到達の日までの分は通常の場合の方法により記入する。
　(2)　職員別給与簿（その1）には，発令事項等欄に辞令による発令年月日及び発令事項を記入するが，給与については職員別給与簿（その2）に到達の日までの分を計算記入し，備考欄にその事由を記入する。

11　端数処理における確定金額

> **問**　国等の債権債務等の金額の端数計算に関する法律（昭和25年法律第61号）の規定によれば，国及び公庫等の債権又は債務で金銭の給付を目的とするものの確定金額に1円未満の端数があるときは，その端数金額を切り捨てることになっているが，例えば給与期間の中途で休職になったような場合における休職者の給与を計算した結果端数が生じたときは，俸給分，扶養手当分，地域手当分及び住居手当分等を合計した額が「確定金額」と考えられるので，合計した後に端数を処理すべきように考えられる。そうであるとすれば，給与簿の該当欄に端数のまま記載しなければならず，また給与簿の縦と横の合計額が合わなくなるが，どのように処理したらよいか。

答　国等の債権債務等の金額の端数計算に関する法律第2条（国等の債権又は債務の金額の端数計算）第1項の規定を文字どおり解すれば，貴見のように，債務の確定金額は，各給与種目の端数処理前の合計金額ということになるが，これでは予算執行上はもちろん，給与簿作成上も支障があるので，旧大蔵省と協議の上，「国庫出納金等端数処理法の一部を改正する法律の施行に伴う給与簿の取扱いについて」（昭和33年4月8日給2−122）により，「各給与項目ごとに」端数処理を行うこととしており，この取扱いは休職者の給与等の場合も同

じである。なお,「給与項目」とは,職員別給与簿(その2)各欄の給与の項目を指すものである。

12 俸給の支給義務者を異にして移動し,かつ,支給額に異動を生じた場合の端数処理

> **問** 給与期間の中途において,俸給の支給義務者を異にして移動し,同時に俸給等の額に異動が生じた場合は,それぞれ日割計算するものと考えるが,端数処理はどうするのか。

答 給与期間の中途において俸給の支給義務者を異にして移動した場合には,規則9－7第3条の規定により,発令の前日までの分の俸給は,前任庁において日割計算により支給し,発令日以降の分の俸給は,後任庁においてその月に受ける俸給額から前任庁が支給した額を差し引いた残額を支給することとされているが,その移動と同時に俸給,地域手当等の額に異動を生じた場合には,同条の規定は適用できないこととなるので,給与法第9条の2第1項及び第4項の規定の趣旨により,発令の前日までの俸給は前任庁において,また,発令日以降の分の俸給は後任庁においてそれぞれ日割計算により支給することとなる。いずれの場合においても,各給与項目ごとの日割計算に際し,円位未満の端数が生じたときはそれぞれ切り捨てることとなる(国等の債権債務等の金額の端数計算に関する法律第2条第1項参照)。

13 給与の過誤払いの精算

> **問** 給与の過誤払いがあったとき,給与簿上で精算できる場合はどんな場合か。

答 過払いのあった場合の精算に当たり,国の債権の管理等に関する法律施行令(昭和31年政令第337号)第14条(納入の告知に係る手続をしない債権)第2号の規定により,「職員に対して支給する給与の返納金に係る債権で債権金額

の全部に相当する金額をその支払つた日の属する年度内において当該職員に対して支払うべき給与の金額から一時に控除して徴収することができるもの」は納入の告知に係る手続を要しない債権とされており，この範囲内であれば給与簿上の精算措置で足りることになっている。

　なお，その誤りが支給不足であり，いわゆる追給を要する場合の当該追給については，会計上の手続（例えば過年度支出の手続）を別にすれば，特別の制約は存していない。

14　納入告知書等による返納を行う場合の給与簿の処理

> **問**　俸給等に過払いがあり，納入告知書により当該過払い額の返納をさせる場合には，給与簿上どのように処理するのか。

答　俸給等の過払いの額を納入告知書等により返納させる場合は，職員別給与簿（その2）に返納の月日，その額等をそれぞれの欄に記入するとともに，備考欄にその事由を記入する（平成29年給2—29・給3—30別添1第2項(2)カ参照）。なお，返納のあった事実を明らかにするため，当該納入告知書等の写しを別途保管しておくことが望ましい。

15　休職者等の基準給与簿上の取扱い

> **問**　同一課係内に，一般の職員のほかに休職者給与又は国際機関等派遣職員給与の予算科目から給与を支給する職員がある場合においては，基準給与簿の性格上，予算科目別の金額を明らかにする必要があるが，この場合の基準給与簿の取扱いは，どのようにすればよいか。

答　設問のような場合には，同一課係内の職員であっても，休職者や国際機関等派遣職員は，基準給与簿をそれぞれ別葉にして作成するようにすることが適当であると考える。

16　勤務時間報告書の証明

> **問**　勤務時間報告書には、勤務時間管理員が、超過勤務、超勤代休時間、超勤代休時間勤務、休日勤務及び夜間勤務の時間、宿日直勤務の支給額区分別の回数、減額時間数等、給与計算上必要な事項を記載し、課係等の長の証明を得て給与事務担当者に送付することとなっているが、当該勤務時間報告書の記載事項に誤りがある場合、
> (1)　課係等の長は、勤務時間管理員に対しその訂正を命ずることができるか。
> (2)　課係等の長の証明が得られない場合は、当該勤務時間報告書に基づく給与の支払いはできるか。

答　給与簿制度は、職員に対する給与の的確なる支払いを確保し、その公正を期するために行われているものであるから、勤務時間報告書の記載内容についても適正でなければならないのは当然である。したがって、設問の場合は、記載内容の誤りについて勤務時間管理員に対し、その訂正を命ずるべきであり、また、課係等の長の証明の得られない勤務時間報告書による給与の計算及び支払いはできないものと解している。

なお、規則9―5第4条の規定は「その課係等の長の証明を得て」勤務時間報告書を給与事務担当者に送付することとなっており、課係等の長の証明を得ずに送付することはできない。

17　基準給与簿の証明

> **問**　規則9―5第10条に規定されている基準給与簿の証明については、その証明の時期に関する明文の規定が見当たらないが、実務上証明の日付は俸給の支給定日とすべきものか。

答　基準給与簿の証明の時期については、規則9―5及び給実甲第576号に明文の規定はなく、また証明の日付を記載しなければならない旨の規定も存し

ていない。これは基準給与簿の性格及び同規則，同通達に定められている給与簿取扱手続からいって，その証明の時期はおのずから限定され，特に規定するまでもないとの考慮によるものと考えられる。

したがって，実務上の取扱いとしても，当該証明の日付は必ずしもこれを記載する必要はないものと解するが，仮に記載する場合には，作成された基準給与簿の記録計算が正確かつ適法であることを実際に証明した日を記載するものと考える。

18　基準給与簿の証明者

> **問**　規則9―5第10条の規定に「各庁の長又はその委任を受けた者の指定する給与の事務を担当する課係等の長」とあるが，ここにいう「指定」とは，そのための特別な発令行為を要するものか，又は特別の発令行為がなくとも，事務分掌規程等により給与の事務を担当することとされている課，係等の長をいうものと解してよいか。
>
> また，「課係等の長」とは，直接給与事務を担当する組織が係（例えば給与係）である場合，その係の長をいうものと考えてよいか。それとも，その係の属する課の長をいうものか。

答　規則9―5第10条の規定にいう「指定」とは，必ずしも文書等を交付しての発令行為を要するというものではない。したがって，事務分掌規程等により給与事務を行う課係等が明確に定められている場合には，その課係等の長を命ずることにより指定が行われたとして取り扱って差し支えないと考える。

また，同条の「課係等の長」については，基準給与簿の記録計算が正確，適法であることの証明を行うものであるという事柄の性質と，それぞれの組織の実情等に応じて判断すべきものであり，実際には，給与事務を担当する係の属する課の長が行っている例が多いようである。

19　口座振込みの場合の押印

> **問**　職員は給与の支払いを受けるときは、基準給与簿に押印しなければならないこととなっているが、給与の支払いを口座振込みの方法によって受けるときも、基準給与簿に押印しなければならないか。

答　職員から申出があった場合において、人事院の定める基準に該当するときは、その者の給与の全部をその者の預金又は貯金への振込みの方法によって支払うことができるが、当該方法によって職員が支払いを受けるときは押印を要しない（規則9－5第13条の2第1項参照）。

20　会計年度を異にする場合の給与簿の取扱い

> **問**　3月中の欠勤についての給与の減額を4月に行う場合、又は3月の超過勤務について4月に超過勤務手当として支給する場合の給与簿の取扱いはどうすればよいか。

答　会計上超過勤務手当については前年度の予算から支出することになるため、支出決議の段階において明確に区別する必要があろうが、給与簿の取扱いとしては設問の両者の場合とも、職員別給与簿（その2）及び基準給与簿の記入は、通常の場合と同様に処理することとなる。

21　隔地送金の場合の受領証

> **問**　規則9－5第13条の2第1項後段の規定によれば、「遠隔の地に所在する官署に勤務する等の理由により押印することが困難なとき、又は法律若しくは規則により職員の指定する者に支払うことが認められているときは、それぞれ当該職員又は当該職員の指定する者の受領証をもってこれに代えることができる。」とされているが、会計法（昭和22年法律第35号）第21条の規定による隔地払いにより支給するときは、銀行の領収証をもって

職員の受領証に代えることはできないか。

答 規則9-5第13条の2第1項後段の規定にいう受領証は，職員又は職員の指定する者がその給与を現に受領した事実を給与簿上明らかにするためのものであるのに対し，会計法第21条の隔地払いにより給与の支払いを行う場合の銀行の領収証は単なる会計手続上のものと解されるので，設問のような方法をとるときも，別途職員又は職員の指定する者の受領証を徴して基準給与簿に添付し，保管しなければならないものと解している（給実甲第576号第5の第4項第1号参照）。

22　短期間の停職の場合の給与簿の取扱い

問 平成29年給2-29・給3-30別添1第2項(2)ウによれば，「給与期間の中途で，転出，離職，死亡，無給の休職，停職，専従許可，無給の派遣，育児休業，交流派遣，無給の法科大学院派遣法第11条派遣，自己啓発等休業，無給の福島相双復興推進機構派遣，配偶者同行休業，無給の平成32年オリンピック・パラリンピック組織委員会派遣若しくは無給の平成31年ラグビーワールドカップ組織委員会派遣があり，又は非常時払の請求があった場合には，……時間並びに支払うべき額又は返納させるべき額を各欄ごとに算出して「当給与期間分」の欄に記入し，その事由を第81欄（備考欄）に記入する。」とあるが，例えば，給与期間の中途において職員が短期間（1週間程度）の停職になった場合でも，給与簿上の取扱いはこれによるべきか。

答 平成29年給2-29・給3-30別添1第2項(2)ウによる停職の場合の給与簿上の取扱いは，それが転出，離職の場合等と合わせて定められているところからみてもわかるように，ある程度長期にわたる停職の場合を想定してのものと解される。したがって，設問のような短期間の停職の場合についてまで例外なくそのような取扱いによるべきことを要求しているものではないとともに，一方そのような場合でも給与の支給は通常の支給定日に行うこととされて

いる（給実甲第65号第5条関係参照）こととの関係もあるので，設問の場合には，各給与を日割計算の上，通常の場合と同様に該当する各欄に記入し，備考欄にその事由を記入するという取扱いによって差し支えないと考える。

23　非常勤職員の給与簿

> **問**　規則9－5第15条の規定によると，給与法第22条（非常勤職員の給与）第2項の規定に該当する職員の給与簿については，「別に規則で定めるまでなお従前の例による」こととされているが，具体的にはどのように取り扱えばよいか。

答　給与法第22条第2項の規定に該当する非常勤職員の給与簿について「なお従前の例による」こととされているのは，それらの職員についてはその勤務の態様，給与計算方法等が区々であることとの関係もあって，一律に規定することが困難であり，また，実情にそわない点も多いと考えられていることによるものである。したがって，給与支給の正確，公正を期し得るような方法で適当と認められる方法を適宜に選択し，それによればよいわけであるが，規則及び通達に定めるところに準じて取り扱うのも一つの方法であろう。

24　給与簿様式の特例の承認

> **問**　コンピュータを使用して給与計算を行うこととなり，職員別給与簿の様式について給実甲第576号の様式と異なる定めをする必要がある場合，具体的にはどのような手続をすればよいか。

答　給実甲第576号第9（給与簿様式等の特例等）の第1項の規定に基づきあらかじめ人事院事務総長の承認を得た上で必要な定めをすればよいわけであるが，その定めの内容が次の基準によるものであるときは，同通達第9の第2項の規定により人事院事務総長の承認があったものとして取り扱うことができることとされている。

1　様式中の各欄の配列を変更すること。
2　様式中の各欄のうち当該様式を使用する官署において記入することがない欄若しくは記入することが極めてまれである欄を省略すること又は様式中の各欄以外の欄を必要に応じて設定すること。
3　様式中の各欄の名称を適宜簡略化すること又は各記入欄ごとに各欄の名称を付すること。
　なお，同通達第9の第2項の規定により包括承認されている場合であっても，その定めた様式，その様式を使用する官署名，対象職員数及び使用開始年月日を文書により速やかに人事院給与局給与第二課長宛に報告しなければならないこととなっている（同通達第9第3項参照）。

25　給与簿上の旧姓使用

問　職員から旧姓使用の申出があり，それを認めた場合，基準給与簿，職員別給与簿，給与支給明細書において，旧姓使用をすることはできるか。

答　旧姓使用については，人事異動通知書，出勤簿，休暇簿においてもその使用を認められているものであり，基準給与簿，職員別給与簿，給与支給明細書においても使用することができる。

第15章

休職者等の給与

[参照法令]

- ●規則9－7，9－8，9－13，11－4，18－0，19－0，25－0
- ●給実甲第28号，第444号

第1 休職者の給与

1 休職給制度の意義

問 職務に従事しない休職者に対して給与を支給することとしているのは，どのような理由からか。

答 国公法第80条（休職の効果）第4項に，「休職者は，職員としての身分を保有するが，職務に従事しない。休職者は，その休職の期間中，給与に関する法律で別段の定めをしない限り，何らの給与を受けてはならない」と規定されており，同法に基づいて休職にされたものは，給与法第23条（休職者の給与）が新設された昭和26年11月30日の前日までは何らの給与も受けられなかった。しかしながら，例外なしに休職者に何らの給与も支給されないとなると，休職者の生活の維持を困難にするためなど，任命権者としても休職の発令に躊躇せざるを得ず，ひいては公務の運営にも支障をきたすことが考えられるなど実情に即さない点があったので，昭和26年法律第278号による給与法の一部改正の際に休職者の給与の規定が新たに設けられたものである。

2 休職給制度の概要

問 休職者の給与はどのような場合にどれだけ支給されるのか。

答 休職者の給与については，給与法第23条（休職者の給与）及び規則9－13に規定されているが，休職の事由に応じてそれぞれ次のような支給割合及び支給期間が定められている。
(1) 公務上又は通勤による傷病による休職
　　給与の全額を休職の期間中支給する。
(2) 公務上又は通勤による行方不明に係る休職

俸給，扶養手当，地域手当，広域異動手当，研究員調整手当，住居手当及び期末手当のそれぞれ100分の100以内を休職の期間中支給することができる。
(3) 私傷病（結核性疾患）による休職
(2)に掲げる給与のそれぞれ100分の80を2年間支給することができる。
(4) 私傷病（結核性疾患を除く）による休職
(2)に掲げる給与のそれぞれ100分の80を1年間支給することができる。
(5) 研究，共同研究，機関設立援助，過員及び公務外又は通勤によらない行方不明による休職
(2)に掲げる給与のそれぞれ100分の70以内を休職の期間中支給することができる。
(6) 刑事事件に関し起訴されたことによる休職
俸給，扶養手当，地域手当，広域異動手当，研究員調整手当及び住居手当のそれぞれ100分の60以内を休職の期間中支給することができる。

なお，給与法以外の法律によるものとして，(6)以外の休職者には国家公務員の寒冷地手当に関する法律（昭和24年法律第200号）第2条（寒冷地手当の額）第3項第1号の規定により，寒冷地手当が，前記の休職事由の別に応ずるそれぞれの俸給等の支給割合と同じ支給割合により支給されることとなっている。

3　休職者の給与の性格

問　休職者に支給される給与は，予算上「休職者給与」として俸給，扶養手当などと別建てにされているが，給与の種目としても独立したものか。

答　給与法第23条（休職者の給与）の規定により休職者に支給される給与は，同条の規定に明らかなように，それぞれ俸給，扶養手当及び期末手当などそのものである。予算上「休職者給与」という独立した費目が定められているのは，予算の編成及び執行上の便宜によるものと解される。

なお，その支給についても，同条の規定によるほかは，本来の俸給，扶養手

当，期末手当などの支給方法によることとなり，例えば，休職給の支給定日というようなものは，制度上も定められていない。

4 休職者の給与の支給方法

> **問** 給与法第23条（休職者の給与）第2項から第5項までの規定による給与について，俸給，扶養手当，地域手当，広域異動手当，研究員調整手当，住居手当，期末手当のうちの任意の給与だけを支給することができるか。また，同条第4項及び第5項の規定による場合，それらの給与種目ごとに支給割合を異ならせることができるか。

答 いずれもできないものと解する。

すなわち，給与法第23条第2項から第5項までの規定において，各々「……のそれぞれ100分の……を支給することができる」と定めているが，その趣旨は，休職者の給与として俸給，扶養手当，地域手当，広域異動手当，研究員調整手当，住居手当及び期末手当（同条第4項の場合は期末手当を除く）のそれぞれ一定割合を支給することができることを定めたものであって，それ以外のことまでも定めたものではないと解されている。

なお，それらの規定が特にそれぞれ，という表現を用いている理由は，現在の給与法第23条の規定による給与が，休職給という一つの独立した給与ではなく，それぞれ俸給，扶養手当，地域手当，広域異動手当，研究員調整手当，住居手当又は期末手当そのものとして支給されるものであることによるものである。

5 休職者の給与の支給割合

> **問** 休職者の給与について，給与法第23条（休職者の給与）の規定では，支給割合を一定率で定めているものと支給割合を各庁の長の裁量に任せているものとがあるが，このように異なる取扱いをしている理由は何か。また，「〇〇〇以内を支給することができる」となっている場合における給

与の支給割合の基準は何か。

答 休職者の給与の支給割合を一定率で定めているのは，結核性疾患及び私傷病により休職（給与法第23条第2項及び第3項参照）にされた場合であるが，これらは休職の事由が傷病による休職という一律的な態様のものであり，しかも当該休職者は原則として収入を得る途が全くなくなるので，支給する場合は一律に支給することとするのが適切であると考えていることによるものである。しかし，この場合でも，給与を支給することが著しく公正を欠くと認められるような相当の事由があるときには，もとより支給しないこともでき得るが，任意に支給割合を定めることはできない。

これに対し，支給割合を各庁の長の裁量に任せているのは，刑事事件に関し起訴された場合及び規則11—4第3条（休職の場合）の規定に該当して休職（給与法第23条第4項及び第5項）にされた場合であるが，これらの場合は休職中の事情が必ずしも一様ではなく，したがって，仮に休職者給与を支給するとしてもそれぞれの場合に応じて，その支給割合を決定することとするのが適当と考えられているためである。すなわち，いわゆる刑事休職についてみれば，当該休職の性格からいって休職者給与としては最低限の生活を保障すれば足りるものでもあること等が考えられ，一方，同規則第3条に該当する休職のうちいわゆる設立援助休職や研究休職についてみれば，業務従事機関で報酬を受けることがあること等の事情が存していて，いずれの場合にもこれらの事情と休職者の生活実態を考慮して，必要と認められる場合に必要な限度（支給割合）で支給することが，公平の原則等からいって適当であると考えられることによるものである。また，この場合の支給割合の決定に当たっては，休職者の生活状況，予算等を勘案しつつ，実情に応じて決定することが適当である（給実甲第28号第23条関係参照）。

（注）　研究休職については，問11「研究休職の場合の休職給」参照

6　病気休職中に異なる疾患を発症した場合の休職給

問　(1)　職員が結核性疾患（非公務）にかかり国公法第79条（本人の

意に反する休職の場合）第1号の規定により1年の休職を命ぜられ，その間，給与法第23条（休職者の給与）第2項に規定する給与を受けて療養中であったが，1年の休職期間の満了の日に至り，休職時の結核性疾患は治ゆしたが他の非結核性疾患を新たに発症し，その病名によりさらに1年間休職期間を更新した場合，その延長期間は，給与法第23条第3項に規定する給与を支給して差し支えないか。

(2) 職員が非結核性疾患（非公務）にかかり国公法第79条第1号の規定により1年の休職を命ぜられ，その間，給与法第23条第3項に規定する給与を受けて療養中であったが，1年後に至り結核性疾患に転症し，さらに2年間休職期間を更新した場合，その延長期間は給与法第23条第2項に規定する給与を1年間のみ支給することとなるか。

答 休職期間の途中で結核性疾患から非結核性疾患を，あるいは逆に非結核性疾患から結核性疾患を発症した場合における給与法第23条の規定による休職者の給与については，その給与を支給し得る期間は，それぞれ最初に休職にされた時より起算すべきものと解している。したがって，設問(1)の場合は，更新された休職期間について同法第23条第3項の規定による休職者の給与を支給する余地はなく，(2)の場合は貴見のとおり，更新された休職期間のうち最初の1年について，同条第2項の規定による休職者の給与を支給することができる。

7 公務傷病による休職中私傷病を発症した場合の休職給

問 職員が公務上の疾病にかかり，国公法第79条（本人の意に反する休職の場合）第1号の規定により1年の休職を命ぜられ，その間，給与法第23条（休職者の給与）第1項に規定する給与を受けて療養していたところ，公務外の非結核性疾病を発症した。そして休職期間満了の日になって公務上の疾病は治ゆしたが，公務外の疾病は治ゆせず，このためこれを理由にさらに1年休職期間が更新された。この場合，その延長された期間について給与法第23条第3項に規定する給与を支給することができるか。

(答) 前問において述べたところと同様に取り扱うこととなるので、更新された休職期間について、給与法第23条第3項の規定による休職者の給与を支給することはできない。

8 病気休職の終了後, 異なる疾病のため病気休職になった場合の休職給

(問) 1回目の病気休職からの復職後、時期をおいて異なる疾病（私傷病・非結核性疾患）のため2回目の病気休職となった者の休職給は、2回目の病気休職の効力が発生する日から満1年に達するまで支給することができるのか。

(答) 給与法第23条（休職者の給与）第3項の規定により、職員が非結核性の私傷病による病気休職にされたときは「その休職の期間」が満1年に達するまで俸給、扶養手当、地域手当等の100分の80を支給することができるとされており、「その休職の期間」とは発令された休職ごとに判断することになる。したがって、2回目の病気休職の効力が発生する日から満1年に達するまでは休職給を支給することができる。

9 休職者の給与の支給の始期

(問) 休職者の給与は、休職の効力の発生する日、すなわち、規則8－12第54条に定める通知書の交付の日から支給されるのか、それともその翌日からか。また給与法第23条（休職者の給与）の規定にいう休職の期間には通知書交付の日が含まれるか。

(答) 給与法第9条の2第1項の規定によれば俸給額に異動を生じた者には、その日から新たに定められた俸給を支給することとなっているので、休職者の給与についても、休職の効力の発生する通知書到達の日から支給されるものと解しており、また同法第23条の規定にいう休職の期間には、休職の効力の発生する日が含まれるものと解している。

10　勤務時間の中途で休職の辞令を受け取った場合の休職給の支給

問　職員を休職にする場合は，規則8―12第54条の規定によって職員に通知書を交付して行わなければならず，その効力発生の時期は，当該通知書を本人に交付した時であるとされているが，勤務時間の中途で，その日付の休職発令を交付した場合は，その日の勤務した時間については，給与を支給すべきものと考えられるが，この場合の給与計算は，その日の勤務しない時間について減額の取扱いをするのか。

答　給与法第9条の2第1項及び規則9―7第5条の規定により，職員が休職となった場合の給与の支給については，日を単位として取り扱うことになっているため，休職の効力が生ずる日には，同法第23条（休職者の給与）に規定する休職者の給与が支給されることとなる。したがって，その日の分の給与について減額の問題が生じることはない。

11　研究休職の場合の休職給

問　公共の研究所において職務と関連ある学術に関する事項の調査，研究に従事することになったため，規則11―4第3条（休職の場合）第1項第1号の規定により休職にされた職員が，その研究所から報酬を受けている場合には，その者に対する休職給を無給とすることができるか。

答　規則11―4第3条第1項第1号の規定に基づいて休職にされた職員には，給与法第23条（休職者の給与）第5項及び規則9―13第1条第1号の規定により，俸給，扶養手当等のそれぞれ100分の70以内を支給することができることになっているが，この場合の給与は必ず支給しなければならないというものではなく，また，支給する場合の支給額自体，休職者の受ける学資金若しくは報酬等の年額を考慮して予算の範囲内で各庁の長の裁量により定めるものとされている（給実甲第28号第23条関係参照）。したがって，事情によっては無給ということも当然に考えられる。

なお，休職給と，休職先機関から支給される報酬等年額の合計額が休職先機関における業務に見合った適正なものとなるようにするとともに，当該合計額に占める休職給の割合を適正なものとするため，「研究休職の場合の休職給の算定に関する留意事項等について」（平成23年給2－38）が発出されている。

12　行方不明者が既に死亡していた場合の休職給の取扱い

問　水難，火災その他の災害により，生死不明又は所在不明となった職員が，規則11－4第3条（休職の場合）第1項第5号の規定に基づいて休職となり，給与法第23条（休職者の給与）第5項に規定する休職者の給与を支払っていたところ，死体が確認され，行方不明になった時（災害時）に死亡したものと認定された。この場合は，同法第9条の2第3項の規定により，死亡の日の属する月（死亡が認定された月）の俸給は支給されると思われるが，その翌月以降の休職給は返納させなければならないか。又は死亡の事実が判明するに至った月（死体が確認された月）の翌月以降の分を返納させれば足りるか。

答　職員がいわゆる行方不明休職にされ，その後に災害遭遇時に死亡したものと認定された場合や民法（明治29年法律第89号）第30条（失踪の宣告）第2項の規定による特別失踪の宣告があり災害遭遇時死亡とみなされた場合等は，この休職は無効とされることとなっているので，設問のような場合には，休職給は支給されず，給与法第9条の2第3項の規定により，その者が死亡した月の末日に死亡したものとした場合に受けることとなる給与が支給されることとなる。

このように，設問のような事例があると休職給は全額返納させなければならないが，これは休職者の給与を給与制度として考える限りやむを得ないところである。

13 遡及して公務上の災害が認定された場合の給与

問 交通事故による負傷のため病気休暇に引き続いて病気休職中の職員について、事故発生時に遡って公務上の災害の認定がなされた場合、当該職員に対する給与の支給はどう取り扱うのか。

答 事故発生時に遡って公務上の災害が認定されたことにより、病気休暇及び休職については、当初から公務によるものとして取り扱われることとなるので、それぞれの期間中の給与は全額支給されることになる。したがって、私傷病による休暇・休職中の給与としてすでに支給されている給与との差額を追給することになる。

第2 育児休業等の期間中の給与

1 平成19年8月1日をまたぐ育児休業期間の換算率の取扱い

問 平成19年8月1日から施行された改正育児休業法等において、育児休業から復帰した場合における復職時調整の換算率が変更されたが、同日をまたぐ育児休業の期間がある職員が職務に復帰した場合の取扱いはどのようになっているのか。

答 平成19年8月1日(以下「施行日」という。)以後に育児休業をし、職務に復帰した職員については、100分の100以下の換算率を適用することとし、施行日前に職務に復帰した職員の換算率については、従前どおり2分の1とする。

なお、施行日前から引き続き育児休業をしている職員が施行日以後に職務に復帰した場合における換算率については、その者の育児休業期間のうち施行日前の部分は従前どおり2分の1とし、施行日以後の部分を100分の100以下とす

第15章　休職者等の給与　297

る。

2 平成29年1月1日をまたぐ育児休業期間の昇給における「6分の1」計算の取扱い

> **問** 育児休業の期間については，平成28年12月1日の給実甲第326号の一部改正により，平成29年1月1日（以下「適用日」という。）以後は，規則9－8第37条（昇給区分及び昇給の号俸数）第4項各号の「人事院の定める事由」として新たに規定されたが，適用日をまたぐ育児休業の期間がある職員の同項第1号に規定するいわゆる「6分の1」計算における取扱いはどのようになるのか。

答 適用日以後の育児休業の期間は，いわゆる「6分の1」計算においては，勤務していない日数として取り扱わないこととし，適用日前の育児休業の期間については，従前どおり勤務していない日数として取り扱うこととなっている。

したがって，適用日前から引き続く育児休業の期間がある職員の平成30年1月1日の昇給については，その者の育児休業の期間のうち平成28年10月1日から適用日前の部分は従前どおり勤務していない日数とし，適用日から平成29年9月30日までの部分は勤務していない日数としないこととなる。

3 育児短時間勤務職員の俸給月額の考え方

> **問** 育児短時間勤務職員の俸給月額は，どのようにして決定するのか。

答 育児短時間勤務は，一週間当たり38時間45分である正規の勤務時間のうちの一部について，職務専念義務を免除するものではなく，割り振られる正規の勤務時間そのものが短い勤務であることから，その俸給月額についても，勤務しない部分について減額するのではなく，割り振られる勤務時間に応じて時間割した額を俸給月額として決定することとなる。なお，当該俸給月額に1

円未満の端数があるときは、その端数を切り捨てる(規則9－107第1項第2号参照)。

例えば、行政職㈠3級25号俸(266,900円)を受ける職員が、週19時間25分勤務の育児短時間勤務職員となった場合の俸給月額は、

$266,900円 \times \dfrac{19時間25分}{38時間45分} = 133,736円$ (円位未満切捨て)となる。

4 育児短時間勤務職員における平成26年改正法附則第7条の規定による俸給

問 平成26年改正法附則第7条(俸給の切替えに伴う経過措置)の規定による俸給を受けている職員が育児短時間勤務を開始した場合、同条の規定による俸給の額はどうなるのか。

答 平成27年3月31日において受けていた俸給月額を育児短時間勤務によりその者に割り振られる勤務時間に応じて時間割した額と、育児短時間職員としてその者が受ける俸給月額との差額に相当する額を、平成26年改正法附則第7条の規定による俸給として支給することとなる(規則9－139第3条(平成26年改正法附則第7条第2項の規定による俸給の支給)第1項第4号イ参照)。また、当該職員が育児短時間勤務を終了し、一週間当たり38時間45分で勤務するいわゆるフルタイム勤務職員となった場合に平成26年改正法附則第7条の規定が適用されることもあわせて措置されている(同号ロ参照)。

5 育児短時間勤務職員の昇格・昇給

問 育児短時間勤務職員の昇格及び昇給は、一週間当たり38時間45分で勤務するいわゆるフルタイム勤務職員に比べて取扱いに違いがあるのか。

答 育児短時間勤務職員については、昇格及び昇給についてフルタイム勤

務職員との間で制度上違いは設けられていない。

6 育児短時間勤務職員の昇格における在級期間の取扱い

> **問** フルタイム勤務職員である期間と育児短時間勤務職員である期間が混在する者を昇格させようとする場合の在級期間の取扱いはどうなるのか。

答 昇格をさせようとする職員が現に属する職務の級に在級した期間にフルタイム勤務の期間と育児短時間勤務の期間が混在していたとしても，これらの期間をそのまま通算して当該職員の在級期間として取り扱うこととなる。

7 育児短時間勤務職員の6分の1計算の取扱い

> **問** 育児短時間勤務職員は，フルタイム勤務職員に比べて勤務時間が短いが，その差の時間については，昇給におけるいわゆる6分の1計算の対象となるのか。

答 育児短時間勤務職員は，勤務すべき時間の一部を勤務しないのではなく，割り振られる勤務時間自体が短いものであることから，設問の差の部分はそもそも昇給におけるいわゆる6分の1計算の対象とはならない。

8 育児短時間勤務職員が病気休暇を取得した場合の6分の1計算

> **問** 育児短時間勤務職員が私傷病による病気休暇を取得した場合の昇給におけるいわゆる6分の1計算はどのようになるのか。

答 (1) 育児短時間勤務の期間中に病気休暇を取得した場合の昇給におけるいわゆる6分の1計算については，①基準期間（評価終了日以前1年間）を通じて1日の勤務時間が7時間45分とされている者（例えば，1日の勤務時間

が7時間45分で週3日勤務する者）と，②基準期間の勤務日について1日の勤務時間に7時間45分以外の時間の日がある者（例えば，1日の勤務時間が4時間55分で週5日勤務する者）とで取り扱いが異なる。

①基準期間を通じて1日の勤務時間が7時間45分とされている者については，実際の勤務日に着目して要勤務日数をカウントし，その日数を基礎として6分の1計算を行う。②基準期間の勤務日について1日の勤務時間に7時間45分以外の時間の日がある者については，1日の勤務時間のすべてを病気休暇により勤務しなかったとしても，日を単位とせず，時間を単位として取り扱い，これを日に換算するときは，7時間45分をもって1日として取り扱うこととなる。

なお，基準期間に，フルタイム勤務職員である期間と育児短時間勤務職員である期間が混在している者については，それぞれの期間についての6分の1計算の要勤務日数を算出し，これらを合算した日数を基礎として6分の1計算を行う。

(2) 育児短時間勤務職員が私傷病による病気休暇を取得した場合の6分の1計算について，具体例を示せば次のとおりである。なお，具体例においては，フルタイム勤務職員の基準期間の要勤務日数は245日とする。

[例1] 基準期間を通じて1日の勤務時間が7時間45分で毎週月曜日，水曜日，金曜日の3日間勤務する者の6分の1計算

まず，この職員の要勤務日数をカレンダーに基づいてカウントし（ここでは147日とする），その日数を基礎として「6分の1に相当する期間」を算出する。したがって，この例では，147日×1／6＝25日（端数切上げ）となり，病気休暇の期間が25日以上となった場合に「6分の1に相当する期間」を勤務しなかったこととなる。なお，この際，日を単位とする病気休暇はそのまま日数をカウントし，時間を単位とする病気休暇についてのみ7時間45分をもって1日に換算することとなる。

[例2] 基準期間を通じて1日の勤務時間が4時間55分で週5日間勤務する者の6分の1計算

この職員は実際にはフルタイム勤務職員と同じ245日勤務する者であるが、6分の1計算上の要勤務日数はその者の勤務時間に応じて算出することとなる。すなわち、245日×4時間55分÷7時間45分＝155と40/93日（ここでは端数処理はしない）がこの職員の6分の1計算上の要勤務日数となり、この日数を基礎として「6分の1に相当する期間」を算出すると、155と40/93日×1/6＝26日（端数切上げ）となる。

このような勤務形態の職員の場合には、1日の勤務時間のすべてを病気休暇により勤務しなかったとしても、日を単位とせず、時間を単位として取り扱い、これを日に換算するときは、7時間45分をもって1日として取り扱うこととなるので、病気休暇により勤務しなかった時間数を積み上げて、201時間30分（＝26日×7時間45分）以上となった場合に「6分の1に相当する期間」を勤務しなかったこととなる。

［例3］ 基準期間に、フルタイム勤務職員である期間と育児短時間勤務職員（1日の勤務時間が4時間55分で週5日間勤務）である期間が混在している者の6分の1計算（フルタイム勤務職員である期間に係るカレンダーに基づいてカウントした要勤務日数は124日とし、育児短時間勤務職員である期間に係るカレンダーに基づいてカウントした要勤務日数は121日とする。）

基準期間に、フルタイム勤務職員である期間と育児短時間勤務職員である期間が混在している者については、それぞれの期間についての6分の1計算の要勤務日数を算出してこれらを合算することとなる。

イ　フルタイム勤務職員である期間の6分の1計算上の要勤務日数
　　124日（カレンダーに基づいてカウントした要勤務日数と同じ。）
ロ　育児短時間勤務職員である期間の要勤務日数
　　この例の場合には、育児短時間勤務職員としての勤務形態が、1日7時間45分勤務ではないので、［例2］に準じて6分の1計算上の要勤務日数を算出することとなる。このため、121日×4時間55分÷7時間45分＝76と71/93日がこの期間の6分の1計算上の要勤務日数となる。

イとロの日数を合算したものがこの職員の基準期間の6分の1計算上の要勤務日数となることから、この職員についての「6分の1に相当する期間」は、（124日＋76と71/93日）×1/6＝34日（端数切上げ）となる。

したがって、この例では、病気休暇により勤務しなかった期間が34日以上となった場合に「6分の1に相当する期間」を勤務しなかったこととなる。

なお、時間単位の病気休暇の取扱いについては、7時間45分をもって日に換算することは既に述べたとおりである。

9　月の中途で育児短時間勤務をすることとなった職員の日割計算

> **問**　職員が月の中途で育児短時間勤務となった次例の場合、日割計算において平成29年12月分の俸給をどのように算出したらよいか。
> 　　俸給　　　行政職㈠3級24号俸（264,900円）
> 　　育児短時間勤務開始日　平成29年12月15日
> 　　勤務の形態　　週休日：月曜日、金曜日、土曜日、日曜日
> 　　　　　　　　　勤務時間：火曜日・木曜日各7時間45分、
> 　　　　　　　　　　　　　　水曜日3時間55分

答　短時間勤務については、勤務日を基礎として日割計算を行うこととなる。月の中途で育児短時間勤務をすることとなった職員について、育児短時間勤務開始後の期間に係る日割計算を行うに当たっての当該給与期間における要勤務日数は、①当該職員が月の初日から育児短時間勤務であったと仮定した場合の週休日の日数と②育児短時間勤務した以後に実際に設けられた週休日の日数を合算した日数を当該給与期間の現日数から差し引いて算出することとなる。

● 平成29年12月1日～12月14日の俸給
　264,900円×10日/21日＝126,142円6/7（円位未満切り捨てない）
● 平成29年12月15日～12月31日の俸給

- 月の初日から育児短時間勤務であったと仮定した場合の要勤務日数
  12日
- 育児短時間勤務開始後の要勤務日数　　　　　　　　　　6日
  (264,900円×19時間25分/38時間45分＝132,734円(円位未満切り捨て)(規則9－107第1項第2号参照))×6日/12日＝66,367円(※計算により円位未満が生じた場合は切り捨てない)

以上のことから，当該職員の12月分の当該職員の俸給は，192,509円(126,142円6/7＋66,367円)(円位未満切り捨て)となる。

10　任期付短時間勤務職員の俸給月額の考え方

問　任期付短時間勤務職員の俸給月額はどのように決まるのか。

答　任期付短時間勤務職員の採用時の職務の級及び号俸の決定については，常勤職員と同じ規定を適用することとなる。ただし，その職務の級は，当該任期付短時間勤務職員の採用の基となった育児短時間勤務職員の職務の級より上位の職務の級に決定することはできない(規則19―0第27条(任期付短時間勤務職員の職務の級の決定の特例)参照)。

なお，号俸についてはそのような制約はなく，通常の初任給の決定のルールに従って号俸を決定する。

また，俸給月額は，上記により決定された級号俸に応じた額を割り振られる勤務時間に応じて時間割した額となる。

11　任期付短時間勤務職員の昇給

問　任期付短時間勤務職員の昇給について，その任期が1年であっても，任期の中途における昇給日に昇給させることになるのか。

答　任期付短時間勤務職員についても，常勤職員の昇給の場合と同じ規定を適用することとなることから，昇給日前の在職期間，勤務成績に応じて昇給

させることとなる。

第3　自己啓発等休業期間の給与

1　自己啓発等休業をした職員が復帰した場合の復職時調整の換算率

> **問**　大学等における修学と国際貢献活動によって調整の基準に差があるのはなぜか。

答　国際貢献活動のための休業と修学のための休業とでは，その内容や休業が認められる範囲に違いがあることから，休業から職務に復帰した場合の給与の調整についても違いが設けられている。

国際貢献活動のための休業については，対象となる活動の範囲が法令上明確にされていること，国として当該活動への職員の参加を積極的に支援する必要性があること，さらに，我が国の国際的立場について認識する機会となること等から職務への有用性が認められることを考慮して，換算率は100分の100以下とされている。

修学のための休業については，対象となる修学の範囲が国内・外国の大学・大学院の課程とされていることから，現在の職務に直接役立つ内容を学ぶ場合もあれば，専ら個人的な関心に基づき職務とは関係のない分野を学ぶ場合もあるなど様々なケースが想定される。このため，職務との有用性に着目して換算率に段階を設け，①修学により得られた知識経験が職員の職務に特に有用であると認められる修学については100分の100以下とされ，②それ以外の修学については100分の50以下とされている。

2　修学の場合における公務への有用性

> **問**　修学の場合における公務への有用性の判断についての基準として

何か設けているのか。

答 休業の対象となる修学の範囲は，国内・外国の大学・大学院の課程とされており，その範囲もまちまちであることから，公務への有用性の判断は，職員の職務の内容等を一番よく知る各府省等において，具体的な事例に則して行うこととなる。

第4　派遣法の派遣職員の給与

1　派遣法の派遣職員に給与を支給する理由

問 派遣法の派遣職員には，当該職員が派遣期間中職務に従事しないにもかかわらず，俸給等の100分の100以内を支給することができることとなっているが，どのような理由からか。

答 派遣法の派遣職員は，派遣期間中，国の職務に従事しないので，勤務に対する報酬という意味での給与を支給する必要はないが，もともと派遣自体は国際協力という国家的使命を帯びて派遣先の業務に従事するものであり，扶養家族を国内に残置し，二重生活を余儀なくされる場合があるなど，外国で生活することの不便を解消するため，一般の休職の場合と同様に生活を保障するという趣旨から，派遣期間中一定の給与を支給することとされているものである。なお，派遣先の機関の特殊事情により給与を支給することが著しく不適当とされる場合には，支給しないこととされている（規則18−0第7条（派遣職員の給与）参照）。

2　支給される給与の種目

問 派遣法の派遣職員に派遣期間中支給する給与の種目を，俸給，扶養手当，地域手当，広域異動手当，研究員調整手当，住居手当及び期末手

当に限定している理由は何か。

答 派遣法の派遣職員は，派遣期間中職員としての身分は有するが，職務には従事しないので，休職者の給与の場合と同様に，いわゆる生活との関連が密接な給与に限って支給を考慮するとの趣旨によるものと考えられる。

なお，派遣職員に対しても地域手当，広域異動手当，研究員調整手当及び住居手当を支給することとしているのは，地域手当，広域異動手当，研究員調整手当は，もともと俸給そのものを調整する趣旨の手当であり，その支給に際しては，所属官署を基礎に取り扱われることとされていること等を考慮してのことであり，また，住居手当については，海外出張者の住居手当がその出張前の住居の状況によって支給されるものであり，休職者についても休職給の基礎とされていること等を考慮してのものであると考えられる。

3 派遣法の派遣期間中の昇格，昇給等の取扱い

問 派遣法の派遣職員は，派遣期間中においては昇格，昇給はできないと思うが，そのままだと将来にわたって不利益を受けることとなり職員の派遣に支障をきたすと思うがどうか。

答 設問のとおり，派遣法の派遣職員は職務に従事せず，級別定数の外におかれているので昇格させることはできない。一方，派遣職員が昇給における基準期間の全てを派遣によって勤務しなかった場合には，規則9－8第37条（昇給区分及び昇給の号俸数）第3項の規定により，派遣先機関の業務への取組状況等を総合的に勘案して昇給させることができるが，その取組状況等が把握できなかったときは昇給しないこととなる（給実甲第326号第37条関係第11項，平成21年給2－35別紙2第3項参照）。しかしながら，派遣職員の職務復帰時における任用，給与等に関する処遇については，同法第11条（派遣職員の復帰時における処遇）の規定により，「部内職員との均衡を失することのないよう適切な配慮が加えられなければならない。」とされている。この規定の趣旨に基づき，昇格について部内均衡上必要があるときには，人事院の定めるところにより復帰後

の職務に応じた職務の級に昇格させることができることとするとともに（規則9―8第22条（特別の場合の昇格）第1項参照），昇給に関しては復職時の調整として，派遣期間の全部を引き続き勤務したものとみなし，号俸を調整することができることとされており（同規則第44条（復職時等における号俸の調整）第1項参照），この調整による号俸が部内の他の職員との均衡を著しく失しているような場合には，あらかじめ人事院の承認を得て定める基準に従い，さらに調整することができることとされている（同条第2項参照）。したがって，派遣期間中昇格，昇給ができなかったことによる不利益は残らないように措置されており，設問のように職員の派遣に支障をきたすことはないと考える。

4 国際機関等に派遣される職員に支給される給与の支給割合の基準

> **問**　規則18―0第7条（派遣職員の給与）第1項の規定により，派遣職員には，人事院の定めるところにより，その派遣先の勤務に対して報酬が支給されないとき，又は当該勤務に対して支給される報酬の額が低いと認められるときは，その派遣の期間中，俸給等の100分の100以内を支給することとなっているが，この場合の人事院の定めは，具体的にどのようなものか。

答　派遣法の派遣職員に派遣先から支給される報酬の高低については，派遣先地域における物価，生計費及び給与水準等の一般的要素のほか，派遣先においてその者の占める地位，派遣条件その他各種の事情を総合的に考慮して判断すべき筋合いのものとも考えられるが，一方では派遣職員相互間の均衡の問題もあるので，現在，具体的には在外公館に勤務する外務公務員に支給される在勤基本手当等を一つの基準として判断することとしている。すなわち，同手当，配偶者手当及び住居手当の額を職員としての給与に加算した額と比較して，その高低を具体的に判断するように取り扱っている。

なお，この件については，給実甲第444号において，派遣される職員のうち行政職㈠の適用を受ける職員の給与の支給割合についての基準が具体的に示されている。

5　行政職㈠の適用を受ける派遣法の派遣職員の給与の支給割合

問　行政職㈠の適用を受ける派遣法の派遣職員の給与の支給割合を給実甲第444号により決定する場合，次のような職員を平成30年4月1日から派遣（単身）した場合，その支給割合はどのようになるか。

【例】
　行政職㈠6級16号俸　　350,100円
　扶養家族　1人（妻）　6,500円
　地域手当　71,320円（20％）
　派遣先から支給される報酬年額　8,500,000円
　派遣先国　ブータン

答　設問のような場合，給実甲第444号の規定による支給割合は，次の要領により計算する。

(1)　同通達第1の第1項の外務公務員俸給等年額
　　在外公館に勤務する外務公務員であるとした場合に得られる給与の年額
　　　在勤基本手当の号の適用に関する規則（昭和62年外務省令第6号）により得られる号（3号（6級））による手当の額　　13,227,020円
　　（内訳）
　　　　俸給月額　　　350,100円×9ヶ月＋357,500円×3ヶ月＝4,223,400円
　　　　　　　　　　　（同通達第1の第6項の規定に基づき，平成31年1月1日に4号俸昇給したと仮定）
　　　　扶養手当　　　6,500円×12ヶ月＝78,000円
　　　　期末手当　　　501,165円（6月期）＋562,533円（12月期）＝1,063,698円
　　　　勤勉手当　　　350,275円（6月期）＋350,275円（12月期）＝700,550円
　　　　在勤基本手当　516,900円×12ヶ月＝6,202,800円
　　　　住居手当　　　（942ドル×80/100）79,881円（派遣の日の前日のレート106円）×12ヶ月＝958,572円

(2)　同通達第1の第1項の俸給等の年額
　　国際機関等に派遣される職員に支給される給与種目である俸給，扶養手当，地域手当，期末手当の年額　　6,411,478円
　　（内訳）
　　　　俸給月額　　　350,100円×12ヶ月＝4,201,200円

扶養手当　　6,500円×12ヶ月＝78,000円
地域手当　　（350,100円＋6,500円）×20％×12ヶ月＝855,840円
期末手当　　601,399円（6月期）＋675,039円（12月期）＝1,276,438円
(3)　支給割合（上限）
　13,227,020円（上記(1)）－8,500,000円（派遣先報酬年額）＝4,727,020円（差額）
　4,727,020円／6,411,478円（上記(2)）＝100分の73（1％未満の端数はあってはならない（給実甲第444号第1の第10項参照））

6　家賃相当額の解釈

> **問**　給実甲第444号第1の第1項中に規定する「在外公館に勤務する外務公務員であるとした場合に支給される……（中略）……住居手当」とは、在外公館の名称及び位置並びに在外公館に勤務する外務公務員の給与に関する法律（昭和27年法律第93号）第12条（住居手当の支給額）の規定による額と解されるが、この場合において、同条第1項本文の規定にいう家賃の額から政令で定める額を控除した額に相当する額が同項ただし書の規定にいう政令で定める限度額に満たないときは限度額に満たない家賃の額から政令で定める額を控除した額に相当する額のことをいうのか。

答　家賃の額から政令で定める額を控除した額に相当する額が当該政令で定める限度額に満たない場合は、家賃の額から政令で定める額を控除した額に相当する額を住居手当の月額として支給されることとなっているので、その額によることになる。ただ、実際の家賃の額等が、当該派遣職員の給与の支給割合を決定する時までに判明しない場合には、政令で定める限度額をもって取り扱うこともやむを得ない。

なお、職員が単身で派遣される場合の限度額は、在外公館の名称及び位置並びに在外公館に勤務する外務公務員の給与に関する法律第12条第2項第1号の規定により、同条第1項の規定にいう限度額の100分の80に相当する額となる。

7　派遣職員の給与の支給割合の再決定

問　国際派遣中の職員に対する給与の支給割合について，派遣先国の為替レートが大きく変動したことから，新たな為替レートにより支給割合を再決定してもよいか。

答　国際派遣中の職員の給与の支給割合の再決定については，派遣の期間の更新時以外には，給実甲第444号第1第9項第1号に掲げる「派遣先の勤務に対して支給される報酬の額」又は同項第2号に掲げる「支給割合の算定の基礎とされた在勤基本手当の月額」が著しく変動した場合において，特に必要があると認められるときにできるものであり，為替レートの変動のみを理由に再決定することはできない。

8　派遣期間の更新時の留意点

問　国際派遣の期間の更新等により，給与の支給割合を再決定する際に留意すべきこととしてどのようなものがあるか。

答　国際派遣中の職員の給与の支給割合については，派遣の期間を更新される場合に当該更新の日を派遣日とみなして再決定を行うことになっており，再決定を行う際の「外務公務員俸給等年額」は，更新の日における派遣職員の職務の級・号俸，家族や住居の状況等を踏まえ，給実甲第444号第1第1項の定めるところにより算定し，派遣職員の「報酬年額」は，改めて派遣先の勤務に対して支給される報酬の年額を確認する必要がある。

9　いわゆる子女教育手当の取扱い

問　国際派遣中の職員に派遣先機関から「在外公館の名称及び位置並びに在外公館に勤務する外務公務員の給与に関する法律」に規定する子女教育手当に相当する手当が支給されている場合，派遣先の勤務に対する報

酬に含める必要があるのか。

答 派遣給の制度上，派遣先機関で支給される子女教育手当に相当する手当が，外務公務員に支給される子女教育手当と同じ性質のものであれば，「外務公務員俸給等年額」の算定に子女教育手当を含めないこととの均衡から，同手当は派遣先の勤務に対する報酬に含めないことが適当と考えられる。

俸給関係質疑応答集　[第12次全訂版]

昭和46年9月25日　初版発行
平成30年7月25日　第12次全訂版発行

編著者　一般財団法人 公務人材開発協会
　　　　人事行政研究所
発行者　佐久間　重嘉
発行所　学　陽　書　房
　　　〒102-0072　東京都千代田区飯田橋1-9-3
　　　電話　(03)3261-1111（営業）　(03)3261-1112（編集）
　　　振替　00170-4-84240
　　　http://www.gakuyo.co.jp/

ISBN978-4-313-13332-7 C2032　印刷/文唱堂印刷　製本/東京美術紙工
乱丁・落丁本は送料弊社負担にてお取り替えいたします。

|JCOPY|〈出版者著作権管理機構　委託出版物〉
本書の無断複製は著作権法上での例外を除き禁じられています。複製される場合は、そのつど事前に、出版者著作権管理機構（電話03-3513-6969、FAX03-3513-6979、e-mail:info@jcopy.or.jp）の許諾を得てください。

森園幸男　吉田耕三　尾西雅博　編

逐条 国家公務員法
<全訂版>
定価＝本体20000円＋税

国家公務員法の逐条解説書。国家公務員法の仕組みと変遷を示すとともに，実務者に必要な各条文の解釈と運用の基準を明らかにした唯一の定本。平成26年4月の国家公務員法改正を網羅した昭和63年以来の全訂版。

（一財）公務人材開発協会
人事行政研究所編集

諸手当質疑応答集
<第13次全訂版>
定価＝本体4000円＋税

複雑な公務員の諸手当の支給実務に際して生ずる法規上の疑問，諸問題をＱ＆Ａでわかりやすく解説。扶養手当，広域異動手当，単身赴任手当，地域手当，管理職員特別勤務手当等の改正に伴い全面的に見直しを図った6年ぶりの最新全訂版。

旅費法令研究会 編

旅費法詳解
<第8次改訂版>
定価＝本体3300円＋税

国家公務員等の旅費に関する法律を支給規定，運用方針，先例などを取り入れ逐条解説した担当者必携書の7年ぶりの最新版。本版は運用方針第18条関係及び第34条関係（航空賃に関する方針）の改正等に伴い見直しを図った。

旅費法令研究会　編

公務員の
旅費法質疑応答集
<第6次改訂版>
定価＝本体3200円＋税

旅費の取り扱いについて運用のなかで起きた288の事例を種類別，事項別に分類。それぞれに参照条文，参照事項を摘記し，一問一答形式で解説。新しい質疑を追加した7年ぶりの最新版。

一般財団法人　公務人材開発協会
人事行政研究所　編著

公務員の
勤務時間・休暇法詳解
<第5次改訂版>
定価＝本体7000円＋税

公務員の勤務時間・休暇制度を体系立てて詳述した実務担当者及び管理監督者必携の書。2011年3月以来、7年ぶりの大幅改訂版。育児・介護のための両立支援制度の改正［非常勤職員の育児休業・介護休暇］，［介護休暇の分割・介護時間の創設等］，フレックス制の拡充等を反映させて発刊。

＝学陽書房＝